역사화해의 이정표 I

–이론적 기초를 찾아서

일러두기

• 이 책은 2018년, 2019년도 동북아역사재단 기획연구 수행 결과물임(NAHF-2018-기획연구-19, NAHF-2019-기획연구-30).

동북아역사재단
연구총서 107

역사화해의 이정표 I
-이론적 기초를 찾아서

이병택 편

동북아역사재단
NORTHEAST ASIAN HISTORY FOUNDATION

책머리에

지구촌화의 심화와 민주주의의 확산은 국내적 수준에서뿐만 아니라 국제적 수준에서 역사화해의 필요성을 심화시키고 있다. 지구촌화의 심화는 국가가 범했던 비행이나 범죄에 대한 법적·도덕적·정치적 기준을 더 높이고 있으며, 민주주의의 확산은 은폐되고 억압되었던 권력에 의해 자행된 과거 불의에 대한 시정을 요구하고 있다. 세계의 자유화가 확대됨으로써 화해적 공존의 조건은 더 높아지고 있는 것이다. 한국, 중국 그리고 일본 간의 역사화해 문제는 이러한 세계의 자유화 물결을 배경으로 한다. 동북아시아의 역사화해 문제는 비단 과거사 문제뿐 아니라 각 나라의 집단적 서사와도 밀접한 관련을 갖는다. 각 나라의 정치적 생활에 대한 서로 다른 정당화와 비전은 과거사 문제를 어렵고 복잡하게 만들고 있다.

동북아역사재단은 재단 수립 이후 역사화해에 대한 이해를 심화하고 확산하기 위해 여러 가지 노력을 해왔다. 재단은 2008년『가해와 피해의 구분을 넘어: 독일·폴란드 역사 화해의 길』을 출간하였고, 2013년 조지 워싱턴 대학에서 Historical Reconciliation and Prosperity in Northeast Asia: 70 Years since the Cairo Declaration을 주제로 한 학술회의 개최 등 역사화해와 관련해서 관심을 지속해 왔다. 이 책은 재단의 앞선 노력을 잇는 것이면서도, 역사화해 연구의 새로운 방향성을 수립하려는 노력의 일환으로 2018년부터 진행된 기획연구의 결과물이다. 이 연구 시리즈의 제목으로 '역사화해의 이정표'를 선택했다. 지금까지 이어져 온 역사화해의 경험을 반추하는 동시에 앞으로 가야 할 길을 모색한다는 의미다.

재단의 연구뿐 아니라 그 밖의 연구도 대체로 근대 제국주의 시대에 일어난 피해에서 기인하는 국가 사이의 갈등에 초점을 두어왔다. 그러나 한국과 중국, 한국과 일본 사이의 역사 갈등 저변에는 사실이나 피해자의 경험 이외의 다른 요소들이 작용하고 있다. 일반적으로 역사화해의 문제는 갈등 해소의 사례로 간주된다. 갈등 해소의 논리를 발견하려는 노력은 게임이론(전략이론) 등으로 이어졌다. 전략이론의 기본적인 전제는 인간의 '합리성'에 대한 강조다. 이러한 이론은 갈등 해소의 전략을 '거래'나 '교섭'의 시각에서 분석한다. 그러나 한국, 중국, 그리고 일본 사이의 역사화해 전략은 '성공적' 거래나 교섭의 문제로 환원될 수 없는 차원들이 존재한다. 민족적 자긍심의 충돌, 이웃나라에 대해 가지는 자연스런 질투, 피해의 기억들 등 처리하기 힘든 문제들이 도사리고 있는 것이다. 나아가 서구로부터 근대화 충격을 받으면서 나름의 근대화과정을 겪은 까닭에 근대화를 이해하고 풀어내는 과정이 서로 다를 수밖에 없다. 서로 다른 근대화의 경험에 덧붙여 과거로부터 내려온 유산이 엉키면서 서로 소통하고 이해할 수 있는 근거가 제약적일 수밖에 없었다.

위와 같은 점을 고려해서 연구 참여자들은 4가지 차원을 분석의 수준으로 삼았다. 먼저 인간본성의 차원이다. 인간본성에서 가장 뚜렷하게 나타나는 복수의 정념으로부터 집단 간의 겨룸 의식, 그리고 자기를 둘러싸고 있는 세계에 대해서 거리두기가 쉽지 않다는 점(being in the surrounding world)에 주목했다. 무엇보다 복수의 문제는 가장 까다로운 인간본성이고, 복수를 넘어선 화해적 공존은 근대에 와서나 가능했던 정치적 구상이다.

두 번째는 역사적 차원이다. 과거의 갈등과 싸움의 기억, 집단정체성을 위한 '선민'의식의 필요, 그리고 과거의 현존 양상(modes of presence of the past) 등이 역사적 차원의 주요한 요소이다. 특히 정치공동체의 정체성을 구성하는 데 핵심적인 '회원자격'(membership)의 문제는 역사 해석을 둘러싼 갈등의 저변에 도사리고 있다.

그 다음은 문명적 차원이다. 문명은 그 자체로 세계의 위계와 차별의 구도를 포함하고 있을 뿐 아니라, 문명 간 소통의 문제를 일으킨다. 문명 간의 충돌을 예언한 헌팅턴(Samuel Huntington)의 말을 액면대로 받아들이기는 힘들겠지만, 각 문명을 떠받치는 기초적 관념들 간의 소통에는 큰 장애가 있다는 점은 명백하다. 역사 갈등과 관련해서 근대성의 문제에는 '서구'와 '비서구'를 비대칭적 위계로 구분하는 차별이 내재한다. 근대성의 도입으로 발생한 문명 간의 '충돌'은 역사 해석의 문제를 제기한다. 덧붙여 한국, 중국, 그리고 일본은 각기 다른 근대화의 과정을 밟아왔기 때문에 역사 해석의 문제를 대단히 복잡하게 한다. 각기 다른 역사 해석은 과거사로 인한 갈등 해소를 더욱 어렵게 하고 있다.

끝으로 국제질서의 차원이다. 이 연구는 힘(power)과 정당성(legitimacy)을 세계질서를 구성하는 두 기둥으로 설명하는 키신저(Henry Kissinger)의 구분을 받아들인다. 각 문화권에 통용되는 세계의 올바른 질서 관념에 방점을 둔다면 국제질서의 차원은 문명적 차원과 밀접한 관련을 갖게 될 것이다.

이 책은 3부로 나누어 서구의 사례, 한·일의 사례, 한·중의 사례를 다루고 있다. 여기에 실린 9편의 연구는 각기 다른 소재를 다루고 있지만, 대체로 위에서 제시한 인간본성, 역사, 문명, 국제 질서 등 4가지 차원을 염두에 두고 진행된 것이다. 그리고 9편의 서로 다른 글의 대조와 비교를 통해서 복수, 근대성, 그리고 역사서사의 문제의식을 드러내고자 했다. 정치공동체는 나름의 역사 갈등을 안고 있고 불완전하지만 해결의 모델을 창안해 왔다. 국가 간 화해적 공존의 문제는 국내의 화해문제보다 간단할 수 있다. 가까운 관계일수록 화해의 내용이 더 세밀해지기 때문이다. 그러나 각 정치공동체가 정체성과 자긍심을 지키면서 다른 정치공동체와의 화해문제에 접근하는 일이 쉽지 않다. 이성의 문제에 앞서 끈질긴 정념의 문제가 있기 때문이다. 한편으로 서구의 사례와 한국을 둘러싼 중국과 일본과의 사례는 모두 공동생활의 보편적 문제를 드러낸다. 다른 한편으로 서구와 동북아시아의 비교는 복수의 문제를 해결하는 방법의 차이를 드러내기도 한다.

끝으로 기존의 화해연구는 대체로 가해자의 '사과'나 피해자의 '용서'에 초점을 두고 진행되었다는 점을 지적하고자 한다. 가해자의 사과는 중요한 요소임에 틀림없다. 그러나 그 결과로 가해자가 가해자로 남고 피해자가 피해자로 남게 된다면 화해적 공존은 싹트기 어려울 것이다. 가해자와 피해자가 동등한 대화의 파트너로 상승하는 단계가 필요하다. 정신심리학적 용어로 이것을 '가로지르기'(transversality)라고 한다. 이 책은 화해의 상대방에 대한 관심과 더불어 당사자들이 처해 있는 조건과 그들을 짓누르고 있는 역사적 사고의 형이상학적 요소라 할 수 있는 역사적 상상력의 한계를 드러내고자 했다. '선악을 넘어' 혹은 '가해와 피해를 넘어'란 아름다운 표현의 이면에 숨겨진 역사적 상상력의 한계와 정념의 난제를 넌지시 보고자 했다.

2020년 2월
공동연구자를 대표하여
이병택

차례

제2부 일본의 근대와 갈등의 유산

차례

제3부 동아시아 국제질서와 조선의 정체성

제4부 문명, 포용과 차별

역사화해로 안내

화해, 법, 그리고 역사 내레이션

이병택
동북아역사재단 연구위원

Ⅰ. 머리말: 화해의 등장

이 글은 화해(和諧)의 관점에서 법과 역사 내레이션의 방향성을 조망하는 데 목적이 있다. 화해가 큰 주목을 받게 된 배경은 두 가지로 생각된다. 첫째, 범지구적인 민주주의에 대한 인정 속에 민주주의로 전환하고자 하는 여러 나라의 시도가 있었고, 그 과정에서 발생한 갈등을 조정하고 피해에 대해 보상하거나 배상해야 할 필요가 있었다. 민주주의의 원만한 운영과 사회의 통합을 위해서는 과거에 빚어진 피해와 상처를 달래는 일이 필수가 된 것이다. 둘째, 근대의 침략전쟁과 제국주의적 식민주의에 대한 사과와 배상의 요구였다. 국가들 간의 공존을 위해서는 세계대전 이후 수립된 국제적 관행에 따라서 과거사를 재조정할 필요가 있었던 것이다. 국내적으로는 민주정치의 원만한 작용을 위해서, 국제적으로는 평화와 공존을 위해서 과거사에 대한 사과와 미래지향적인 화해의 몸짓이 요구된 것이다. 안정적 민주정치가 가능하기 위해서는 최소한 서로를 대화의 파트너로 인정해야 한다. 그렇지 못했을 경우 어떠한 일이 발생할지는 시리아나 예멘의 민주화에 따른 최근의 비극이 잘 보여준다. 그리고 식민주의의 과거는 한국과 일본의 관계에서 보듯이 두 나라의 관계 개선에 걸림돌로 작용하고 있다. 인접한 국가 사이의 자연적 질투(jealousy)는 인류역사가 증명하고 있지만 오늘날 국제관계의 현실은 과거에 비해서 한층 더 화해의 관계를 필요로 하고 있다는 점도 명백하다.

다른 한편으로 이론적인 측면에서 화해란 용어가 국가적으로나 국제관계의 측면에서 중요한 의미를 갖는 데는 크게 두 가지 이유가 있다고 생각된다. 첫째, 근대 자유주의 정치학은 시민적 유대의 문제를 해결할 수 있는 이론적 틀을 제공하지 않는다. 자유주의 정치학은 폭력이 없는 정치공동체를 수립하는 데 개인들의 '계약'만으로 충분하다고 생각했다. 홉스(Thomas Hobbes)는 예상치 못한 폭력에 대한 공포로부터 벗어나기 위해서는 개인들에게 명백한 행위의 지침을 주고 그 준수를 강제할 수 있는 정부가 필요하다고 역설했다. 정부가 독점하는 폭력 사용권은 예측하지 못하는 자연상태와 달리 예측이 가능한 것이란 특징이 있다. 정부의 수립은 곧 예측하지 못한 폭력으로부터의 해방을 의미한다. 크게 보면 로크(John Locke)의 이론도 홉스와 다르지 않다. 자연법에 기초한 평화로운 자연상태가 깨질 수 있다는 전제로부터 정부에 대한 이론을 전개하기 때문이다. 여기서 정부는 자연상태의 평온이 때때로 깨질 때 심판의 역할을 수행하게 된다. 위와 같은 자유주의 정치학은 사람들 사이의 유대 혹은 일반적으로 관계의 문제에 대해서는 대단히 취약한 이론이다. 자유주의 정치학은 '개인(the individual)'에 지나친 초점을 둔 결과 사람들 사이의 유대에 대해 사고할 수 있는 이론적 틀이 빈약할 수밖에 없었다.

둘째, 국민국가 내부의 삶과 국제관계의 긴밀성은 날로 증대하고 있기 때문에 힘의 균형에 의거한 평화나 공존이란 전통적 개념으로 접근할 수 없는 영역이 확대되고 있다. 그래서 관계개선에 보다 적극적 의지를 표현하는 화해의 개념이 갈등적인 과거사의 문제를 푸는 데 기여할 것으로 생각되었다. 일반이론의 수준에서 화해는 갈등 해결의 하위 연구로 간주될 수 있다. 그래서 화해는 국제정치에서 다루어지고 있다. 다른 한편 화해는 국제정치에서 다루기 쉽지 않은 사과나 용서 등의 도덕적·종교적 요소들을 포함하고 있다. 때문에 화해 이론은 종교적인 관점에서 다루어지기도 한다. 국제정치학은 최소주의적 시각에서 주로 화해를 다루고 종교적 관점은 인간의 내면을 포괄하는 최대주의적 시각을 선호한다.

이 글은 국제정치적 접근법이나 종교적 접근법과 달리 정치사상사적인 접근을 시도하려 한다. 그 대상은 법과 역사 내레이션에 모아진다. 화해의 정신이 가장 잘 구현된 것은 법이라고 생각된다. 법은 이웃과의 다툼의 문제로부터 범죄에 대한 처리 문제 등 공동생활에서 발생하는 다툼의 문제를 해결하려는 지혜의 산물이라고 할 수 있다. 여기서 중요한 것은 법을 도구적인 수단이나 도덕적 목적을 실현하는 대리물로 간주하지 않아야 한다는 점이다. 오히려 법은 공동생활을 유지하기 위한 필요성에서 나왔다고 보아야 할 것이다. 근대의 역사 내레이션은 정치적 공동생활이 성장하는 과정에 초점을 두기보다는 민족의 정체성 수립과 민족 간의 갈등에 초점이 두어졌다고 생각된다. 따라서 근대의 역사 내레이션에 대한 반성을 통해서 화해의 정신이 촉발될 수 있는 길이 있는지를 살펴볼 것이다.

Ⅱ. 화해의 사례와 흐름

근대 이전의 시기에 화해의 주요한 주제는 개인과 정치공동체의 화해, 적과의 화해, 공동체 내부의 분열 문제에 대처하기 위한 화해 등이 있었다. 호머(Homer)의 『일리아드』에는 개인과 정치공동체의 화해와 적과의 화해에 대한 문제의식이 있다.[1] 『일리아드』에서 아킬레우스는 복종을 강제하는 아가멤논과의 불화를 계기로 트로이와의 전쟁으로부터 퇴거하려 한다. 그와 아가멤논의 대립선 중 하나는 용사들로부터 기꺼운 복종(prophrôn…peithêtai)을 끌어내는 리더로서의 권위를 강조하는 그와 공동체의 인정된 권위를 강제하는 아가멤논과의 대립이었다. 이 서사시의 주요 테마 중 하나는 그 이후 아킬레우스가 다시 화해를 통해서 정치공동체에 복귀하는 것이다. 또 하나의 흥미로운 테마는 적과의 화해이다. 트로이 왕인 프리아모스는 그의 아들 헥토르의 시신을 수습하기 위해서 밤을 틈타 아킬레우스를 찾아가 대면하게 된다. 두 사람은 서로 적임에도 불구하고 사랑하는 사람을 잃은 공통된 경험을 바탕으로 서로의 처지를 이해하고, 아킬레우스는 트로이 왕 프리아모스에게 그의 사랑하는 아들의 시신을 돌려준다. 복수의 정념과 사랑하는 사람을 잃은 자에 대한 연민의 감정이 서로 뒤섞이면서 화해의 순간이 탄생한 것이다.[2]

호머의 『오디세이아』에도 복수의 테마가 등장한다.[3] 오디세이아는 그의 오

---

1 Homer, 1999, *Iliad*, translated by A. T. Murray and revised by William F. Wyatt, Cambridge, Massachusetts and London, England: Harvard University Press.

2 시몬 베유는 호머에서 폭력(force)의 남용을 철저하게 처벌하는 인과응보의 관념을 읽어내고 있다. 그는 이 관념이 불교의 업(Kharma)의 이름으로 동양사회에서 살아남았다고 본다. 그는 사람들이 '폭력을 사모하지 않고 적을 증오하지 않으며 불행한 자를 조롱하지 않기 위해서는 숙명으로부터 벗어나는 피난처가 없다'는 점을 배우기를 원한다. Simone Weil, 2005, "The Iliad, or the Poem of Force", *War and the Iliad, introduction by Christopher Benfey*, New York: New York Review Books, pp.15~16, p.37. 그에 따르면 르네상스는 이러한 그리스의 정신을 제대로 이해하지 못했다.

3 Homer, 1995, *Odyssey*, translated by A. T. Murray and revised by George E. Dimock,

랜 방황 기간 중에 그의 아내 페넬로페에 구혼하면서 그의 재산을 탕진한 자들에게 죽음으로써 복수를 한다. 이에 아테네 여신은 복수에 대한 재복수의 행위로 일어날 공동체 내부의 전쟁을 막고자 한다. 그 방법으로 아테네 여신은 인간들로 하여금 서로 맹약을 맺게 하고, 신들로 하여금 그 일을 잊게 도움을 주라고 말한다. 여기서 호머가 망각의 적극적 기능을 인정했다는 점은 눈여겨 볼 만하다. 덧붙여 복수로 인해 일어난 공동체의 불화를 진정시키는 테마는 그리스 비극의 주요한 주제 중 하나였다. 그리스 비극작가들은 비극의 경험을 화해를 생성하게 하는 원천으로 간주했다. 비극의 경험을 통해서 사람들은 인간의 한계를 학습하고 사회를 혼란으로 몰아넣는 히브리스(hybris)를 경계하게 된다.

로마에서 화해의 관행에는 법적인 측면이 강하게 녹아 있다. 로마공화정의 정치가이자 철학자인 키케로(Cicero)는 시민들 간의 화해적 관계를 '공화의 유대(rei publicae societate)'의 개념으로 포착한다.[4] 나아가 그는 '입양(excepti: adoption)'의 은유를 사용해서 로마의 시민과 그 밖의 시민들을 아우르는 유대의 개념을 고안해 낸다. 여기서 키케로는 낳아준 부모(ortu)와 양부모(excepti), 그리고 태어나서 자란 고향(patria loci; ubi nati)과 시민권상의 조국(patria iuris; a qua excepti)을 구분하면서 그 두 가지를 화해시키려 한다.[5] 그는 강물의 지류가 큰 본류에 합류하듯이 자신이 태어난 고향에 대한 충성을 로마로 이전시키는 것이 자연스러운 것이라고 말한다. 그에게 자연스러운 입양은 낮은 가문에서 높은 가문으로 입양되는 것이다. 그 반대는 자연에 반하는 것이다.[6]

Cambridge, Massachusetts and London, England: Harvard University Press.

4 Cicero, 1928, *De Re Publica/De Legibus*, translated by Clinton Walker Keyes, Cambridge, Massachusetts and London, England: Harvard University Press.

5 *Ibid.*, De Legibus, Book II 참조.

6 이것은 기원전 58년 호민관 푸블리우스 클로디우스 풀케르에 대한 키케로의 비난에서 드러난다. 풀케르는 귀족의 신분으로 호민관이 되기 위해서 평민으로 입양되는 절차를 밟아 호민관이 되었다. 키케로 지음, 성염 역, 2007, 『법률론』, 한길사, 208쪽.

어쨌거나 키케로의 화해의 사고에는 공간적으로 확대된 로마 제국의 안정적 유지와 통합에 대한 고민이 깔려 있다.

종말론적 시간관 속에서 꽤나 성스러웠을 초기교회 내에서도 서로의 질시와 갈등이 존재했다는 점은 퍽이나 흥미로우면서도, 인간사의 문제는 보편적인 측면이 있음을 일깨워 준다. 바울(Paul)은 교회 내에서 신자들 간의 파벌주의를 해결하기 위해서 화해의 메시지를 던진다. 그는 고린도전서에서 코린트의 신자들에게 만연한 파벌주의(factionalism)에 대한 처방으로 사랑(agape)을 설파하며 화해의 행동방침으로 돌아설 것을 설득한다.[7] 그는 교회 내 분열(schismata)을 경계하면서 '같은 생각과 같은 의견(in eodem sensu et in eadem sententia)' 속에서 단합할 것을 권고한다.[8]

플라톤으로부터 시작하는 서구의 고전적인 정치적 사고는 전반적으로 정치공동체의 단결이나 화해를 위해서 다양성을 희생시키는 방향으로 나아갔다. 같은 생각과 같은 행동을 처방하는 고전적 사고는 의견의 다양성을 관용하는 근대의 정치적 사고와 대비된다. 근대 정치적 사고로의 전환에서 가장 중요한 사건으로는 프로테스탄트 운동으로부터 촉발된 성서해석의 자유일 것이다. 성서를 자유롭게 해석하게 됨으로써 사회적 혼란이 가중되었고, 이에 따라서 프로테스탄트 운동을 새롭게 정치적으로 제어해야 할 필요가 생긴 것이다. 그 중 가장 치열했던 것은 종파의 차이에서 비롯된 종파들 간의 싸움이었다. 이 싸움은 온 세상을 물들일 정도로 많은 피를 흘렸다고 전해진다. 그러나 의견의 자유가 주어진 이상 더는 과거의 정책방향으로 사회적 통합을 이루기는 불가능해졌다.

---

7 Margaret M. Mitchell, 1991, *Paul and the Rhetoric of Reconciliation*, Louisville, Kentucky: Westminster/John Knox Press.

8 *Epistola ad Corinthios* I, 1. 10.

그러나 관용의 행동양식을 받아들인 종파는 드물었다. 자신의 의견이 진리라고 생각하는 인간의 자연적 태도를 고려하면 관용은 이해될 수 없는 성질의 정책이었을 것이다. 이런 의미에서 관용은 근대정치의 성취라고 말해야 할 것이다. 같은 맥락에서 서로에게 칼을 겨누는 정파의 대립을 지양하고 말로 상대를 설득하거나 협상하는 정당 정치로의 발전 또한 근대의 큰 정치적 성취가 된다. 정치적 성취란 점을 특별히 강조하는 이유는 화해의 길로 가는 데 도덕적 사과와 종교적 용서가 반드시 필요한 요소는 아니란 점을 지적하고자 하는 데 있다. 화해에 대한 형식적 이론은 사과, 물질적 배상, 용서 등으로 단계를 설정해서 화해의 심화과정을 시각화하곤 한다. 화해의 심화과정을 도식화하는 것이 잘못되었다고 지적하고 싶은 생각은 없다. 오히려 중요한 점은 관용이 용서와 다르듯이 화해도 용서와 큰 관련성이 없을 수 있다는 점을 지적하고 싶은 것이다. 이러한 차이를 이해하는 것은 역사화해의 정책 방향을 사고하는 데 대단히 중요하다.

사고의 방식과 관련해서 역사화해에 대한 관심은 근대의 현상이라고 해야 할 것이다. 정통·이단의 구분이 지배하는 곳에서는 역사화해의 정신이 싹트기 힘들다. 바울의 "화해" 메시지에서 나타나듯이 파벌에 대한 종교적 처방은 내부적 차이와 갈등을 용인하지 않는 데 핵심이 있다. 정통은 해석과 판단에 대한 독점권을 가지고 그와 다른 해석과 견해를 배제한다. 바울의 화해의 해법은 하나의 마음과 하나의 의견에 두어졌기 때문에, 견해차를 인정하면서 화해를 추구하는 근대적 방향이 아니라 동질성과 일률성의 강조 속에서 사실상 화해의 의미를 사라지게 만드는 경향이 있다. 근대는 그러한 사회정책의 효과에 의문을 제기한다. 정치적 견해 차이, 그리고 그에 따른 역사적 견해 차이를 인정하게 되었을 때 역사화해에 대한 관심이 생길 수밖에 없다. 영국정치사에서 데이빗 흄(David Hume)은 자유를 주장하는 휘그(Whig)와 권위를 강조한 토리(Tory)의 첨예화된 싸움을 화해 혹은 완화시키기 위해서 역사를 썼다. 그는 정파의 대립을 정통과 이단의 구분으로 보지 않고 서로 다른 정파의 존재를 자유의 조건으로 사고했다. 화해와 관용 같은 정신이 흄이 내다봤던 근대적 사고의 독특성이다. 그는 통속적으로 받아들여지는 근대성의 개념과는 다른 방식으로 개명된 삶을 이해했다. 근대의 개명된 삶은 정통/이단의 구분 위에 세워질 수 없는 것이다.

그러나 오늘날 제기되는 역사화해 요구는 위와 같은 근대성의 요소보다는 침략전쟁에 대한 단죄와 근대 식민주의의 유산을 청산하는 과정에서 크게 부각되었다. 근대 식민주의의 과거와 그에 대항해서 생성된 민족국가의 현실이 역사 갈등의 원인으로 자리했다. 이러한 조건에서 자유주의적 방식의 정치적 해법은 국내적으로나 국제적으로 별다른 효과를 보지 못했다. 자유주의 이론 자체가 제국주의적 팽창과 너무 깊숙이 연루되어 있는 까닭에 무엇보다도 그 의심으로부터 자유롭기 힘들 것이다. 그리고 자유주의의 이론틀에서 제기할 수 있는 질문의 범위는 역사의 구체적인 사례들을 다루기에는 너무나 제한적이다.[9] 현실주의 정치학도 화해 문제와 관련해 지적인 통찰이 없기는 마찬가지다. 그 이론이 제시하는 지배이론의 방침은 현재의 민주주의 발전과 국제사회의 관행에 비추어 더 이상 통용될 수 없는 단계에 이르렀다. 국제사회의 관행은 이미 침략적 성격의 전쟁을 범죄로 규정했다. 제2차 세계대전 이후 진행된 국제전범재판은 여러 한계에도 불구하고 침략전쟁을 단죄하는 중요한 선례를 남겼다.

---

9 Michael Freeman, 2008, "Historical Injustice and Liberal Political Theory", *The Age of Apology*, edited by Mark Gibney, Rhoda E. Howard - Hassmann, Jean - Marc Coicaud, and Niklaus Steiner, Philadelphia: University of Pennylvania Press.

덧붙여 역사적으로 형성된 정체성을 강조하는 공동체주의의 교리 또한 식민주의의 과거를 청산하고 새로운 정체성을 수립하는 데 실제적 효과를 주기 힘들 것이다. 남아프리카처럼 식민주의자와 식민지인이 공동으로 거주해야 하는 경우 국내적 화해의 문제는 첨예한 것이었다. 그런 만큼 남아프리카의 '진실과 화해 위원회(Truth and Reconciliation Commission)'는 역사화해 노력의 전범이 되었다. 한편 식민주의로부터 독립한 나라의 경우에는 과거와의 단절로 인해서 새롭게 정체성을 수립해야 할 과제를 안았고, 이로 인해서 이전 식민국가와의 관계 수립에 난항을 겪고 있다. 정체성 형성에 있어서 과거는 긍정적 측면을 가질 수도 있으나, 반대로 새로운 정체성 형성을 가로막는 장애물이 될 수도 있다. 중요한 의미에서 공동체의 정체성은 주어진 것이 아니라 창안되는(invented) 것이다. 웬델 홈즈(Oliver Wendell Holmes)는 법관들이 늘 같은 법이라고 말하는 법이 사실은 입법적인 것이라고 주장한다. 그런 점에서 주어진 정체성을 강조하는 공동체주의의 한계는 분명하다고 생각된다.

역사와 관련해서 화해의 요구사항은 크게 두 가지로 분류할 수 있다. 첫째는 과거의 잘못에 대한 시정과 반성의 요구를 함의하는 법적, 물질적, 도덕적 요구다. 둘째는 역사왜곡으로 통칭되는 역사해석의 문제다. 어려운 점은 이 두 가지 사안이 서로 밀접하게 연결되어 있다는 데 있다. 잘못에 대해 시정하기 위해서는 잘못에 대한 인정이 선행해야 한다. 잘못에 대한 인정은 피해에 대한 "사실적 진실(factual truth)"이나 피해자가 몸소 겪은 "현상학적 진실(phenomenological truth)"과 더불어 역사의 의미에 대해 가해자와 피해자가 서로 공유할 수 있는 "내러티브 진실(narrative truth)"과 같이 다차원적 요소들이 동반되어야 한다.[10] 특히 사람들의 역사적 경험에 전반적인 방향과 의미를

10 위의 용어들은 Ernesto Verdeja로부터 차용. Ernesto Verdeja, 2009, *Unchopping a Tree:*

줄 수 있는 역사 내레이션은 가장 중요한 요소라고 할 수 있다. 그러나 역사의 의미나 발전에 대한 계몽주의식 거대담론에 대한 불신이 팽배해진 이후로 역사의 의미나 발전에 대한 회의가 짙게 드리워졌기 때문에 역사화해는 방향성을 상실하고 있다는 느낌을 갖는다.

역사 내레이션에는 과거와 미래가 현재의 의미를 구성하는 데 개입하지 않을 수 없다. 레데라치(John Paul Lederach)는 화해의 문제를 다루기 위해서는 기존의 현실주의 국제정치학적 전통 바깥으로 볼 필요가 있다고 말한다.[11] 그 한 예로 그는 화해의 제스처에 의미를 던져주는 신학적 시선을 언급한다. 신학적 관점이 현실주의적 관점을 대체하고 있는 것이다. 신학적 시선은 과거사에 대한 진실과 정의의 문제, 그리고 자애와 평화의 전망을 서로 결합하면서 화해의 행위에 의미를 던져준다. 근대의 계몽주의 역사발전론은 혁명과 식민주의를 정당화하는 이론으로 사용되었다. 반면에 민족주의는 문명개화에 대해 애매한 입장을 견지한 채 민족국가를 건설하는 이데올로기로 활용되었다. 그러나 민족주의는 그 자체가 저항 이데올로기였기 때문에 타자를 포괄하는 자신의 역사적 내레이션을 만들지 못했다. 민족의 고유성을 주장하는 것은 비교를 거부하는 것이었고, 그렇지 않으면 문명의 기준을 선별적으로 활용하면서 자생적 발전을 주장할 수밖에 없었다. 이 두 가지 거대담론의 교착 내지 실패 이후 신학적 시각이 화해의 이론적 배경으로 등장한 것은 역사의 아이러니라고 생각된다. 거대담론의 퇴조와 종교적 접근의 등장은 인민위원(Commissar)형 정치의 퇴조 이후 정신수행(Yogi)형 정치가 등장한 것과 흡사하다고 생각된다.

Reconciliation in the Aftermath of Political Violence, Philadelphia: Temple University Press, pp.33~41.

11 John P. Lederach, 1997, *Building Peace: Sustainable Reconciliation in Divided Societies*, Washington, D.C.: United States Institute of Peace Press, p.27.

Ⅲ. 법에 비친 화해의 정신

인간에게 가장 지배적인 정념 중 하나는 복수욕이다. 법적 책임의 초기 형식들은 복수에서 나왔고, 근대의 다양한 형태의 책임도 복수의 근거로부터 성장한 것이다. 다시 말해 법적 책임은 '잘못을 범한 특정인이 비난받아야 한다'는 도덕적 비난(blame)의 관념으로부터 시작했다.[12] 초기사회에서 복수는 사람에게만 국한된 것이 아니라 야수나 심지어 나무 등 사물에까지 행해졌다. 사람이 나무에 올라가 떨어져 죽은 경우 그의 가족은 그 나무를 베어 쪼개서 마을의 경계 밖으로 던졌다. 야수에 의해서 해를 입은 경우 그것을 붙잡아 죽였다. 오늘날 우리는 살인의 의도를 갖지 않은 나무에 책임을 지우는 것이 사리에 맞지 않다고 생각할 것이다. 그러나 고대인은 사물을 의인화시킴으로써 책임을 지웠다. 이러한 규칙은 물에 빠져 물레방아에 해를 입은 경우에도 적용되었다. 심지어 살인에 사용된 칼의 경우에도 해악에 대해 응답할 책임을 지고(answerable) 몰수되어야 했다.

인과응보의 관념은 가장 원시적인 관념의 하나다. 초기사회에서 법은 인과응보의 관념에 의거해 책임을 물었다. 남에게 해를 가한 자는 벌을 받는 것이다. 그렇기 때문에 도덕적인 관념에 근거한 책임의 범위는 잘못을 가한 자로 국한되었다. 원초적 단계의 사회는 인과응보의 관념에 의해 부과된 책임의 협소한 범위를 벗어나지 못했다. 책임은 사회의 발전과 더불어 발전하였다. 투숙객의 소지품이 분실당한 경우 여관주인은 물건을 훔친 장본인이 아니지만 책임을 져야 했다. 여관주인은 투숙객의 물건을 잘 간수할 책무가 있는 것으로 생각되었다. 그리고 사람을 태우고 길을 나선 인력거꾼의 경우도 가는 도중에

12 법의 발전과 관련해서는 홈즈 판사의 『보통법』을 참조함. Oliver Wendell Holmes, 1881, *The Common Law*, Boston: Little, Brown and Company.

일어난 일에 대해서 책임을 질 수밖에 없었다. 그들은 사건의 장본인이 아니지만 그들에게 부과된 특별한 신뢰 때문에 책임이 부과되었다. 이러한 책임의 부과는 초기사회에서 하나의 예외적 사례에 해당되었다. 책임의 확대는 위의 특수한 사례를 일반화하면서 이루어졌다. 비슷한 방식으로 미성년자의 잘못에 대한 책임을 부모에게 이전하거나 노예나 동물의 잘못에 대한 책임을 주인이 지게 되었다. 나아가 근무 중 일어난 고용인의 잘못에 대해 고용주가 지는 책임도 사회가 확장되는 가운데 수립되었다. 즉 사회가 확장됨으로써 공동체의 필요 때문에 책임의 범위 또한 확대되지 않을 수 없었다.

오늘날 우리를 혼란스럽게 하는 점은 책임의 법적인 근거를 넘어서 도덕적 근거나 우주론적인 근거에서 책임의 문제를 다루는 일이다. 도덕적이거나 우주론적 관점에서 책임을 고찰할 때 핵심적인 개념은 "악(evil)"에 있다. 반면에 법의 관점은 악의 문제를 다루는 것이 아니라 "해악(harm)"의 문제를 다룬다. 누군가 피해를 입었다면 그에 대해서 적절한 방식으로 그의 손실을 변제함으로써 사회적 혼란을 방지하는 데 법의 목표가 있는 것이다. 해악을 그대로 내버려 둔다면 사회는 끝없는 무질서로 빠질 것이기 때문이다. 그러나 악의 문제는 인간의 내면에 관심을 가진다. 내면에 대한 관심은 내면심사의 형식으로 진행되곤 한다. 고대에는 내면의 악을 확인하기 위해서 사람을 묶어서 물에 빠뜨린다든지 아니면 뱀이 든 자루에 손을 넣게 하곤 했다. 그것들은 그에게 악이 있는지 없는지를 판별하는 방법이다. 고대법이 인간의 내면에 관심을 두지 않았다는 것은 근대인의 편견이다. 근대세계의 태동에서 내면심사의 대표적인 사례는 종교재판의 심문이었다. 홈즈 판사에 따르면 법의 발전 과정에서 도덕적 기준은 외부적 혹은 객관적 기준으로 점차 바뀌게 되었다. 이 말은 법과 도덕이 결별했다는 의미가 아니다. 오히려 법이 공동체 구성원의 도덕 감정으로부터 동떨어질 경우 그 법은 유효성을 의심받을 것이다. 그래서 법은 구성원의 '비난가능성(blameworthy)'으로부터 동떨어지지 않는 선에서 진행되어야 할 것이다.

사회의 성장과 법의 성장의 초점을 좀 더 명확하게 할 필요가 있다. 철학자들은 도덕의 관점에서 사회를 보는 습성이 있다. 그렇기 때문에 초기사회의 "환대(hospitality)"와 같은 윤리적 덕성을 부각시키기도 한다.[13] 환대를 가능하게 한 사회적 정황에 대한 설명을 언급해 그러한 덕성을 깎아내릴 필요는 없을 것이다. 그러나 그러한 논의가 모종의 원시공동체에 대한 향수를 불러일으킬 동기에서 이루어진 것이라면 그 논의의 역사적 방향 감각에 심각한 문제제기를 하지 않을 수 없다. 개명된 사회는 환대와 같은 윤리적 감각보다는 상호간의 신뢰(trust)에 기초해서 움직일 것이다.[14] 집으로 식객들을 모아서 세를 과시했던 영국 봉건귀족의 환대의 관행은 상업의 발전과 더불어 사치를 경쟁적으로 자랑하는 쪽으로 방향을 틀었다. 둘 중 어느 것에 대한 개인적 선호의 문제를 떠나서 사회의 성장 방향성은 분명해 보인다. 이와 비슷하게 법의 경우에도 "용서(forgiveness)"는 핵심적인 자리를 차지하지 않는다. 법은 용서라는 좁은 윤리적 차원을 넘어서 시민적 거동의 차원을 지시한다. 따라서 법은 용서라는 말이 아니라 "구실"(excuse)이란 말을 사용하고, 그것은 개인의 심리적인 요소보다는 "주지된 정황(known circumstances)"과 관련해서 설명된다. 법은 최소한 그를 둘러싼 예상가능한 정황들을 주지하면서 타인에게 피해를 입히지 않게 조심해서 행동할 것을 요구하는 것이다.

---

13 Jacques Derrida, 2000, *Of Hospitality*, translated by Rachel Bowlby, Stanford: Stanford University Press.

14 Francis Fukuyama, 1995, *Trust: The Social Virtues and the Creation of Prosperity*, New York: A Free Press Paperbacks Book.

화해의 관점에서 볼 때 유교의 영향을 받은 지역의 문제는 도덕적 비난에 기초한 복수의 관행이 사회적 규범이 되었다는 점이다. 복수의 규범화는 화해의 관행이 싹트는 데 걸림돌이 된다. 초기사회의 가장 큰 문제 중 하나는 복수에 의해서 연쇄적 복수가 일어나고 사회가 혼란에 빠지는 일이었다. 복수는 가문의 자긍심과 관련되는 것이고 나아가 가문이 다시 가해를 당하는 일이 일어나지 않도록 방지하고자 하는 의도가 깔려 있다. 초기사회에서 이러한 사적인 합리성은 오히려 연쇄적인 복수를 야기함으로써 사회를 혼란으로 몰아갔던 것이다. 이에 반해서 복수를 돈으로 사는 관행이 발전한 곳도 있었다. 고대 게르만 족속은 사람의 목에 가격을 매겼다. 심지어 왕의 목에도 가격을 매겼다. 왕의 목에 달린 가격은 보통의 사람들 보다는 높았지만 큰 차이는 없었다. 이 관행은 왕의 존재가 공동체를 초월하는 지위를 갖는 것이 아니라 공동체에 종속된다는 의미도 갖는 것이었다. 복수의 정념으로 야기된 싸움을 돈으로 매수하는 관행은 화해(composition)로 발전했고, 화해는 처음에는 선택적인 것이었다가 나중에는 강제적인 것이 되었다. 이러한 이유로 복수의 정념에 기초한 초기법의 책임은 직접적이고 고의적인 가해를 넘어서 확장될 수 없었다. 그러나 사회가 발전함으로써 고의 혹은 의도라는 도덕적 용어에 얽혀있던 책임은 예상 가능성이나 심지어 예상할 수 없는 것으로까지 그 범위가 확대된다. 곧 책임의 범위는 사회의 성장과 관련되는 것이다.

이와 마찬가지로 국제사회에서 침략전쟁에 대한 비난에 근거해서 전쟁범죄를 처벌하게 된 것은 국제사회의 관행 성장과 분리해서 생각할 수 없다. 제2차 세계대전 이후 진행된 전쟁범죄를 단죄한 국제전범재판에 대해서 승전국의 복수라는 시각에서 설명할 수도 있다. 승자의 정의라는 시각은 패전국 사람들에만 국한된 것은 아니었다. 실제로 도쿄에서 열린 극동국제군사재판에 재판관으로 인도 측에서 참석한 팔(Radhabinod Pal)은 그러한 시각을 과감하게 피력했다. 그는 그 당시 존재했던 국제관계의 삶은 "지배(domination)"나 "침략(aggression)"을 범죄라고 비난할 정도의 단계에 이르지 못했다는 점을 들어 유죄판결에 반대의견을 제출했다.[15] 또한 그 재판을 법이 아니라 정치재판으로 간주한 승전국의 군인도 있었다.[16] 군인은 국가에 대한 충성을 범죄로 간주하는 것에 대해서 본능적인 거부감이 있었을 것이다. 사실상 전쟁과정에서 연합국 측 사람들은 대량살상의 복수를 언급하기도 했고, 전후 처리에서 무제한적인 정치적 복수를 주장하는 경우도 있었다. 결과적으로 전후 국제전범재판은 복수의 대체였던 셈이다. 독일과 일본에서 진행된 재판은 "계획"(design)과 "음모(conspiracy)"란 용어를 사용하여 관련자의 고의적 범죄가담을 밝히려 했다. 그 재판에 대한 여러 가지 논쟁점에도 불구하고 국제재판은 무차별적이고 광범위해질 수 있었던 복수를 법으로 대체하였다는 점에서 대단히 의의가 있다고 생각된다.[17]

---

15 Radhabinod Pal, 1999, *Dissent Judgment of Justice Pal,* Tokyo: Kokusho–Kankokai, Inc., p.107, p.114.

16 John Dower, 1999, "Victor's Justice, Loser's Justice", *Embracing Defeat: Japan in the Wake of World War II*, New York: W. W. Norton & Company, Inc., pp.443~484 참조.

17 일본의 경우에는 아직도 그 재판이 승자의 정의라는 입장을 탈피하지 못하고 있는 것 같다. 이 입장의 대표자로는 독일의 유명한 법학자인 슈미트(Karl Schmitt)가 있다. 이 입장은 패전국 인민의 자존감을 유지하는 데 호의적으로 비칠 수 있다. 그러나 이 입장은 사실상 그들에게 대단히 치명적일 수 있었다는 점을 간과하고 있다. 처칠은 제1차 세계대전이 정부 간의 전쟁이었던 기존의 전쟁방식과 달리 수많은 인민들의 피가 뿌려진 점을 거론하면서 보복의 요구가 인민들 사이에서 비등했다고 지적한다. "Moreover, this(the World War of 1914) had been a war not of Governments but of peoples. The whole life–energy of the greatest nations had been poured out in wrath and slaughter. The war leaders assembled in Paris in the summer of 1919 had been borne thither upon the strongest and most furious tides that have ever flowed in human history. Gone were the days of the treaties of Utrecht and Vienna, when aristocratic statesmen and diplomats, victor and vanquished alike, met in polite and courtly disputation, and, free from the clatter and babel of democracy, could reshape systems upon the fundamentals of which they were all agreed. The peoples, transported by their sufferings and by the mass teachings with which they had been inspired, stood around in scores of millions to demand that retribution should be exacted to the full. Woe betide the leaders now perched on their dizzy pinnacles of triumph if they cast away at the conference table what the soldiers had won on a hundred blood–soaked battlefields."(1959, *The Second World War*, abridged edition, London : Cassell & Co. Ltd., p. 3) 제1차 세계대전의 모습이 위와 같았다면 제2차 세계대전 때

오늘날 법에 있어서 처벌의 용도는 대체로 예방의 차원이다. 교도의 관점이나 응보의 관점은 처벌의 전 범위를 포괄하지 못한다.[18] 철학자나 일반인은 예방이론을 부도덕한 것으로 간주하면서 응보이론을 지지할 가능성이 크다. 이 사안은 대단히 어려운 것임에 틀림없다. 하지만 '눈에는 눈, 이에는 이'라는 응보이론과 화해 사이에 상당한 거리가 있다는 점은 명백하다. 덧붙여 '무한대'의 책임을 언급하는 것은 문제를 해결하려는 시도라기보다는 상대를 지속적으로 옥죄고자 하는 의도가 깔려 있다고 생각된다. 제1차 세계대전 후 장 모네(Jean Monnet)는 독일의 전쟁배상금과 관련해서 "무한대의 정치적 빚의 개념을 유한대의 상업적 빚의 개념"으로 바꾸길 제안했다. 이에 대해서 푸엥카레(Poincaré)는 "독일의 빚은 정치적인 문제이고, 저는 압력의 수단으로 그것을 이용하길 원합니다"라고 대응했다.[19] 결과론적인 이야기일 수 있으나, 제1차 세계대전 이후 독일에 감당할 수 없는 배상금을 지운 일은 그 이후 새로운 전쟁을 유발한 큰 원인이 되었다. 과도한 빚은 비록 그것이 은혜일지라도 큰 부담이 된다. 타키투스(Tacitus)는 티베리우스 카이사르가 실리우스를 죽인 심리를 다음과 같이 묘사한다.

> 그(실리우스)는 이렇게 지나치게 자랑했다. "다른 군대가 모반에 뛰어들었을 때, 내 군대만은 시종 일관 끝까지 충성을 다했다. 만약 내 군단병들도 변혁의 희망을 품고 있었으면, 티베리우스는 통수권을 지키지 못했을 것이다." 카이사르는 이 말로 자신의 지위가 침식당하고 있다고 생각했다. "내게는 그런 은혜에 보답할 힘이 없다"고 생각

의 상황은 미루어 짐작할 수 있다. 제2차 세계대전 막바지에 처칠의 참모들은 보복으로서 독일인에 대한 대량 살상을 언급하기도 했다. 이에 대해 처칠은 섬뜩한 한기를 느끼며 처벌을 핵심 관련자에 한정할 것을 제안한다.

18 Oliver Wendell Holmes, 1881, *The Common Law*, Boston: Little, Brown and Company, pp.41~48.

19 이병택, 2010, 「유럽통합과 장 모네의 정치사상」, 『영국연구』 제24호, 61쪽.

했다. 다른 사람의 은혜는 답례할 수 있다고 생각했을 때에는 기쁘지만, 도저히 그럴 가능성이 없을 때는 감사보다 증오로 보답하고 싶어진다.[20]

홉스(Thomas Hobbes) 또한 인간의 자연적 정념에 대해서 잘 관찰했던 듯하다. 그가 호머의 일리아드와 오딧세이를 번역한 것이 허튼 일이 아닌 것이다. 그는 인간의 복수욕(revengefulness)의 목표가 상대를 죽이는 데 있는 것이 아니라 적을 속박하고 복종시키는 데 있다고 보았다. 적을 죽이는 것은 자신의 두려움을 없애기 위해서 그를 증오하는 사람이 갖는 목표다. 반면에 복수의 목표는 승리이기 때문에 죽은 사람에게 풀 수 없는 것이다. 그래서 복수욕은 상대로 하여금 그의 잘못을 인정하게 만들려는 기대 혹은 상상으로부터 나온다고 홉스는 정의한다.[21] 한편 홉스가 지적하듯이 어려운 점은 눈에는 눈으로 되돌려주는 것이 아니라, 적대자로 하여금 그의 잘못을 인정하게 만드는 것이다. 그러나 적대자는 그의 잘못을 인정하려 하기 보다는 차라리 죽음을 택할 것이다. 이러한 시각에서 볼 때 위에서 언급한 푸엥카레가 제안한 정치적 복수의 길은 막다른 골목에 이르게 될 것이다.

끝으로 역사화해와 관련해서 법의 시효 문제는 대단히 중요한 의미를 가진다. 오늘날 과거사의 문제는 "사과의 시대(age of apology)"란 말을 유행시킬 정도로 민감한 문제가 되었다. 과거가 지나간 것이 아니라 다시 기억되고, 기억을 바탕으로 과거의 잘못에 대한 사과와 배상을 요구하고 있다. 미국에서는 백인의 흑인 지배에 대한 사과나 흑인의 권익 향상을 요구했고, 뉴질랜드의 경우에는 마오리족이 빼앗긴 토지에 대한 손해배상소송이나 마오리족 권익

20 타키투스 지음, 박광순 역, 2007, 『타키투스의 연대기』, 범우, 285쪽.

21 Thomas Hobbes, 1999, *Human Nature and De Corpore Politico*, Oxford: Oxford University Press, p. 52.

향상을 위한 시위나 청원을 했다. 캐나다의 법원에서는 "원주민권(aboriginal right)"을 인정하기도 했다. 물론 위의 사례들은 과거의 문제뿐 아니라 특정 집단의 현재 생활 수준이 같이 걸려 있고, 책임의 상속 문제 등과 같은 복잡한 사안과도 관련된다. 이 사례들에서 사람들이 체감하는 시효의 감각은 역시 현재의 생활과 사회적 통합에 초점이 있는 것이라 생각된다.

2005년 노무현 전 대통령은 한때 과거사와 관련해서 형사상 시효 배제를 언급했다가 취소하기도 했다. 그 대신 민사상 손해배상을 위한 특별법이 제정되었다. 시효는 사회적 강자가 그들의 이해를 위해서 만든 것 같다는 인상을 받기도 할 것이다. 그리고 흉악범죄와 관련해서는 일반인들의 정의의 감정에 비추어 시효가 폐지되었다. 시효 문제는 앞으로도 사안에 따라서 여러 가지 이유에서 조정될 가능성이 있다. 인과응보의 관점에서 보면 잘못에 대해서 처벌 없이 그냥 넘어가는 것은 형평성에 맞지 않기 때문이다. 그렇다면 결국 시효를 두는 이유는 공동생활의 현재와 미래의 맥락에서 찾아야 할 것이다.

이와 관련된 영국사의 흥미로운 사례를 한 가지 소개한다. 헨리 7세는 1494년 재위 9년에 현재 왕위의 안정과 관련된 중요한 법을 통과시킨다. 그 법은 무력이나 기타의 방법으로 현재의 왕을 도운 자는 그 이후 법이나 의회의 결의, 또는 복종의 경우 때문에 처벌을 받지 않는다는 내용이다. 그의 의도는 당파 싸움이 만연한 상태에서 자신의 당파 사람들을 보호하는 데 초점이 있었다. 그는 자신의 왕위자격에 대한 의혹이 있는 가운데 권력의 집중이 필요했던 것이다. 그러나 이 법은 보기에 따라 다른 의미들로 해석될 수 있었다. 우선 이 법은 경우에 따라서 찬탈자에게 유리한 것이 될 수도 있다. 적통의 상속자를 결정하는 명확한 규칙이 있는 경우 왕위 찬탈자에 대한 충성을 처벌하지 못하게 되는 것이다. 다른 한편 군주의 자격은 대체로 논쟁의 대상이고 각 파당은 그들에게 유리한 것을 호소할 것이기 때문에 공적인 평온을 위해서 일한 사람들을 보호하는 것은 공평한 것으로 생각되었다. 한편 헨리 자신도 리처드 3세를 따랐던 사람들에게 그 모범을 보이지 못했기 때문에 그의 적들이 과연 그의 법을 따를 것인지 우려하지 않을 수 없었다. 이러한 어려움 속에서 의회를 통과한 법을 어긴 사람은 다름 아닌 그의 아들 헨리 8세였다. 그는 왕위 등극 후 더 높은 인기를 얻기 위해서 가혹한 착취로 공중의 표적이 된 선왕의 하수인 두 명을 처형시켰다. 그들은 선왕의 명에 따랐을 뿐이고 법을 어기지 않았다고 변호했다. 이에 헨리 8세는 선왕의 법을 어길 수 없어서 다른 죄목으로 그들을 옥죄었다. 한편 헨리 8세와 달리 그의 딸 엘리자베스는 왕에 등극하면서 과거를 망각 속에 던져 넣고 그의 언니 메리(Mary) 여왕의 하수인으로서 그녀를 괴롭혔던 정적들에게 보복을 하지 않았다. 이것은 엘리자베스가 훌륭한 인격을 가졌기 때문이 아니라 정치보복을 자제하는 것이 곧 그의 정치적 권위를 높이는 길이었기 때문이다. 이 선례의 수립으로 인해서 영국정치사에서는 파벌에 의해 자행되었던 정치적 보복을 자제하는 관행이 차츰 형성되게 되었다.

오늘날 우리 사회에서 과거사를 들추는 행위가 유행처럼 번져간다는 느낌이 든다. 과거의 고통에 대한 기억과 현재 생활의 박탈감 등 그 이유가 분명 존재할 것이다. 이에 반해 과거로부터 인간의 역사를 읽어내면서 공동생활의 교훈을 찾아내려는 노력은 상대적으로 미약하다고 생각된다. 법은 분명 과거의 행위에 대한 심판을 담고 있다. 그러나 법이 추구하는 목적은 과거에 있지 않고 사회의 현재와 미래를 내다보는 것이다. 그렇기 때문에 깊은 차원에서 법은 필경 한 나라의 역사 내레이션과 관련되지 않을 수 없을 것이다.

Ⅳ. 역사 내레이션과 화해의 전략

법에서 다루어지는 주요한 시간은 과거다. 법은 일차적으로 과거의 잘못을 바로잡는 데 관심을 가지기 때문이다. 따라서 법은 특정인의 정체성을 그 사람의 과거행위에 대한 기억의 일관성에서 찾는다. 이러한 정체성은 '포렌식 자아(forensic self)'라 불린다. 로크(John Locke)는 개인의 정체성을 포렌식 자아 모델을 중심으로 설명하기도 한다.[22] 아리스토텔레스에 따르면 재판에서 사용되는 레토릭의 목적(telos)은 정의(justice)에 있다. 이에 반해서 미래의 행동방향을 숙고하는 데 사용되는 레토릭(deliberative rhetoric)은 청자의 이익(sympheron: advantage)에 목적을 둔다.[23] 따라서 화해 전략과 관련해서 숙고의 레토릭은 그 전략이 우리에게 이익을 가져다 줄 것인지 아닌지를 질문한다. 이런 시각에서 화해 전략은 미래지향적인 방식으로 과거를 다루는 메커니즘이라고 말할 수 있다.[24] 미래지향적인 화해 전략은 "징벌적이거나 응보적인 성격보다는 자아를 새롭게 구성하고 전환하는 성격(constructive and transformative rather than punitive and retributive)"을 가진다. 따라서 화해 전략은 과거의 기억에 얽매인 포렌식 자아가 아니라 새로운 방식으로 구성되고 전환될 수 있는 자아를 전제한다.

과거사의 처리 문제에 두 가지 태도가 대립한다. 우선 대규모 폭력이 있은 연후에 과거와 대결하지 않고 망각하려는 전략은 도덕적으로 잘못된 것이라는 주장이다. 반면에 망각을 옹호하는 사람은 과거의 일에 매몰되는 것은 아

22 John Locke, 1975, *Concerning Human Understanding*, Oxford: Oxford University Press, Chapter xxvii.

23 Aristotle, 1926, *Rhetoric*, translated by John Henry Freese, Cambridge, Massachusetts and London, England: Harvard University Press, I. iii - iv 참조.

24 Erin Daly and Jeremy Sarkin, 2007, *Reconciliation in Divided Societies*, Forwarded by Desmond Tutu, Philadelphia: University of Pennsylvania Press, p.15.

직 가시지 않은 적개심에 다시 불을 붙이는 일이라고 주장한다.[25] 양쪽의 극단적 입장들을 배제한다면 각 주장은 나름의 사리를 분명 갖는다. 위의 두 가지 요소는 아직 정해지지는 않았지만 미래지향적인 정체성을 형성하는 데 긴장관계를 형성할 수밖에 없을 것이다. 여기서 새로운 정체성 형성에 가장 걸림돌이 되는 것은 과거에 빠져 매몰되어 버리는 일이다. 그 반대의 극단은 과거와의 단절을 주장하는 혁명의 레토릭이 될 것이다. 과거와의 간명한 단절이 가능하다면 전략적 대안이 될 수 있겠지만 인간의 실존을 고려할 때 그러한 발상은 허구적이다. 따라서 화해의 전략은 미래지향적 성격을 갖고 있지만 미래의 목적에 전적으로 몰입하는 것 또한 경계한다. 미래에 대한 맹목적 추구는 과거와 현재의 의미를 모두 잠식하고 말 것이기 때문이다. 그렇기 때문에 새로운 정체성의 형성과 관련된 화해 전략은 정의, 예방, 민주정치의 원활한 운영 등 시간의 모든 차원과 관련되지 않을 수 없다.[26]

위와 같은 맥락에서 화해의 전략은 공동생활에 의미를 주는 역사 내레이션 작법과 밀접한 관계가 있다. 공동생활에 의미를 부여하는 것은 대단히 중요한 일이다. 자유주의 정치학은 삶의 의미를 결정하는 일을 개인의 몫으로 돌려 버렸다. 삶의 의미를 결정할 자유를 개인의 책임으로 돌리는 것은 사회적 권위로부터의 해방이란 관점에서 보면 대단히 중요한 사건이었다. 그러나 그 반대급부로 공동생활은 기껏해야 경제적 이해관계로 축소되어 버렸다. 공동생활은 이익에 관련된 투쟁과 조정의 영역 이상이 아니기 때문에 개인의 소중한 내면적 삶과는 별 관계가 없는 것이 되어 버렸다. 자유주의에 대립해서 집단적 삶에 의미를 부여하려는 활동으로서 민족주의, 파시즘, 공산주의 등이 대두하게

---

25 Ernesto Verdeja, op.cit., pp.7~12.

26 *Ibid*., pp.12~22.

되었다. 이렇게 본다면 이데올로기적 대립의 문제를 떠나서 개인이 삶의 의미를 결정하는 것과 더불어 공동생활의 의미를 살려내고 이해하는 일이 중요해진 것이다.

그렇다면 공동생활의 의미를 살릴 수 있는 역사 내레이션을 발명해야 할 필요가 있다. 화이트(Hayden White)는 19세기 역사서술에서 4가지 역사서술과 관련된 플롯(plot)을 발견한다 : 로망스, 코미디, 비극, 풍자.[27] 그리고 그는 그 각각의 플롯에 정치이데올로기로 무정부주의, 보수주의, 근본주의(radicalism), 그리고 자유주의를 대칭시킨다. 로망스의 대표자는 프랑스 역사가인 미슐레(Jules Michelet), 코미디에는 랑케(Leopold von Ranke), 비극에는 토크빌(Alexis de Tocqueville), 풍자에는 부르크하르트(Hermann Burchardt)가 있다. 그리고 화이트는 이들을 비판하며 19세기 말에 등장한 마르크스(Karl Marx), 니체(Friedrich Nietzsche), 크로체(Benedetto Croce)를 분석의 대상으로 삼는다. 이들 중 동아시아에 큰 영향을 준 역사플롯은 랑케와 마르크스의 것이다. 흥미로운 점은 랑케나 마르크스는 모두 역사의 낙관주의적 결말을 믿었다는 것이다. 랑케는 역사의 목적을 특정하게 정하지는 않았지만 민족국가의 완성으로 나아가는 길을, 마르크스는 계급투쟁을 거치고 이상사회에 도달하는 길을 제시했다. 특히 랑케의 영향을 많이 받은 동아시아의 민족사관들은 서로 동일한 기반에서 치열하게 싸움을 벌이고 있다. 민족 간의 대립을 통해서 역사가 발전한다는 일종의 역사의 간계에 대한 믿음이 없다면 끊임없는 싸움의 의미와 그 끝을 이해하기 쉽지 않을 것이다.

부연하면 랑케는 역사적 사건들을 코미디의 형식으로 조직한 보수주의자로

27 Hayden White, 2014, *Metahistory: The Historical Imagination in 19th-Century Europe*, Baltimore: John Hopkins University Press.

분류된다. 그리고 과거의 사건들과 미래의 사건들의 '내적인 연관성'을 주장한다는 점에서 그의 역사서술은 '유기체주의적(organist)' 특성을 갖는다. 신의 뜻이 펼쳐지는 역사는 여러 요소들이 대립하면서 명확하게 정해진 끝(telos)은 없으나 목적론에 의해서 낙관적으로 흘러간다. 특히 그는 민족 국가, 교회 등의 제도를 집단적 삶의 이념적 실체로 포착함으로써 근대 민족주의 운동에 신성한 의미를 부여한다. 이러한 랑케에게 십자군 전쟁은 집단적 광기나 어리석음을 표하는 것이 아니라 게르만-라틴 민족들의 형성이란 관점에서 파악된다. 그리고 기사도는 그 민족들의 특징으로 추앙된다.[28]

그러나 무엇보다 실망스러운 점은 랑케의 역사서술에는 공동생활에 내재하는 문제에 대해 날카로운 통찰이 없다는 것이다. 그의 역사서술에서 주요한 변수는 특정 민족의 이념과 기독교의 이념이다. 이념은 곧 역사 해석의 틀을 형성한다. 그에게 이념은 역사의 시간을 초월하는 독특한 힘을 갖는다. 따라서 과거와 현재는 미래의 목적성에 포박된 채 조직화된다. 역사의 연속성은 곧 역사학의 존재 근거다. 따라서 랑케는 과거를 부정하는 프랑스 혁명에 대해 거리를 둔다. 현재와 미래로부터 완전히 단절된 과거는 무의미한 존재에 불과하기 때문이다. 이러한 랑케의 보수주의는 일본 관학역사가 시라토리(白鳥庫吉)에 의해 더욱 보수성을 띠게 된다. 시라토리는 천황제도의 기원으로부터 일본민족의 정체성을 수립한다.

랑케가 동아시아 역사서술에 미친 지대한 영향을 고려할 때, 그의 민족 중심의 역사서술에서 동아시아 나라들 사이의 화해 전략을 수립하는 데 도움이 되는 요소를 발견할 수 없다는 점은 불행한 일이다. 또한 민족의 통합에 대한 지

28 Leopold von Ranke, 1909, *History of the Latin and Teutonic Nations,* 1494~1514, translated by G. R. Dennis, London: George Bell & Sons.

나친 초점은 민족 내부의 역사적 갈등을 이해하고 해결하는 데도 별다른 도움을 줄 수 없다. 이런 점들을 고려한다면 아시아를 세계로 간주하고서 동아시아 역사서술에서 서양을 벗어나려 하는 왕후이(汪暉)의 시도에는 흥미로운 측면이 있다. 그의 '트랜스-시스템' 개념은 민족사의 틀에서 지역사의 틀로 전환하려는 시도의 하나로서 민족, 국가, 지역 등 전통적인 범주가 아니라 문화, 습속, 정치, 예의의 역량이 초월의 중심에 선다. 민족, 국가, 지역을 뛰어넘으려는 시도가 근대 자본주의의 경제활동에 정치와 문화를 통섭하는 것이라면, 그의 트랜스시스템은 서로 다른 문화, 종족집단, 지역이 교류·전파·병존하면서 서로 연관된 사회 형태와 문화 형태를 형성한다는 개념이다.[29]

그러나 왕후이의 지역사로서의 트랜스시스템 발상이 큰 틀에서 랑케의 라틴-튜턴 민족들의 보편사(universal history)와 큰 차이가 있는 것인지 의문스럽다. 오늘날의 시각에서 볼 때 그의 아시아사는 유럽을 대신해서 중국 중심의 아시아를 상상하는 것으로 읽히게 되기 때문이다. 또한 이로부터 과거 일본의 '동양사'를 떠올리는 것은 어렵지 않을 것이다. 특히 그가 조공시스템을 끄집어내는 대목에서는 그의 역사적 방향감각에 대해 의문이 생기지 않을 수 없다. 조공시스템을 근대의 용어들로 각색을 한다고 해서 그것을 매력적인 것으로 만들 수 있을지 의문스럽기 때문이다. 서구와의 다름을 강조하고, 그럼으로써 아시아를 세계로 구상한다고 하더라도 결국 그 체제가 사람들에게 매력

29 왕후이 지음, 송인재 역, 2011, 『아시아는 세계다』, 글항아리, 9쪽. 특히 왕후이가 역사서술의 중요성을 언급하는 부분에 대해서는 큰 공감을 표하고 싶다. "역사를 어떻게 서술할 것인가는 역사학자들이 오랫동안 씨름해온 문제다. 역사 연구는 사료의 발굴과 고증에 근거한다. 이 때문에 실증주의적 성향을 지닌 학자들은 역사 연구에 서술이 불필요하다고 생각한다. 실증주의를 비판하는 포스트모더니스트도 늘 이 견해를 지지했다. 왜냐하면 그들은 '거대서사'를 거부하기 때문이다. 서술이 정치와 아주 밀접하게 연관된다는 그들의 의견에도 일리는 있다. 그러나 실증적 연구도 서술을 멀리하지 않는다. 서술을 멀리하는 것이 아니라 서술에 둔감해진 것일 뿐이다. - 우리는 서술이 이미 익숙해져서 더 이상 따져볼 필요가 없는 상식이 되었을 때 서술이 사라졌다고 오인하게 된다." 한국어판 서문.

을 주지 못한다면 그 구상은 폐기되고 말 것이다. 이것은 유럽의 중세가 오늘날의 사람들에게 낭만적 과거는 될지언정 그 속에 살고픈 매력을 줄 수 없는 것과 마찬가지 이치다. 랑케가 가톨릭에 대한 프로테스탄트의 승리를 예상했고, 민족국가의 수립을 역사의 종착역으로 믿었지만, 가톨릭은 아직도 건재할 뿐 아니라 종교성은 그의 예상과 달리 쇠퇴했으며, 민족국가 또한 절대화되기보다는 국제질서와 더불어 공존하고 있다. 다시 말해 왕후이의 역사서술은 조공시스템을 실천의 맥락에서 봄으로써 역사 속에서 변화해온 존재로 간주하려 하지만, 현재 중국의 정치양식이 매력적으로 보이지 않은 상황에서 조공시스템의 언급은 과거로의 회귀 이상을 의미하기 힘들 것이다. 더욱이 유교에 대한 언급은 역사의 정체상태를 떠올리게 한다. 여기서 문제는 그의 상상력의 한계라기보다는 중국정치의 상상력의 한계라고 보는 것이 더 그럴듯한 추론이리라. 중국이 꿈을 꾸기 시작했다는 선언은 있었지만, 그 내용이 여전히 불투명하다는 점은 그 증거가 될 것이다.

무엇보다 불만족스러운 점은 왕후이의 역사적 상상력에는 보편적인 비교의 틀에 의거한 분석적이고 과학적인 서술은 별로 보이지 않는다는 것이다. 일본의 동양학은 서구의 일반적 패턴에 포섭되는 것으로부터 벗어나고자 노력한 적이 있다. 왕후이 또한 기존의 탈서구 전략이 서구의 이론적 틀에 의한 것이라고 비판한다. 대부분의 기존 이론은 동양에도 근대가 있었다는 식의 설명방식이다. 이를 벗어나기 위해 그는 철학적으로 일반(general) – 특별(particular)의 포섭관계로부터 벗어나 아시아를 개별자(singularity)로 간주하는 조공시스템 연구와 같은 노선을 따르고자 한다. 아시아는 독특하다. 그러나 독특함은 보편적 의미도 포함하고 있어야 한다. 그리고 그것은 비교적인 분석의 틀에서 설명되어야 한다. 하지만 위에서도 언급했듯이 왕후이가 언급하는 아시아의 내용은 우리가 흔히 알고 있는 정도의 내용을 넘어서지 못하고 있으며 보편적 경험의 차원에서 보면 사회발전의 양상을 제시하기에 부족하다. 조공시스템이 역사적으로 변화했다는 주장은 있지만 어떠한 내재적 발전이 있었는지는 여전히 불투명하다. 그리고 발전이 있었다면 그 발전을 어떠한 시선에서 조망할 수 있는 것인지도 설명되어야 사안이다. 그러한 설명이 있어야만 비교사적인 관점에서 지구적 경험의 차원이 드러날 것이다. 이 작업은 왕후이도 인정하듯이 서구의 역사에 대한 보다 깊은 성찰이 요구되는 것이기는 하다. 이러한 의미에서 왕후이가 비판의 대상으로 삼은 몇 가지 서구적 이론도식을 넘어서 다양한 '서구'의 다차원적 경험세계를 드러내는 작업이 필요하리라 생각한다. 이와 마찬가지로 이른바 '아시아' 나라들 간의 역사적 차이와 현재 처한 상황을 이해하는 작업이 필요하다. 그것이 역사의 소통과 화해를 위한 첫 작업이 될 것이다.

국내적으로 일어나는 역사 갈등에 대한 서술 문제도 언급할 필요가 있다. 가장 손쉬운 방식은 목적론적인 관점에서 세력 간의 갈등을 서술하는 것이다. 근대자유주의 역사서술은 이 길을 밟아 온 것으로 생각된다. 랑케 또한 래스키(Harold Laski)가 언급했듯이 '화려한 색체가 빠진 머콜리(colorless Macaulay)'로 볼 수 있다. 랑케의 이념사는 목적론적인 세력사를 넘지 못했다. 자유주의 역사학은 자유 발전의 플롯을 역사의 마스터키(master key)로 삼아 역사를 조직한다. 자유주의가 주장하는 인간 해방의 목적에서 마르크스의 이론은 자유주의의 한 분파로 간주된다. 목적이 역사를 압도적으로 규정하는 역사관이다. 이러한 역사서술의 특징은 미래의 가치관으로 과거와 현재를 재단하려는 오늘날의 시도에서도 잘 드러난다. 이와 같은 역사서술은 특정한 잣대로 역사의 승자와 패자를 가릴 수는 있을 것이다. 그러나 그 세계는 소통과 화해가 불가능한 세계로 그려질 것이다.

흄은 복종을 강조한 토리(Tory)를 비판하며 자유를 주장했던 휘그(Whig)가 영국의 정치발전에 큰 기여를 한 점을 인정한다. 하지만 그는 휘그가 정치적 목적 때문에 역사적 진실을 왜곡했다는 점을 지적한다. 휘그는 스튜어트 왕조의 통치를 악으로 규정하는 이분법적 선악논리의 역사를 전개했기 때문이다. 정치적 상대자를 부정함으로써 자신의 정체성을 규정하려는 것은 통속적인 '부정의 부정'이란 변증법적 도식이다. 과거의 부정 그리고 타자의 부정으로서의 혁명 구호는 우리에게 친숙한 것이다. 나아가 과거를 부정하는 데 집착하고 몰입하는 것은 공동생활의 문제를 해결하는 데 도움이 되지 않는다는 점도 익히 학습한 바이다. 이런 시각에서 흄은 1688년 명예혁명의 의의를 스튜어트 통치의 부정에 두는 휘그의 당파적 관점을 비판한다.[30]

흄의 역사서술은 사회의 발전에서 당면하는 문제를 중심에 두고 진행된다. 사회의 발전은 안정과 변화의 흡사 이율배반적인 논리로 진행된다. 점유와 관련해서 안정이 없으면 탈취가 계속된다. 사회구성원은 서로 점유를 위해 싸울 것이고 서로 참을 수 없는 상태가 지속될 것이다. 그렇기 때문에 사회의 발전에는 점유를 고정시키는 논리가 선행한다. 그러나 점유가 완전히 고착될 경우 재산의 불평등으로 인한 불편함을 고칠 수 없을 것이다. 여기서 인간은 안정과 변화를 동시에 담보하는 이전(transfer)을 고안해 낸다. 가령 동의에 의한 이전은 안정 속 변화를 이루는 훌륭한 고안물이 될 것이다. 이전의 관행을 통해 사람들 사이는 서로에게 이익이 되는 단계로 접어든다. 그리고 사회는 새로운 관행이 성장하여 더 나은 단계로 진행한다.

정부와 관련해서도 동일한 논리가 적용된다. 왕위를 둘러싼 싸움의 역사는

30 David Hume, 1983, *The History of England* VI, Indianapolis: Liberty Fund, p.531.

우리에게 익숙한 주제다. 영국사에서 왕위 쟁탈전은 개인의 정치적 모험주의에 의한 것이거나 가문 간 다툼의 성격이었다. 통치의 안정을 성취하기 위해서는 정치적 모험주의와 파벌 싸움을 넘어서는 고안이 필요했다. 그래서 왕위승계의 순서를 고착시키는 관행이 성장했다. 인민들의 복종을 통해 안정적인 정치적 권위가 수립되는 것이다. 그러나 압제로부터 인민의 권리를 지키기 위해서는 교정책 또한 필요한 것이다. 하지만 국왕의 대권과 인민의 권리를 조율하는 과정은 쉽지 않았다. 인민의 동의를 등에 업고 국왕을 죽였던 저항은 정치와 종교의 권위를 파괴함으로써 폭력적인 일인지배로 귀착하였고, 마침내 다시 왕정복고로 이어졌다. 왕정복고 이후에도 국왕의 대권과 인민의 권리를 조율하는 문제는 여전히 지속되었다. 이번에는 국왕의 편에서 정치적 혁신을 시도하지 않을 수 없었다. 결국 제임스 2세는 국왕의 법적 권리에 대한 과도한 관념으로 인민의 권리를 불안하게 했고 결국 국왕의 추방, 그리고 왕가의 교체로 이어졌다. 이른바 명예혁명으로 인민은 왕위에 대한 과도한 관념과 왕위승계의 불편함을 교정했던 것이다.

위와 같은 과정을 통해 근대적 정당이 서서히 수립된 것이다. 명예혁명 이후에도 토리와 휘그 간에는 역사의 진실에 대한 격심한 논쟁이 지속되었다. 흄은 서로를 부정하려는 파벌적 특성을 벗어던지고 서로의 원리를 인정하는 근대적(개명된) 정당의 관행을 수립시키는 데 일조하기 위해서 역사를 기술했다. 복종의 원칙은 혁명을 통해 수립된 정부에도 필수적인 것이다. 자유의 원칙은 사회를 더 나은 상태로 만드는 데 더없이 중요한 것이나 권위와 복종을 지속적으로 침해하는 것은 그 정부의 기반을 허무는 것일 뿐이다. 비교하자면 권위주의에서 민주화로의 이행에서도 복종(권위)과 자유는 동시에 요구된다. 과도한 권위를 교정하는 것과 권위를 부정하는 것은 전혀 다르다. 이행에서 자유 또한 권위의 부정으로 극단화되지 않고 시민적 자유로 정착되어야 한다. 혁명은 유토피아를 만들기 위한 것이 아니라 사회의 진화와 관련된다. 사회의 진화에는 안정의 원칙과 변화의 원칙이 동시에 요구된다.

V. 맺음말

문제사를 중심으로 한 흄의 역사서술 방향은 외부세계에 대한 공포와 질투에 기초한 민족주의적 역사서술을 교정하는 데 도움이 될 수 있다. 민족주의 역사서술에는 피히테(Johann Gottlieb Fichte) 철학의 출발점인 "아(我)"와 "비아(非我)"의 구분이 강하게 녹아 있다. 이것은 민족주의 역사서술이 민족 투쟁사에 빠질 수밖에 없는 이유 중 하나가 될 것이다. 신채호의『조선상고사』는 역사를 아와 비아의 투쟁사로 간주하고, 아를 주관적 위치에 선 자로 규정한다. 주관적 위치에 선 자는 세상을 아와 비아로 나누고 비아에 대해서 분투한다. 역사는 이러한 투쟁의 기록이다. 흔히 근대 철학의 핵심은 주관의 발견이었다고 말해진다. 이것은 칸트의 코페르니쿠스적 전회로 언급되기도 한다. 피히테는 칸트의 실천철학을 도덕철학에 응용했다. 그러나 근대의 주관주의는 타인의 주관에 접근하는 길을 찾는 문제에 봉착했다. 타인과의 소통이 문제가 된 것이다. 아와 비아의 투쟁이란 도식은 타인과의 소통 문제에 부닥친 절망의 표현 중 하나일 것이다. 오늘날 한·중·일이 민족주의로 경도되는 현상은 소통의 절망은 아닐지라도 최소한 심각한 회의로부터 생긴 것이리라. 근대 국제법은 평등한 만국의 질서를 전제했다. 동아시아는 큰 고통을 겪으며 이 질서에 편입되었으나, 아직까지 인접한 국가와의 적절한 소통 방식을 고안해내지는 못한 것 같다. 여기서 근대 이전의 중화주의적 소통 양식을 주장하는 것은 시대착오적 행위가 될 것이다. 일본의 제국주의처럼 주관적 민족주의를 앞세운 아의 팽창주의 또한 타자에게 모욕감을 줄 뿐이다.

국가 내부의 소통, 그리고 국가 간의 소통의 길을 찾는 것이 근대정치의 중요한 과제였다. 종교에 의해 부과되는 동일한 믿음의 체계가 아니라 차이를 인정하면서 화해의 길을 찾는 것이 근대의 과제였다. 한편으로는 이성의 원리를 이용해서 추상적 보편법을 찾으려는 시도가 있었고, 다른 한편으로는 공동생활로부터 생기는 촉 혹은 감각(sense)에 의거해서 법의 길을 찾으려는 보통법적 시도가 있었다. 체계성의 면에서는 대륙법의 장점이 있지만, 실천적 문제해결의 면에서는 보통법이 우위에 있었다. 하버마스처럼 오늘날도 여전히 이성을 통한 소통과 합의를 강조하는 철학자가 있다. 그러나 그 길이 어떻게 가능할지 필자는 의구심을 가지고 있다. 동아시아는 지리적 근접성에도 불구하고 서로 간의 공통감각을 익히기에는 역사적으로 소원한 관계였다. 그 결과 때문인지 아직도 배타적 민족주의의 열기가 수그러들지 않고 있다. 서로의 공통감각(common sense)을 넓히기 위해서 자유로운 만남의 장을 확대하는 것이 필요할 것이다.

참고문헌

왕후이 지음, 송인재 역, 2011, 『아시아는 세계다』, 글항아리.
키케로 지음, 성염 역, 2007, 『법률론』, 한길사.
타키투스 지음, 박광순 역, 2007, 『타키투스의 연대기』, 범우.

이병택, 2010, 「유럽통합과 장 모네의 정치사상」, 『영국연구』 제24호.

Aristotle, 1926, *Rhetoric*, translated by John Henry Freese, Cambridge, Massachusetts and London, England: Harvard University Press.

Cicero, 1928, *De Re Publica/De Legibus*, translated by Clinton Walker Keyes. Cambridge, Massachusetts and London, England: Harvard University Press.

Churchill, Winston, 1959, *The Second World War*, abridged edition. London: Cassell & Co. Ltd.

Daly, Erin and Sarkin, Jeremy, 2007, *Reconciliation in Divided Societies*, Forwarded by Desmond Tutu, Philadelphia: University of Pennsylvania Press.

Derrida, Jacques, 2000, *Of Hospitality*, translated by Rachel Bowlby, Stanford: Stanford University Press.

Dower, John, 1999, *Embracing Defeat: Japan in the Wake of World War II*, New York: W. W. Norton & Company, Inc.

Freeman, Michael, 2008, "Historical Injustice and Liberal Political Theory", *The Age of Apology*, edited by Mark Gibney, Rhoda E. Howard-Hassmann, Jean-Marc Coicaud, and Niklaus Steiner, Philadelphia: University of Pennylvania Press.

Fukuyama, Francis, 1995, *Trust: The Social Virtues and the Creation of Prosperity*, New York: A Free Press Paperbacks Book.

Hobbes, Thomas, 1999, *Human Nature and De Corpore Politico*, Oxford: Oxford University Press.

Homer, 1999, *Iliad*, translated by A. T. Murray and revised by William F. Wyatt, Cambridge, Massachusetts and London, England: Harvard University Press.

Homer, 1995, *Odyssey*, translated by A. T. Murray and revised by George E. Dimock, Cambridge, Massachusetts and London, England: Harvard University Press.

Holmes, Oliver Wendell, 1881, *The Common Law*, Boston: Little, Brown and Company.

Hume, David, 1983, *The History of England VI*, Indianapolis: Liberty Fund.

Lederach, John P., 1997, *Building Peace: Sustainable Reconciliation in Divided Societies*, Washington, D.C.: United States Institute of Peace Press.

Locke, John, 1975, *Concerning Human Understanding*, Oxford: Oxford University Press.

Mitchell, Margaret M., 1991, *Paul and the Rhetoric of Reconciliation*, Louisville, Kentucky: Westminster/John Knox Press.

Pal, Radhabinod, 1999, *Dissent Judgment of Justice Pal*, Tokyo: Kokusho-Kankokai, Inc.

Ranke, Leopold von, 1909, *History of the Latin and Teutonic Nations, 1494-1514*, translated by G. R. Dennis, London: George Bell & Sons.

Verdeja, Ernesto, 2009, *Unchopping a Tree: Reconciliation in the Aftermath of Political Violence*, Philadelphia: Temple University Press.

Weil, Simone, 2005, "The Iliad, or the Poem of Force", in *War and the Iliad*, introduction by Christopher Benfey, New York: New York Review Books.

White, Hayden, 2014, *Metahistory: The Historical Imagination in 19th-Century Europe*, Baltimore: John Hopkins University Press.

제1부

근대정치와 화해의 문제

1
마키아벨리 『피렌체사』에 나타난 공동체의 갈등과 화해의 문제

신철희
서울대학교 한국정치연구소 연구원

Ⅰ. 머리말

이 연구는 니콜로 마키아벨리의 『피렌체사』(Istorie Fiorentine)를 통해서 공동체 내부에서 발생하는 다양한 갈등과 여기에 따르는 용서와 화해 문제를 다루는 것을 목적으로 한다. 갈등과 분쟁에서 자유로운 공동체는 존재하지 않는다. 그러나 갈등과 분쟁이 파국에 이르지 않도록 잘 관리하는 것이 정치의 역할이고 공동체가 번영할 수 있는 중요한 전제조건이 된다. 그런데 갈등과 화해의 문제는 여러 가지 층위에서 발견할 수 있다. 크게 보면 공동체(국가) 내부에서 발생하는 경우와 공동체들 사이에서 발생하는 경우로 나눌 수 있다. 그리고 공동체 내부에서 발생하는 용서와 화해의 문제는 계급, 지역, 성(gender), 종교 등 집단들 사이에서 발견되는 경우도 있고, 개인과 국가 사이에서도 찾아볼 수 있다.

마키아벨리의 『피렌체사』는 피렌체에서 발생한 갈등과 대립, 그리고 통합의 다양한 사례들을 담고 있다. 마키아벨리는 피렌체 역사를 다룬 선배 역사가들인 브루니(Leonardo Bruni)나 포지오(Poggio Bracciolini)의 역사책과 자신의 것의 가장 큰 차이점을 도시 안에서 벌어지는 갈등 문제에 대한 관심에서 찾고, "도시의 분열과 시민들 사이의 증오, 그리고 그것으로부터 발생하는 결과들"에 주목하겠다고 밝히고 있다(서문). 이 문제가 피렌체의 특성을 보여주는 가장 중요한 요소임에도 불구하고 선배 역사가들은 충분한 관심을 보이지 않았다는 것이다.

마키아벨리가 보기에, 피렌체는 가문들 사이에, 계급(계층)들 사이에, 그리고 지도자와 시민들 사이에 수많은 갈등이 존재했으며, 그 결과에 따라서 피렌체의 정치와 도시의 운명이 좌우됐다. 다음 피렌체의 한 시민의 말 속에 분열된 피렌체의 부정적인 모습이 잘 묘사되어 있다.

> 조국이나 개인들에 대항해서 어떤 악을 함께 저지른 사람들을 제외하고는 시민들 사이에 단결도 우애도 없습니다. 그리고 모든 사람들에게서 종교와 신에 대한 두려움이 사라졌기 때문에 맹세나 신의도 이익이 될 때까지만 지켜집니다. 그래서 사람들은 지키기 위해서가 아니라 더욱 손쉽게 남을 속일 수 있는 수단으로 삼기 위해서 맹세를 하거나 신의를 말합니다. 그리고 더 쉽고 더 확실하게 속임수가 성공할수록 더 큰 영광과 칭송을 얻을 수 있습니다. 이로부터 악한 사람은 유능하다고 칭송받고, 착한 사람은 바보라고 비난을 받습니다. 그리고 분명히 이탈리아의 도시들 안에는 부패될 수 있는 것과 다른 사람들을 부패시킬 수 있는 것들이 함께 모여 있습니다. 젊은이들은 게으르고, 노인들은 음란하고, 나이를 불문하고 남녀 모두 더러운 관습으로 가득 차 있습니다. 그래서 좋은 법률도 오용되기 때문에 결코 해결책이 되지 못합니다. 이로부터 우리 시민들에게서 보이는 탐욕, 그리고 진정한 영광이 아니라 미움, 증오, 의견 불일치, 파벌이 의존하는 경멸스러운 명예를 향한 욕구가 자라납니다. 그

리고 이로부터 착한 사람의 죽음, 망명, 고문, 악한 사람에 대한 칭송이 발생합니다.[1]

필자가 마키아벨리의 『피렌체사』를 분석 대상으로 삼은 현실적인 이유는 공동체 내부에서 발생하는 갈등과 화해 문제가 국가들 사이의 관계에도 적용 가능한지 살펴보려는 데 있다. 우리나라는 일본, 중국 등과 여전히 역사 문제로 갈등을 빚고 있다. 특히 일본과는 해방 이후 상당한 기간이 지났음에도 불구하고 여전히 해소되지 않는 감정이 쌓여 있다. 기본적으로 가해자이면서도 지난 과거를 제대로 인정하지 않는 일본 정부에 일차적인 책임이 있는 것은 분명한 사실이다. 우리 국민과 정부의 일본에 대한 태도도 일본의 충분한 사과와 배상 여부에 초점이 맞춰져 있다. 그런데 일본은 이미 배상의 책임도 다했고 사과도 할 만큼 했으니 이제 과거 이야기는 그만하자는 입장이다. 양 국가 사이에 좁혀지지 않는 간극이 존재한다.

그런데 문제해결을 위한 돌파구를 마련하기 위해서는 시각을 달리한 고민을 해보는 것도 의미가 있을 것이라고 생각한다. 즉, 혹시 우리가 너무 과거에만 매달리고 있지는 않은지, 그리고 이 문제를 주도적으로 풀어나갈 실마리를 우리 스스로 찾을 수 없는지 말이다. 어쩌면 우리는 우리 내부의 갈등 문제를 제대로 해결해 본 경험이 부족하기 때문에 다른 나라와의 관계에서 발생하는 갈등을 해결하는 데도 어려움을 겪고 있는지 모른다.

따라서 이 연구는 공동체 내부에서 일어나는 다양한 차원의 갈등을 경험한 피렌체 역사를 통해서 내부의 갈등을 해소하고 사회통합을 이루는 지혜를 찾고자 한다. 여기에 대한 우리의 시각이 정리되면 이를 다른 나라와의 역사 화해에도 적용할 수 있을 것이다.

---

1 Machiavelli, 1988, *Florentine Histories*, trans. Laura Banfield and Harvey Mansfield. Princeton: Princeton University Press, III - 5.

Ⅱ. 마키아벨리 『피렌체사』에 등장하는 공동체의 갈등 유형

마키아벨리가 서문에서 밝혔듯이 『피렌체사』는 피렌체에 발생했던 다양한 유형의 갈등과 그 결과에 대한 이야기라고 할 수 있다. 그래서 다양한 종류의 내부 갈등과 대립이 등장한다. 가문들 사이, 계급(계층)들 사이, 지도자와 도시(민중) 사이에 발생했고, 또한 교황과 황제라는 국제적 성격의 갈등이 구엘프(Guelf)파와 기벨린(Ghibelline)파의 대결이라는 형태로 피렌체에 막대한 영향을 미치기도 했다. 마키아벨리는 서문에서 피렌체의 선배 역사가들이었던 브루니와 포지오는 도시의 분열과 시민들 사이의 증오, 그리고 그로부터 발생하는 결과에 대해서 주목하지 않았지만 자신은 그것들을 상세하게 기록하겠다고 밝히고 있다.[2]

아테네나 로마 등 과거 공화국들의 분열과 다른 피렌체만의 특징이 있었다. 즉 전자는 귀족과 평민 사이의 대립이 지속된 반면에, 피렌체 시민들 사이의 분열은 승리한 세력이 지속적으로 분열하고, 또 다수의 균열축이 존재했다는 차이점이 있었다.

> 그리고 만약에 다른 어떤 공화국에 눈에 띌 만한 분열이 있었다면, 피렌체의 분열은 가장 주목할 만하다. 왜냐하면 우리가 정보를 가지고 있는 대다수의 공화국들은 하나의 분열에 만족하고, 우연한 사건에 따라 그 분열이 때로는 세력을 확장하기도 하고, 또 때로는 도시를 망치기도 했다. 그렇지만 피렌체는 하나의 분열에 만족하지 못

---

2 『피렌체사』를 도시 안에서 발생하는 분열과 갈등을 다룬 정치사라고 했을 때, 이러한 분열의 밑바탕에는 인간들 사이의 다양한 욕망과 감정의 충돌이 자리하고 있다. 마키아벨리는 민과 귀족, 파벌, 가문, 개인 등이 느끼는 다양한(주로 적대적인) 감정들을 상세하게 묘사하고 있다. 그는 우모리(umori) 개념을 가장 많이 사용하지만, 그 외에도 증오심(inimicizie), 야망(ambizione), 욕망(desiderio), 욕구(appetito), 분개(sdegno), 희망(speranza), 열정(passioni), 의심(benche), 두려움(paura) 등의 다양한 용어로 인간의 감정을 묘사하고 있다.

하고 많은 분열을 만들어냈다. 모두가 알고 있듯이 로마에서는 왕들이 쫓겨난 후 귀족과 평민 사이의 분열이 발생해서 로마가 멸망할 때까지 그 분열이 유지되었다. 아테네에서도 그랬고, 그 당시에 번성한 다른 모든 공화국들에서도 그랬다. 그러나 피렌체에서는 처음에는 귀족들끼리 분열했고, 다음에는 귀족과 포폴로, 그리고 마지막에는 포폴로와 평민 사이에 분열이 발생했다. 그리고 많은 경우에 승리한 쪽이 둘로 나뉘는 일이 발생했다. 그러한 분열들로부터 기억에 남아 있는 그 어떤 도시에서 발생한 것보다 더 많은 사람들의 죽음과 망명, 그리고 많은 가문의 멸망이 있었다. 그리고 정말로 내 판단으로는, 그 어떤 위대하고 강력한 도시라도 소멸시켜 버렸을 정도의 힘(forza)을 가지고 있었던, 이 분열들로부터 발생한 역량(potenza)만큼 우리 도시의 역량을 더 잘 보여주는 사례는 없는 것처럼 보인다(서문).

마키아벨리는 피렌체 분열의 원인으로 두 가지를 들고 있다. 첫째는 승리한 피렌체의 포폴로(popolo)[3]가 귀족들과 영예를 공유하기를 거부한 것이고,[4] 둘째는 시민들 사이의 증오가 단순한 분열로만 그치지 않고 분파와 당파의 발생으로 이어졌다는 점이다.[5] 그런데 분파와 당파가 발생하는 원인은 두 가지가 있다. 첫째, 명예를 공적인 방법이 아니라 사적인 방법으로 얻으려고 할 때다. 둘째, 승리한 세력이 패배한 세력을 완전히 배제함으로써 단결을 유지하고 스스로를 자제할 유인을 상실하게 되면서 계속 분열하는 것이다.[6] 이번 절에서는『피렌체사』에 서술된 다양한 유형의 갈등을 살펴볼 것이다.

---

3 마키아벨리 작품에서 '포폴로(popolo)'는 피렌체의 '전체시민', 또는 그 시민들 중에서 귀족이나 평민이 아닌 길드 소속의 '중산계층'이라는 이중의 의미를 가지고 있다(John Najemy, 2008, *A History of Florence 1200~1575,* Chichester, UK: Blackwell Publishing, pp.35~36).

4 Machiavelli, 1988, *op. cit.*, III - 1.

5 *Ibid.*, VII - 1.

6 *Ibid.*, VII - 1.

1. 구엘프파 vs 기벨린파

마키아벨리는 기본적으로 도시의 분열이 피렌체를 쇠퇴시킨 원인이라고 본다. 마키아벨리는 피렌체가 "빈번하고 새로운 분열"이 없었더라면 강대함에 이르렀을 것이며,[7] "분열된 도시는 예속되고 단합된 도시는 자유"를 누린다고 말한다.[8] 이러한 분열이 자유를 수호하는 데 장애물이 됐던 것이다.

> 그리고 피렌체가 신성로마제국으로부터 자유로워진 후 단결을 유지시켜 주는 정부 형태를 획득할 수 있을 정도로 번영을 누렸더라면, 내가 아는 어떤 현대나 고대의 공화국도 역량(virtù)과 군사력과 근면으로 가득 찬 피렌체보다 우월하지 못했을 것은 의심의 여지가 없다. 왜냐하면 피렌체가 많은 기벨린파를 추방한 후에 투스카나와 롬바르디아는 기벨린파로 가득 찼으며, 캄팔디노(Campaldino) 전투 일 년 전 아레쪼(Arezzo)와의 전쟁에서 구엘프파는 도시 안에 남은 사람들과 함께 시민들 중에서 1,200명의 군인과 12,000명의 보병을 쫓아낸 것을 볼 수 있기 때문이다. 이후 피렌체인들이 자신들의 군대에 의존하는 대신에 자신들의 근면을 시험할 수밖에 없었던 (이 당시에 군대가 다 소진되었기 때문에) 밀라노의 공작 필리포 비스콘티(Filippo Visconti)와의 전쟁에서 5년 동안 350만 플로린을 사용했던 것이다(서문).

마키아벨리는 이탈리아 멸망의 가장 큰 원인으로 구엘프파와 기벨린파의 분열이라고 본다.[9] 구엘프파와 기벨린파의 갈등은 교황(알렉산드르 2세)과 황제(하인리히 3세)의 대립으로부터 시작됐는데, 교황을 따르는 이탈리아 민족과 국가는 구엘프파, 황제를 지지하는 경우에는 기벨린파에 가담했다.[10] 이탈리아 정치지

---

7 *Ibid.*, III - 6.
8 *Ibid.*, II - 35.
9 *Ibid.*, I - 21.
10 *Ibid.*, I - 15.

형을 결정하는 데 영적 권력과 세속 권력 간의 갈등이 큰 역할을 한 것이다.

구엘프파와 기벨린파의 대립은 이탈리아 전체를 오랜 세월동안 갈등과 혼란 속으로 빠뜨렸다. 그래서 야만인들의 침입이 없을 때 내부의 전쟁으로 이탈리아가 분열되었다.[11] 그러나 마키아벨리는 황제보다는 교황에게 더 큰 책임을 묻는다. 교황은 종교적 힘을 이용해서 "영적인 상처(le spirituali ferite)"를 주고,[12] 롬바르디아인들의 공격을 받지 않은 교황 그레고리우스처럼 적으로부터도 경외심을 불러일으킬 수 있을 정도의 영향력이 있었지만, 이탈리아를 통일시킬 능력은 안 됐다.[13] 어중간한, 그렇다고 무시할 수도 없는 교황과 교회의 정치에 대한 관심과 개입이 이탈리아를 어려움에 빠뜨린 주요 원인이었다.

이탈리아에서 교황과 황제의 힘은 서로 역의 관계에 있었다. 황제가 그 특권을 점점 상실하자 교황이 그것을 획득했고, 이런 식으로 세속 군주들에 대한 교회의 권한을 증대시켰다.[14] 그런데 교황의 가장 근본적인 문제는 내부에서 문제를 해결하지 않고 항상 외부의 힘을 빌려오는 것이었다. 야만인들에 의해서 발발한 이탈리아의 모든 전쟁은 대부분 교황이 원인이었다. 교황이 야만인들을 불러들인 것이다. 마키아벨리는 "교황들이 어느 때는 종교 때문에, 어느 때는 자신들의 야망 때문에 이탈리아로 새로운 사람들을 끊임없이 불러들이고 새로운 전쟁을 유발했다"고 말하고 있다. 그런 방식은 마키아벨리 당대까지 계속 이어졌고, 이것이 결국 이탈리아를 분열시키고 약하게 만든 원인이었다.[15]

11 *Ibid.*, I - 16.
12 *Ibid.*, I - 15.
13 *Ibid.*, I - 10.
14 *Ibid.*, I - 11.
15 *Ibid.*, I - 9.

피렌체는 기본적으로 교회(교황)에 우호적인 성향이 강한 도시였다. 그래서 피렌체에서는 구엘프파가 세력이 더 강했다. 기벨린파는 신성로마제국 황제인 프리드리히 2세 시기에 교만하게 행동을 해서 포폴로에게 미움을 받았고, 구엘프파는 교황파로서 더 사랑을 받았다.[16] 마키아벨리는 구엘프파와 공화정을 사랑하는 사람이 같은 편에 있는 것으로 묘사하기도 한다.[17]

그러나 피렌체에서도 교황파는 유사한 행동을 했는데, 문제가 생길 때마다 교황이 개입하도록 요청했다.[18] 양 세력은 내부의 갈등에 기생하고 외부의 힘의 변화에 편승함으로써 생존을 유지했다. 그러나 "외부의 전쟁과 내부의 평화"가 찾아오자 기벨린파와 구엘프파는 피렌체에서 거의 제거되고 그 결과 피렌체의 귀족들과 포폴로의 적대가 본격적으로 시작된다.[19]

2. 귀족 vs 귀족

피렌체에서는 크게 두 종류의 귀족 가문이 존재했다. 하나는 역사가 더 오래된 토지 귀족(gentiliuomini)[20]이고, 또 다른 하나는 금융업이나 무역에 종사하는 신흥귀족[21]이었다. 피렌체에는 법으로 규정된 귀족계층은 존재하지 않았지만 피렌체 사람이면 누구나 가문의 크기, 역사, 기사작위 여부 등을 통해서 누가 귀족인지 알 수 있었다. 13세기 초반까지는 전통 귀족가문이 도시를 지배했

16 *Ibid.*, II - 6.

17 *Ibid.*, II - 17.

18 *Ibid.*, II - 17.

19 *Ibid.*, II - 12.

20 마키아벨리는 특히 "토지 소유에서 나오는 수입으로 인해 일하지 않고도 사치스럽게 사는 자"인 토지귀족의 해악을 경계한다. (마키아벨리, 강정인·안선재 역, 2003, 『로마사 논고』, 한길사, 1권 55장)

21 메디치(Medici) 가문이 바로 후자의 대표적인 예다.

지만, 13세기가 지나면서 무역과 은행업에 종사하는 신흥 가문들이 점차 세력을 확장해 나갔다.[22] 이들의 분열에 평민들이 합세하기도 했고,[23] 1240년대 이후 양측의 상호 추방과 재산 압수는 결국 공멸로 이어졌다.[24] 그 틈을 포폴로가 차지하였다.

마키아벨리가 귀족 자체를 부정적으로 보는 것은 아니다. 그는 공동체의 유지와 발전에 기여한 귀족의 공로를 인정한다. 마키아벨리가 주목하는 귀족의 가장 큰 장점은 군사적 능력이었다. 근대 국민국가의 등장 이전에는 재산이 군대에서의 역할을 결정하는 중요한 기준이었기 때문에 피렌체에서도 귀족이 군대를 지휘하고 기병의 대다수를 차지했다. 그래서 귀족의 분열과 몰락은 단순하게 도시의 권력이 귀족으로부터 포폴로에게 넘어갔다는 것만을 의미하지 않았다. 귀족을 대신해서 피렌체 정치를 장악한 포폴로는 기본적으로 상인이었기 때문에 군대와는 거리가 멀었고, 이것은 도시 전체의 군사적 능력의 상실로 이어질 수밖에 없었다. 그래서 어쩔 수 없이 군대의 지휘를 도시 밖의 사람들에게 맡길 수밖에 없었고, 그 결과 돈을 주고 고용한 용병들이 피렌체의 몰락을 앞당기게 된다. 마키아벨리는 『군주론』 12장에서 자신들을 고용한 도시에 대한 충성심이 없는 용병들이 어떻게 결정적인 순간에 일을 망치는지를 다음과 같이 서술하고 있다.

> 만약에 국가의 기초를 용병에 둔다면 결코 견고하거나 안전하지 않을 것이다. 왜냐

---

22 피렌체의 귀족가문들을 구엘프파와 기벨린파로도 나눌 수 있었다. 1216년 이후에 구엘프파에는 38개의 가문이, 그리고 기벨린파에는 31개의 가문이 속해 있었다고 한다(John Najemy, 2008, *op. cit.*, p.21).

23 Machiavelli, 1988, *op. cit.*, II - 4.

24 귀족이 피렌체에 미친 가장 큰 해악은 도시의 법을 따르기보다는 자신들의 권력과 재산을 이용해서 사적으로 문제를 해결하는 것이었다. 이는 시민으로서의 본분을 지키지 않는 그들의 오만함에서 비롯됐다.(Machiavelli, 1988, *op. cit.*, II - 39)

하면 그런 군대들은 분열되어 있고, 야심이 많으며, 규율이 없고, 신의가 없으며, 친구들 사이에서는 담대하고 적들 사이에서는 소심하며, 신에 대한 두려움도 없고 인간에 대한 신의도 없다. 공격이 연기될 때까지만 파멸이 연기되었을 뿐이다. 평화 시에는 그들에 의해서 지위를 빼앗기고, 전쟁 시에는 적들에 의해서 빼앗긴다. 이러한 원인은 작은 급료로는 그들이 당신을 위해서 기꺼이 죽게 만들 정도로 충분하지 않으며, 그 외에도 전장에서 그들을 붙들어 둘만한 애정이나 대의가 전혀 없기 때문이다. 그들은 당신이 전쟁을 하지 않는 동안에는 당신의 군인이 되고 싶어 하지만, 전쟁이 임박하면 도망가거나 당신을 버린다. 나는 오늘날 이탈리아 파멸의 원인이 오랜 기간 동안 용병에 의존한 것 말고는 없다는 점을 누구에게든지 별 어려움이 없이 설득할 수 있다.[25]

귀족 가문들의 해악은 자기들끼리의 다툼으로 끝나지 않고 다른 계급들과 도시 전체에게까지 미쳤다. 마키아벨리는 귀족과 포폴로 사이에 약간의 분노와 의심이 있었지만 모든 사람들이 평화롭게 단결해서 사는 데는 문제가 없어서[26] 귀족과 포폴로 사이의 적대가 반드시 나쁜 결과로 이어진 것은 아니라고 말한다. 그러나 피렌체에 모처럼 찾아온 평화도 항상 "내부의 새로운 증오", 즉 귀족 가문들 사이의 갈등에 의해서 깨졌다. 예를 들어서, 체르키(Cerchi)와 도나티(Donati) 두 귀족가문의 갈등이 그런 역할을 했다. 마키아벨리는 이를 "악한 우모리(malign umori)"를 발생키는 새로운 원인이었다고 말한다. 고대 로마의 경우처럼 포폴로와 귀족 사이의 증오와 갈등만으로는 해로운 결과가 나타나지 않지만 여기에 귀족 가문들 사이의 갈등이 더해지면 나쁜 효과가 나타난다고 본다. 즉 귀족가문들 사이의 갈등이 도시 내에 잠복해 있는 우모리에 촉매작용을 하는 것이다.

---

25 마키아벨리, 신철희 역, 2013, 『군주론』, 책마루, 13장.

26 Machiavelli, *op. cit.*, II - 15.

인간사에는 아무 것도 영원하거나 정지해 있는 것이 없도록 하기 위해서 하늘은 모든 공화국에 파멸을 위해서 태어난 치명적인 가문들(famiglie fatali)이 존재하도록 정했다. 피렌체에는 이러한 가문들이 다른 어떤 공화국보다 더 많아서, 하나가 아니라 많은 가문들이 도시를 어지럽히고 고통을 주었다. 처음에 부온델몬티 가문과 우베르티 가문, 그 후에 도나티 가문과 체르키 가문, 그리고 이제, 얼마나 수치스럽고 우스운 일인가! 리치 가문과 알비치 가문이 도시를 어지럽히고 분열시키고 있다.[27]

귀족 가문들은 왜 그렇게 싸웠을까? 그 분열과 갈등의 원인은 무엇이었나? 귀족은 포폴로에 비해서 관대함을 특성으로 가지고 있었지만, 그것이 무조건적인 너그러움은 아니었다. 관대함은 기본적으로 가진 자로서 귀족의 여유와 자존심에서 나오는 것이었다. 그런데 자신의 명예가 상처 받았다고 생각할 때는 그 상처를 만회하기 위해서 어떤 일도 서슴지 않는 담대함을 숨기고 있었다. 귀족들은 복수에 대한 지나친 집착을 가지고 있었으며, 이것이 피렌체의 혼란과 나가서 귀족 가문들의 몰락을 자초했다. 서로를 증오하는 유력 가문들의 의도는 "공화국 안에 군주정"을 세우는 것이었다.[28] 형식은 공화국이지만 실질적으로는 일부 가문이나 당파에 의해서 권력이 독점되었다. 이것은 군주정과 다를 바 없었다.

3. 계급 vs 계급

마키아벨리는 계급들 사이의 분열과 갈등을 부정적으로만 보지 않는다. 특히 귀족과 포폴로 갈등의 긍정적 측면에 대한 마키아벨리의 생각은 『로마사 논

27 *Ibid.*, III - 5.
28 *Ibid.*, III - 2.

고』에 자세하게 기술되어 있다. 마키아벨리는 고대 로마 공화정의 발전의 원동력으로서 귀족과 민의 갈등을 꼽고 있다. 귀족과 민이 싸우지 않았더라면 로마가 더 오랫동안 번영을 누렸을 것이라는 당대의 상식을 뒤집고 그것이 오히려 로마가 자유를 유지하고 번성한 힘이었다고 강조한다. 귀족과 민의 갈등, 무엇보다도 이것을 가능하게 만든 민의 자유에 대한 강한 의지와 투쟁심이 로마로 하여금 끊임없이 좋은 법률을 만드는 데 기여했다는 것이다.[29]

> 귀족과 평민 간의 내분을 비난하는 자들은 로마를 자유롭게 만든 일차적 원인을 비난하고 그러한 내분이 초래한 좋은 결과보다는 그것들로부터 유래하는 분란과 소동만을 고려하는 것처럼 내게 보인다. 그들은 모든 공화국에는 두 개의 대립된 파벌, 곧 평민의 파벌과 부자의 파벌이 있다는 점 그리고 로마가 자유를 향유할 수 있도록 제정된 모든 법률은 그들의 불화에서 비롯된 것이라는 점을 깨닫지 못하고 있다. …… 게다가 그토록 많은 명예로운 처신으로 가득찬 공화국을 놓고 무질서하다고 말하는 것은 결코 합당하지 않다. 이토록 좋은 모범적 처신은 좋은 교육에, 좋은 교육은 좋은 법률에, 좋은 법률은 많은 이들이 무분별하게 규탄하던 대립과 불화에 기원을 두고 있기 때문이다. 즉 그 결과를 엄밀히 검토한 자라면 누구나 그러한 대립이 공동선에 유해한 추방이나 폭력보다는 공공의 자유에 도움이 되는 법률과 제도를 생산해냈다는 점을 발견하게 될 것이기 때문이다.[30]

그러나 피렌체에서는 안타깝게도 로마 공화정 같은 현상이 일어나지 않았다. 로마와 달리 피렌체는 민(포폴로)의 힘이 상대적으로 더 강해서 그런 것인지 모르겠지만, 피렌체의 포폴로는 권력에 대한 강한 집착과 독점욕 때문에 도시를 지속적으로 분열시키고 만다.

---

29 마키아벨리, 강정인·안선재 역, 2003, 『로마사 논고』, 한길사, I권 4장.
30 마키아벨리, 위의 책, I권 4장.

포폴로는 13세기 정도에 이탈리아 도시국가들에 처음 생겨난 계급(계층)으로서[31] '도시 전체시민'과 '일반평민'이라는 이중의 의미를 가지고 있었는데, 이들은 길드에서 성장한 중산계층이었다. 경제력에 기반한 포폴로가 피렌체의 지배세력이 된 것은 13세기 중반 봉건 토지귀족들과 대결에서 승리한 이후였다. 포폴로는 이 때 상공시민의 길드 연합체가 중심이 된 정부('il primo popolo')를 세우고, 1293년에 '정의의 법령(Ordinamenti della giustizia)'을 공포한다. 특히 이 정의의 법령이 포폴로의 독점욕과 귀족들에 대한 증오를 잘 드러내고 있는데, 크게 두 가지 중요한 내용을 담고 있다. 첫째, 길드 사이에 연합체를 구성하여 피렌체의 행정을 담당한다. 둘째, 반귀족법을 명문화해서 도시의 140여 개 귀족가문이 귀족이 아닌 사람들에게 범죄를 저질렀을 경우 가중 처벌을 한다.[32] 결과적으로 정의의 법령을 계기로 봉건귀족은 특권을 상실하고 정부의 고위관직에서 배제되었다.[33] 귀족들이 다시 관직을 얻기 위해서는 포폴로의 비위를 맞추고 포폴로처럼 행동해야만 했다.[34]

고대 로마의 민(plebs)은 귀족과 싸울 때에도 적당한 선에서 멈추고 귀족의 위신을 세워줘서 계급 간 공존의 가능성을 모색했다. 그러나 피렌체의 포폴로는 귀족들과 영예를 공유하는 것을 거부하고 권력을 독점하려고 했다. 귀족이 오만하다는 단점이 있지만 그들은 군사적 능력과 함께 관대함(generosità)이라는 공동체에 없어서는 안 되는 미덕도 가지고 있었다. 그러나 귀족들이 포폴로에게 패배하고 나서 이들이 가지고 있었던 장점들이 포폴로에게 전해지지 않

---

31 Najemy, 2008, *op. cit.,* 2 - 3.

32 Najemy 2008, *Ibid*., 82 - 3.

33 Machiavelli, 1988, *op. cit.,* II - 13; 박영철, 1996, 「마키아벨리의 시민갈등론」, 『동국사학』 30집, 578쪽.

34 Machiavelli, 1988, *Ibid*., III - 1.

았다. 피렌체의 포폴로는 군사 문제는 용병에게 맡겼고, 상대세력과 적당한 선에서 공존하기보다는 권력 독점으로 대응했다.

귀족과의 투쟁에서 승리한 이후 피렌체에 평화가 찾아온 것도 아니었다. 오히려 포폴로는 자신들보다 사회경제적으로 낮은 위치에 있는 평민(plebe)[35]을 차별하고 박해하기 시작했다.[36] 피렌체라는 도시는 길드 조직에 따라서 구성되었기 때문에 길드와 도시의 관계는 매우 밀접했다. 그래서 길드 연합체의 결정이 곧 도시전체의 의사로 여겨질 정도로 길드의 영향력이 막강했다. 그런데 평민들 중에서도 더 열악한 처지에 있었던 소포폴로(popolo minuto)와 최하층민(infima plebe)들에게는 자체의 길드를 구성할 권리를 주지 않았다. 이것은 곧 피렌체의 시민으로서의 권리도 행사할 수 없었다는 의미였다. 열악한 작업환경에 내몰리고 임금도 제대로 받지 못한 이들은 길드와 도시 양쪽에서 부당한 차별을 받았던 것이다. 이런 상황에서 양모길드에 소속된 양모를 다듬는 노동자들(ciompi)이 주축이 돼서 1378년에 치옴피의 난을 일으켰다. 잠시 동안 권력을 장악한 하층민들에 의해서 실시된 피렌체 역사에서 가장 급진적인 정치는 곧 진압되고, 하층민들은 이전과 마찬가지로 도시의 최고 의결기구인 시뇨리아(Signoria)에서 배제된다.

마키아벨리가 치옴피의 난을 일으킨 하층민들의 과격성에 대해서 비판적인 시각을 드러내기도 했지만, 자신들의 길드를 구성해서 정당한 노동의 대가와 피렌체 시민자격을 인정 받으려고 했던 그들의 노력이 지나쳤다고 말하기도 힘들다. 오히려 하층민들의 요구를 거부하고 정치권력과 경제적 부를 독점하려고 했던 포폴로가 더 큰 책임이 있다고 말할 수 있다. 그리고 평민을 포용하

35 평민은 귀족과 포폴로를 제외한 도시 거주자를 지칭한다.

36 Machiavelli, 1988, *op. cit.*, III - 1.

지 못한 것은 포폴로에게 결국 뼈아픈 결과를 낳는다. 메디치 가문이 망명에서 돌아왔을 때 포폴로는 권력투쟁에서 패배하게 되는데, 탄압을 받았던 평민들이 메디치 가문과 협력한 것이 결정적 패인이었다. 결과적으로 포폴로는 포용정책을 통해서 자신들의 지지 세력을 확장할 기회를 놓치고 메디치 가문에 의한 통치를 받게 된다. 메디치 가문에 의한 실질적인 군주정은 결국 자유와 번영의 측면에서는 피렌체에 해악을 끼치게 되는데, 바로 포폴로의 하층민 탄압으로 발생한 치옴피의 난이 그 시발점이었던 것이다.

4. 지도자 vs 도시

지도자와 도시(국가) 전체의 갈등도 간단한 문제가 아니다. 피렌체에는 도시 전체에 영향을 미친 뛰어난 인물들이 많이 등장했다. 아테네 공(Duke of Athens)이나 사보나롤라처럼 외부에서 들어온 인물들도 있지만, 코지모, 로렌초 등 메디치 가문의 지도자들처럼 피렌체 출신의 인물들도 있었다. 이들은 하나같이 지도자 한 사람이 공동체 전체에 어떤 큰 영향을 미칠 수 있는지를 잘 보여줬다. 그런데 이런 개인들이 공동체의 자유와 번영에 긍정적인 영향을 끼친 경우도 있지만, 오히려 시민들의 자유를 훼손하고 도시를 약하게 만드는 원인을 제공하기도 했다.

> 그리고 정말로 내 판단으로는 그 어떤 위대하고 강력한 도시라도 소멸시켜 버렸을 정도의 힘(forza)을 가지고 있었던 이 분열들로부터 발생한 역량(potenza)만큼 우리 도시의 역량을 더 잘 보여주는 사례는 없는 것처럼 보인다. 분열에도 불구하고 우리 도시의 역량은 더 강해졌다. 왜냐하면 분열로부터 살아남은 피렌체 시민들의 능력과 그들 자신과 그들의 조국을 위대하게 만드는 지성과 정신의 힘이 엄청났기 때문이다. 그래서 분열로부터 살아남은 소수는 피렌체를 약화시킨 그 사건들의 악이 피렌

체를 압도하는 것보다 자신들의 역량을 피렌체를 고양시키는 데 더 많이 사용할 수 있었다. 그리고 피렌체가 신성로마제국으로부터 자유로워진 후 단결을 유지시켜 주는 정부 형태를 획득할 수 있을 정도로 번영을 누렸더라면, 내가 아는 어떤 현대나 고대의 공화국도 역량(virtù)과 군사력과 근면으로 가득 찬 피렌체보다 우월하지 못했을 것은 의심의 여지가 없다(서문).

위의 인용문에서 볼 수 있듯이, 피렌체 각각의 개인들은 어느 나라 사람들보다 뛰어난 역량을 가지고 있었다. 피렌체에 그 많은 분열과 갈등이 일어난 것도 피렌체인들이 가슴에 품고 있는 뛰어난 열정과 주체할 수 없는 재능에 상당부분 기인한다고 마키아벨리는 생각했다.

먼저, 아테네 공(1304~1356)부터 살펴보자. 피렌체 출신이 아니지만 아테네 공의 독재는 시민들의 자유의지와 충돌했다. 그런데 도시보다는 자신들의 경제적 이익을 우선시하는 귀족과 평민의 이기심이 아테네 공이 피렌체의 권력을 장악하도록 만들었다.[37] 1342년에 아테네 공은 경제적 위기를 타개하기 위한 피렌체 부자들의 요구에 의해서 1년이라는 한정된 기간 동안만 피렌체를 통치하기로 했다. 그러나 이전 지도자들의 무능한 통치에 불만을 품고 있던 평민들은 아테네 공에게 종신 권력을 주기로 뜻을 모은다. 이렇게 갑자가 막강한 권력을 쥐게 된 아테네 공은 본색을 드러내고 압제를 시작한다.[38] 그러나 아테네 공의 가혹한 통치에 불만을 품은 피렌체인들은 힘을 모아서 10개월 만에 그를 추방시키고 만다. 마키아벨리는 아테네 공 사건을 도시의 분열로 위기를 맞았으나, 아직 부패하지 않고 자유의지가 살아있는 시민들이 그 위기를 극복한 사례로 언급한다.[39]

---

37 Machiavelli, 1988, *op. cit.*, III - 11.

38 *Ibid.*, II - 33 - 4.

39 *Ibid.*, III - 11.

피렌체의 명예를 위해서 아테네 공을 기억해서는 안 된다. 그의 가혹하고 폭군적인 정신이 우리를 현명하게 만들고 어떻게 살아야 할지를 가르쳤어야 하는데 그렇지 못했다. 그럼에도 불구하고, 그는 우리가 무장하고 있을 때나 더 큰 증오와 격노를 가지고 싸울 때가 아니라, 우리가 그 어느 때보다 함께 싸워서 우리의 오래된 귀족들이 정복당하고 다시 포폴로의 의지 아래 놓이게 되었을 때 쫓겨난 것이다.[40]

마키아벨리는 아테네 공의 독재를 포폴로의 단합으로 극복해냈다고 보고 있다. 그러나 문제는 그 단합이 오래 가지 못했다는 점이다. 그들은 피렌체의 권력을 독점하기 위해서 분열을 이용했다. 그래서 잊혀졌던 구엘프파와 기벨린파가 재등장하기까지 한다.[41]

사보나롤라는『피렌체사』에서는 언급이 없지만 피렌체 역사에 큰 영향을 미친 인물이기 때문에 그에 대해서 비중 있게 다루고 있는『군주론』과『로마사 논고』를 참고해서 그의 행적을 분석하고자 한다. 사보나롤라는 페라라 출신의 도미니카 수도회 수도사였는데, 1490년부터 피렌체에서 예언적인 설교를 해서 인기를 얻었다. 그런데 1494년에 그의 예언대로 프랑스의 샤를 8세에 의해서 이탈리아가 점령당하고,[42] 당시 피렌체를 통치하고 있었던 피에로 데 메디치가 실각하자, 피렌체의 실질적인 지배자로서 1498년까지 다스렸다. 그러나 당시 교황이었던 알렉산드르 6세와의 갈등과 파문 위협에 굴복한 피렌체 시민들에 의해서 화형당하고 만다. 마키아벨리는 그를『군주론』6장에서 "비무장한 예언자"의 대표적인 사례로 들고 있다. 그는 모세, 키루스, 테세우스, 로물루스처럼 "민이 더 이상 믿지 않을 경우 강제로 믿도록 만들 수 있는 방법을 마

---

40 *Ibid.*, III - 5.

41 *Ibid.*, III - 5.

42 마키아벨리, 2003,『로마사 논고』, 한길사, I - 56.

련해 두어야" 했는데, "믿지 않는 사람들을 믿게 만들 수 있는 어떤 수단도 가지고 있지 못했다."[43]

마키아벨리는 "학식, 사려 깊음 및 지적 탁월함"을 가지고 정부조직을 개편한 사보나롤라의 능력을 한편으로는 칭송하지만, 그가 피렌체 시민들의 신망을 잃은 결정적인 사건을 언급한다. 사보나롤라는 국사범으로 유죄 선고를 받은 사람도 제소할 권리를 인정하는 법률을 통과시킨 직후에, 메디치 가문의 복귀를 모의하다가 걸려서 사형선고를 받은 시민 5명의 제소를 허용하지 않았다. 마키아벨리는 이 사건으로 사보나롤라의 "야심 많고 당파적인 정신이 폭로"되었고, 그로 인해서 "영향력이 현저히 감소"했다고 평가한다.[44]

마키아벨리는 사보나롤라가 피렌체의 중간층에 기반한 공화정을 실시하는 칭찬받을만한 일도 했지만, 그의 현실성 없는 말로 피렌체 인민들이 현혹당한 것을 의아해 한다.[45] "스스로를 무지하거나 단순하다고 생각하지 않는" 피렌체인들이 신과 직접 이야기했다고 말하는 사보나롤라의 말이 참인지 거짓인지 따지려는 생각 없이 설복당했기 때문이다. 결국, 시간이 지나면서 사보나롤라가 숨기고 있던 야심과 당파성, 그리고 "충분한 권력"이나 "질시를 극복하는 지식이나 능력"의 부족을 알아차리고 그를 제거하지만,[46] 사보나롤라의 등장과 퇴장은 피렌체인들에게 지도자에 대한 생각을 다시 할 수 있는 기회를 제공했다.

메디치 가문의 지도자들 중에서도 가장 이름이 높았던 코지모와 로렌초는 한편으로는 피렌체를 발전시켰지만, 또 한편으로는 피렌체 공화정의 자유를

43 마키아벨리, 2013, 『군주론』, 책마루, 6.
44 『로마사 논고』, I - 45.
45 위의 책, I - 11.
46 위의 책, III - 30.

훼손시켰다. 『피렌체사』의 주제 중 하나는 피렌체를 실질적으로 군주정처럼 지배했던 메디치 가문의 지도자들이 어떻게 피렌체 시민들의 자유를 훼손하고 결국 피렌체를 쇠퇴의 길로 들어서게 만들었는지를 분석하는 것이었다. 사실 마키아벨리가 『피렌체사』를 서술하는 데 있어서 이 책을 쓰도록 명령을 내렸던 메디치 가문 출신의 교황 레오 10세와 추기경 줄리오 데 메디치(후의 교황 클레멘스 7세)의 눈치를 보지 않을 수 없었다. 그러나 마키아벨리는 몇 가지 안전장치를 조심스럽게 마련하고 메디치 지도자들의 잘못을 상당히 과감하게 지적하고 있다.[47]

먼저, 피렌체인들에게 "국부(pater patriae)"로 불리는 코지모(1389~1464)부터 살펴보자. 코지모는 망명에서 돌아온 1434년부터 피렌체의 권력을 장악한다. 그는 "가장 명망이 있는 시민"이었고, 권위, 부, 후함, 신중함에 있어서 당대의 모든 사람을 능가했다고 한다.[48] 그런데 그의 문제점은 명예를 얻는 데 있어서 공적인 방법뿐 아니라 사적인 방법도 거리낌 없이 썼다는 데 있었다. 마키아벨리는 전투에서 승리하고, 도시를 획득하고, 임무를 잘 수행하고, 도시에 조언을 잘 하는 공적인 방법을 통해 명예를 얻는 경우에는 도시에 이익이 되지만, 사사로이 다른 시민들에게 도움을 줘서 파당을 만드는 사적인 방법으로 명예를 얻게 될 때에는 도시에 해롭다고 말한다.[49] 그의 경쟁자였던 네리 카포니(Neri Capponi)가 오직 공적인 방법만으로 명예를 얻은 것과 대조적이었다. 코지모는 "조국보다 자신을, 내세보다 이생을 더 사랑한 사람"이었던 것이다.[50]

---

47 『군주론』을 바쳐서 공직에 복귀하려는 시도가 실패한지 상당한 시간이 흘렀기 때문에 마지막 기회가 될지도 모르는 상황에서 마키아벨리는 역사가로서, 그리고 "자신의 영혼보다 조국을 더 사랑하는" 애국자로서 양심을 저버리지는 않았다.

48 Machiavelli, 1988, *op. cit.*, VII - 5.

49 *Ibid.*, VII - 1.

50 *Ibid.*, VII - 6.

코지모의 손자 로렌초(1449~1492)는 "위대한"(il Magnifico) 로렌초라고 불리는 것처럼 피렌체의 전성기를 이끈 지도자였다. 그는 이미 피렌체에서 흔들리지 않는 권위를 확립한 메디치 가문에 상당한 자부심과 자신감을 가지고 있었다. 하지만 그도 조부인 코지모처럼 재산과 사적인 방법으로 시민들을 부패시킨 혐의에서 벗어나지 못했다. 마키아벨리는 파치(Pazzi) 가문의 음모가 실패로 돌아간 이유를 시민들이 메디치 가문의 "재산과 후함"에 귀가 멀고, 자유가 피렌체에 알려지지 않았기 때문이라고 말한다.[51]

마키아벨리는 지도자들이 도시 전체의 이익을 위하기보다는 개인의 야심을 채우려고 할 때 피렌체가 위험에 빠졌던 역사적 사례들을 중요하게 다룬다. 아테네 공의 노골적인 폭군적 기질, 사보나롤라의 비현실적인 통치방법과 하늘의 언어 속에 숨긴 욕심, 그리고 세련되게 개인과 가문의 영향력을 확대해서 피렌체 공화정을 실질적으로는 군주정으로 만들었던 메디치의 지도자들 모두 마키아벨리의 비난을 피하지 못했다.

이상과 같이, 마키아벨리가 『피렌체사』나 피렌체 역사를 다룬 다른 저작들에 서술한 여러 가지 갈등 유형들 - 구엘프파 vs 기벨린파, 귀족 vs 귀족, 계급 vs 계급, 지도자 vs 도시-은 피렌체가 고금의 어떤 도시들보다도 심한 갈등과 분열을 겪었다는 것을 보여준다. 마키아벨리는 이런 비생산적이고 파괴적인 분열을 겪지 않았더라면 고금의 어떤 도시보다도 피렌체가 성장하고 융성했을 것이라고 아쉬워한다. 그러나 더 큰 문제는 피렌체인들이 이 분열들과 그 폐해로부터 교훈을 얻지 못했다는 점이다.

---

51 *Ibid.*, VIII - 8.

Ⅲ. 공동체의 화해와 사회통합

분열은 공화국에 해를 끼치기도 하고, 반대로 이익을 주기도 한다. 해를 끼치는 분열은 파벌이 발생하는 분열이고, 이익을 주는 분열은 파벌이 없는 분열이다. 그러나 피렌체의 증오는 대부분 파벌과 연결된 증오였고, 그래서 위험했다. 파벌은 시민이 도시에서 명예를 사적인 방법으로 얻으려고 할 때 발생한다. 그런데 피렌체의 더 심각한 문제는 심지어 승리한 파벌도 상대편 세력이 살아있을 때를 제외하고는 단결을 유지하는 경우가 별로 없었다는 점이다. 패배한 파벌이 제거되고 더 이상 두려워할 상대나 그들을 제어할 법이 없을 때 어김없이 그 안에서 또 다시 분열되었던 것이다.[52]

그렇다면 이런 파괴적인 분열과 파벌이 발생하지 않도록 하려면 어떻게 해야 할까? 개인들이 명예를 사적인 방법이 아니라 공적인 방법으로 얻도록 법과 제도를 정비하는 것이 중요하다. 또한 도시 안에서 평등의 정신이 자리 잡아야 한다. 평등은 위에서 언급한 파벌과 밀접한 관계가 있다. 파벌은 통상적으로 파벌의 지도자와 추종자들로 구성되는데, 양자 사이의 관계는 보통 주종관계를 띠고 있다. 즉 불평등한 관계라는 말이다. 공화정이 유지되려면 시민들 사이에 평등이 보장되어야 한다. 신분이나 부의 차이가 결코 시민으로서 권리의 차이로 이어져서는 안되는 것이다.

그러나 피렌체가 평등해졌을 때 공공의 힘이 세지고 도시가 법에 의해서 운영되었다. 예를 들어서, 알비치(Albizzi) 가문과 리치(Ricci) 가문이 대결했을 때, 그들은 동조자를 찾으려고 했으나, "시민들은 이미 귀족의 멸망을 통

---

52 메디치 가문의 코지모(Cosimo) 파벌이 1434~1455년까지의 21년 동안 분열되지 않고 6번이나 피렌체 정부를 조직하는 권한을 가진 위원회인 발리아(balia)의 권력을 잡은 것은 피렌체에서는 매우 예외적인 경우였는데, 이것이 가능했던 것은 오히려 상대세력이 건재했기 때문이다.

해 평등(ugulità)을 달성했기 때문에 행정관들은 과거보다 더 존경을 받았고, 그 두 가문은 사적인 폭력 없이 통상적인 방법으로 이기려는 계획"을 세울 수밖에 없었다.[53] 시민 사이의 평등이 보장될 때 명예를 얻는 데 있어서 파벌 결성 같은 사적인 방법이 통하지 않게 된다. 1372년에 산 피에로 스케라지오(San Piero Scherragio)에 모인 시민들 중 한 사람이 시뇨리아의 의원들에게 한 연설은 그 당시 상황을 잘 보여준다.

> 오래된 가문들의 권세가 막강했고, 또 그들이 군주들로부터 얻은 호의가 대단했기 때문에 도시의 공적 제도와 방식으로는 그들을 제어하는 것이 충분하지 않았습니다. 그러나 이제는, 황제는 이곳에 힘이 없고, 교황은 두려움의 대상이 아니며, 모든 이탈리아와 피렌체는 매우 평등해졌기 때문에, 도시를 스스로 통치하는 것은 우리에게 별로 어렵지 않습니다. 그리고 만약에 의원님들께서 그렇게 할 마음의 준비만 하신다면, 우리의 공화국은 특히 단결을 유지할 수 있을 뿐 아니라, 그 반대의 선례에도 불구하고, 좋은 관습과 공적인 방식으로 스스로를 개혁할 수 있을 것입니다. 그리고 어떤 사적인 열정이 아니라 우리 조국에 대한 애정에 의해서 그렇게 해주시기를 간청합니다. 비록 도시의 부패가 심하지만, 이제 우리에게 영향을 미치는 악과 소모적인 분노, 우리를 죽이는 독을 제거하십시오. 그리고 과거의 무질서는 인간의 본성이 아니라 시대의 탓으로 돌리시면 이제 시대가 변했으니, 당신들은 더 나은 제도를 통해서 우리 도시의 더 나은 운을 기대할 수 있을 것입니다. 신중하게 그들(리치 가문과 알비치 가문)의 야심을 제어하고, 파벌을 조장하는 제도를 폐지하고, 진실로 자유로운 시민의 삶(vivere libero e civile)에 부합하는 제도를 채택한다면 나쁜 운을 극복할 수 있습니다. 여러분께서 법의 도움으로 지금 행동을 결단하시기 바랍니다. 그렇지 않고 미루게 되면, 불가피하게 무력을 사용해서 사람들이 행동하도록 만들 수밖에 없기 때문입니다.[54]

53 Machiavelli, 1988, *op. cit.*, III - 2.

54 *Ibid.*, III - 5.

그러나 문제는 피렌체에 찾아온 평등이 자발적인 노력으로 이루어졌다기보다는 계급 투쟁에서 귀족 세력이 약해졌기 때문에 부수적으로 따라온 결과라는 점이다. 마키아벨리가 부정적으로 생각하는 포폴로의 독점욕과 타 세력의 배제가 결과적으로 귀족의 배제로 이어진 것이다. 하지만 이러한 평등과 그로 인한 좋은 결과는 오래가지 못했다. 포폴로가 이번에는 귀족이 아니라 평민들과 대립하기 시작했던 것이다. 좋은 기회를 제대로 살리지 못한 것이다.

적어도 마키아벨리의 눈에 피렌체 역사는 화해와 통합보다는 갈등과 분열이 더 만연한 역사였다. 피렌체는 단결하지 못해서 도시가 쇠퇴했고, 결국 외세의 힘에 굴복하고 말았다. 그리고 긍정적인 요소들은 피렌체인들의 역량이나 자발적인 노력에 의한 것이라기보다는 예기치 않은 우연에 가까웠다. 마키아벨리가 공화국 성립의 중요한 요소라고 말했던 평등도 우연치 않게, 그 안에 독을 품고서, 찾아온 것이다.

그렇다면 피렌체의 역사 속에서는 공동체 내부의 갈등과 분열을 극복하는데 도움이 될 만한 어떤 교훈을 찾을 수 있을까? 아테네나 로마 같은 고대 공화국의 분열과 달리, 피렌체는 승자가 만족하지 못하고 권력을 독식하려는 특징을 보였다. 고대 공화국에서는 민과 귀족의 분열이 지속되었지만, 피렌체는 이긴 세력이 계속 둘로 분열되어서 귀족과 귀족, 귀족과 포폴로, 포폴로와 평민 사이의 갈등이 연이어서 발생했다. 이러한 분열의 특성을 발현시키는 데 가장 주도적인 역할을 한 것이 바로 포폴로다. 귀족은 교만하기는 했지만 관대했다.[55] 승리하더라도 적당한 선에서 멈추고 상대와 공존할 줄 알았다. 그러나 포폴로는 독점욕이 강하고 관대함이 부족했다. 피렌체의 분열이 귀족과 민의 대립으로 그치지 않고 포폴로와 평민의 갈등으로 이어지고, 그 외에도 다양한 파벌이

55 *Ibid.*, II - 42.

형성된 것도 결국 포폴로의 이러한 성격에서 비롯됐다고 말할 수 있다.[56]

마키아벨리가 『피렌체사』에서 반복적으로 강조하는 것처럼 제한된 승리에 만족하는 것이 중요하다.[57] 마키아벨리가 세력들 간의 분열과 파벌의 형성을 다루면서 그 방지책으로 제시하는 것은 상대세력의 완전한 제거가 아닌 제한된 승리 또는 상호 공존이다. 상대세력의 존재는 두려움을 유발하고, 이것은 자기 진영 안에서 단결과 절제를 유지하려는 동인으로 작용한다. 결국 이렇게 될 때 도시 전체에도 이익이 되는 것이다.

마키아벨리의 생각을 종합해보면, 적대세력의 완전한 제거와 권력의 독점은 결국 공동체 발전에 저해가 된다. 피렌체에서 포폴로가 승리하고 귀족들이 완전히 기가 꺾이자 귀족들의 비르투가 피렌체에서 사라지게 되고 포폴로는 분열되었으며, 결과적으로 도시 전체가 약해지고 말았다.[58] 마키아벨리는 귀족의 비르투를 중요하게 생각한다. 공화주의자로서 마키아벨리는 포폴로만의 통치가 아니라, 포폴로와 귀족이 공존하는 정치체제를 지향한다. 좋은 정치체제에서 각 세력들은 저마다 비르투를 소유하고 있으며, 이는 공동체 전체의 건강을 유지시키는 역할을 하는 것이다.

Ⅳ. 맺음말: 피렌체의 경험이 국가 간의 관계에도 적용 가능한가?

피렌체의 경험으로부터 한중일(韓中日) 관계 개선을 위한 어떤 교훈을 얻을

---

56 피렌체 쇠퇴에 있어서 포폴로가 가장 큰 책임이 있다는 주장을 펴는 연구로는 신철희, 2012, 「마키아벨리 『피렌체사』 읽기: 파벌과 인민형성」, 『정치사상연구』 18집 2호 참조.

57 Machiavelli, 1988, *op. cit.*, II - 14, IV - 14, VII - 1.

58 *Ibid.*, III - 1.

수 있을까? 도시 내부의 사례를 국가 간에도 적용 가능할까? 피렌체는 성공보다는 실패의 사례처럼 느껴져서 더더욱 교훈을 찾기 힘들어 보인다. 특히 일본과의 관계가 문제인데, 일본은 가까운 시일 내에는 적극적인 사죄와 배상을 할 것 같지 않다. 일본이 그런 태도로 나오는 한 일본에 대한 우리의 적대감은 쉽게 사라지지 않을 것이다.

마키아벨리는『피렌체사』에서 “우리는 한 번 사랑했던 사람들은 항상 사랑하고, 한 번 미워했던 사람들은 항상 미워하도록 만들어”졌으며,[59] “인간은 자연적으로 이익에 감사하는 것보다 피해에 복수하는 것을 더 잘 한다”고 말한다.[60] 마키아벨리는 인간의 본성과 감정은 쉽게 바뀌지 않는다고 보았다. “오래된(antichi) 우모리”, “브라치오(Braccio) 가문과 스포르차(Sforza) 가문의 오래된 증오”, “스포르차 가문과 브라치오 가문 추종자들의 오래된 증오” 등의 표현은 인간의 감정에 대한 마키아벨리의 생각을 잘 말해주고 있다.

아렌트(Hannah Arendt)는 독일의 유태인에 대한 범죄와 관련해서 정의는 훼손된 질서를 회복해야 바로 설 수 있는데, 그러기 위해서는 질서를 훼손한 사람들에게 유죄판결을 내려야 한다고 주장한다. 그리고 가해자가 처벌받아야 하는 이유를 그로티우스(Hugo Grotius)의 말을 빌려서, 그것이 피해와 상처를 받은 사람의 “명예와 품위”와 관련되기 때문이라고 말한다.[61] 아렌트의 말대로라면, 일본에게 분명한 책임을 묻기 전까지는 정의도, 피해자의 명예와 품위도 회복 불가능한 것인가?

그동안 우리는 가해자인 일본의 진정성 있는 사죄와 충분한 배상이 한일관

---

59 *Ibid.*, V - 21.

60 *Ibid.*, IV - 10. 마키아벨리의 이 말은 한일관계에 딱 들어맞는 말 같다. 한일 관계가 나아질듯 하면서도 계속 걸림돌이 생기는 것도 쉽게 변하지 않는 인간의 감정에 근본 원인이 있다.

61 한나 아렌트, 윤철희 역, 2016,『한나 아렌트의 말』, 마음산책, 103쪽.

계의 개선을 위한 선결조건으로 생각했다. 그런데 어떻게 보면 이것은 일본에게 문제해결의 주도권이 있는 것으로 여기는 태도다. 미래지향적인 관계를 위해서 과거는 무조건 잊자고 말하려는 것은 결코 아니지만 우리가 주도적으로 문제를 해결할 수 있는 시각의 전환을 할 수는 없을까?

한일관계를 가로막는 감정은 그것보다 더 강력한 힘을 갖는 또 다른 감정으로 덮거나, 상쇄하지 않는 한 잊혀지기 힘들 것이다. 우리는 피렌체의 역사에서 인간의 감정과 욕망이 얼마나 강력하고 끈질긴지 잘 볼 수 있었다. 그러나 인간의 감정에 변화의 여지가 없는 것은 아니다. 알비치 가문의 리날도(Rinaldo)는 평민에 대처하기 위한 충고로 "조상들이 귀족의 교만을 제거하기 위해서 평민을 이용했다면, 지금은 귀족이 겸손해지고 평민이 교만해졌음으로 귀족의 도움으로 평민의 교만함을 억제하는 것이 좋다"고 말하고 있다.[62]

그렇다면 한일관계를 개선하기 위해서는 어떤 감정이 필요한가? 그것은 일본에 대한 원망과 적개심을 갖기 보다 일본의 지배와 수탈에도 불구하고 우리가 일본 못지않은 선진국이 되었다는 자신감을 갖는 것이다. 우리가 이러한 자신감을 갖게 될 때 비로소 한일관계 개선을 위한 주도권을 갖게 될 것이며 일본과의 역사화해는 자연스럽게 이루어질 것이다. 그리고 그것은 멀지 않은 미래에 이루어질 것이다.

62 Machiavelli, 1988, *op. cit.*, IV - 9

참고문헌

마키아벨리, 강정인·안선재 역, 2003, 『로마사 논고』, 한길사.

마키아벨리, 신철희 역, 2013, 『군주론』, 책마루.

모리치오 비롤리, 김경희·김동규 역, 2006, 『공화주의』, 인간사랑.

한나 아렌트, 윤철희 역, 2016, 『한나 아렌트의 말』, 마음산책.

박영철, 1996, 「마키아벨리의 시민갈등론」, 『동국사학』 30집.

신철희, 2012, 「마키아벨리 『피렌체사』 읽기: 파벌과 인민형성」, 『정치사상연구』 18집 2호.

신철희, 2015, 「마키아벨리의 역사사상: 『피렌체사』와 메디치 가문」, 『한국정치학회보』 49집 1호.

Bock, Gisela, 1990, "Civil Discord in Machiavelli's Istorie Fiorentine," in Gisela Bock, Quentin Skinner and Maurizio Viroli, ed. *Machiavelli and Republicanism*, Cambridge: Cambridge University Press.

Jurdjevic, Mark, 2014, *A Great and Wretched City: Promise and Failure inMachiavelli's Florentine Political Thought, Cambridge:* Harvard University Press.

Machiavelli, Niccolo, 1988, *Florentine Histories,* trans. Laura Banfield and HarveyMansfield. Princeton: Princeton University Press.

Machiavelli, Niccolo, 1999, *Opere di Niccolo Machiavelli,* A Cura di Rinaldo Rinaldi, Vol.1, Torino: Unione Tipografico-Editrice Torinese.

Najemy, John, 2008, *A History of Florence 1200~1575,* Chichester, UK: BlackwellPublishing.

2
16세기 위그노전쟁과 정치적 정의로서의 화해

이동수
경희대학교 공공대학원 교수

Ⅰ. 머리말

인류역사는 침략과 정복으로 점철된다. 고대에는 자기 자신과 부족의 생존을 위해 무력으로 이웃을 침략했으며, 문명이 발달한 후에는 '정당한 전쟁'이나 '국가이익'이라는 명분 아래 똑같이 아니 문명의 발전만큼 더욱 발전된 무력을 이용해 이웃나라를 정복하고 굴복시켰다. 그러나 문명발전에 따라 고도로 발전된 무력은 20세기 들어와 양차 세계대전을 통해 그 잔혹성의 밑바닥을 보여주었고, 이제는 점차 전면적인 무력사용은 자제하게 되었다.

인간이 침략과 정복을 시도하는 것은 자연스러운 일이다. 성악설을 믿어서가 아니라 인간이라는 종(種)의 특성상 동물적 공격성을 갖고 있다는 것이다.

---

* 이 글은 동북아역사재단의 학술연구지원(NAHF-2018-기획연구-19)을 받아 『정치와 평론』 23(2018)에 게재된 「16세기 위그노전쟁과 정치적 정의로서의 화해」를 재수록한 것이다.

인간은 유전자상 99%가 일치할 정도로 침팬지와 가장 유사한데 동물의 세계에서 침팬지는 자신과 종의 생존을 위해 침략과 정복을 시도한다. 인간도 마찬가지인데 오히려 인간은 언어를 사용해 추상화하는 능력을 갖고 있기 때문에 침팬지보다 더욱 조직적이고 강력한 침략과 정복을 시도할 수 있다. 추상화란 직접 경험하지 않은 것에 인과성을 부여하고 그것을 통해 더 알기 쉽고 다루기 쉽게 만들어 인식하고, 분석하며, 계획하는 것을 뜻하다. 인간은 이런 추상화 능력을 통해 침팬지들의 무리 집단보다 더 거대한 집단 예컨대 부족이나 국가를 형성하고, 더 강력한 무력을 개발해 조직적이고 치밀하게 침략과 정복을 시도한다.[1] 이것이 문명이 발달할수록 인간사회에서 지배와 정복, 폭력성이 더욱 고도화되는 이유다.

그런데 침략과 정복은 복수를 낳는다. 당하는 사람은 자신의 생존을 위해 어떻게든 이에 대응해야 하는데 억울함과 분함 때문에 그리고 원래 상태로 되돌리기 위해 복수는 적절한 응대의 방식이다. 고대부터 복수는 널리 인정되었으며, 도덕을 강조하는 유가에서조차 자신의 부모를 해친 원수와는 같은 하늘 아래 살지 않는다며 '불구대천(不俱戴天)의 원수'에 대한 복수를 정당화시킨다. 자신이 피해자라면 특히 억울하고 선한 피해자라면 원수에 대한 복수는 당연하며 도덕적으로도 정의롭다. 기독교를 받아들인 서구에서도 성 아우구스티누스(St. Augustine, 354~430)가 이론적으로 체계화한 이래 중세까지 유행했던 '정당한 전쟁(bellum justum)' 개념으로 원수에 대한 복수를 정당화시켜 주었다. 일정한 요건하에서 악한 원수에 대한 복수는 그저 사적인 복수가 아니라 악에 대한 선의 정당한 복수라는 것이다.

---

1 Francis Fukuyama, 2011, *The Origins of Political Order: From Prehuman Times to the French Revolution*, New York: Farrar, Straus and Giroux, pp.34~38.

특히 종교가 개입되면 복수는 단순히 개인적인 문제가 아니라 피할 수 없는 명령이 된다. 정치세력 간의 갈등에 종교가 덧붙여지면 그 갈등은 단순한 정치적 갈등이 아니라 어느 것이 정통이고 어느 것이 이단인지, 혹은 어느 것이 선이고 어느 것이 악인지를 가려야 하기 때문에 끝을 봐야 한다. 따라서 종교를 바탕으로 한 복수(혹은 응보)에는 정당성이 요구되는데, 정당하다면 복수는 죄가 아니라 선의 명령으로 용인될 수 있는 것이다. 따라서 종교가 개입된 충돌은 '정당한 전쟁'에 관한 담론을 요구한다. 종교전쟁은 정통과 이단을 가려야 하는 '정당한 전쟁'의 성격을 가지며 이해관계를 둘러싼 세속적 전쟁들과는 달리 중간에 타협이 불가능하다. 정통과 이단을 가리는 종교전쟁은 단순히 '선의의 경쟁'이 아니라 '선악의 경쟁'이며 이는 악에 대한 '선의 복수'를 정당화하는 '정당한 전쟁'으로서 악을 제거하는 최종적 승리를 필요로 하는 것이다.[2]

하지만 종교가 단순히 정신적인 문제 혹은 선악의 판단에 관한 문제인 것만은 아니다. 고대로부터 종교는 우리에게 정신적으로 위안을 줄 뿐만 아니라, 사회적으로는 서로 다른 사람들을 통합하는 정치적 기능을 갖고 있다. 고대 왕들이 종교를 정치에 끌어들여 공인해준 것은 종교보다 사회통합에 더 좋은 정신적 기제가 없었기 때문이다. 예컨대 유럽에서 서로마제국이 무너지고 작은 지역들로 갈라져 봉건 영주들의 지배체제로 나뉘어졌을 때, 기독교라는 구심점이 없었다면 봉건 영주들 사이의 반목과 갈등은 해결이 쉽지 않았을 것이다. 이것이 중세 로마교황이 정치에 깊이 개입하고 허울뿐인 신성로마제국 황제보다 더 큰 영향력을 가졌던 이유다.

---

2 종교전쟁적 특성은 우리 정서에도 깊이 남아 있다. 비록 유교는 종교라고 보기엔 부적절한 점이 없지 않지만, 조선시대를 정신적으로 지배한 성리학 이념은 종교적 신념과도 같은 성질을 갖고 있다. 그리고 이러한 성질 때문에 동아시아 국가들은 사회통합의 정신적 기제로 유교를 항상 채택했던 것이다. 특히 조선에서는 경직된 성리학을 사용함으로써 정통과 이단에 대한 논쟁이 항상 이어졌으며, 이 논쟁은 선악의 구별에 근거해 수많은 당쟁과 사화를 '선의 복수'로 정당화시켰다.

그런데 종교 간의 갈등으로 사회가 분열되고 그럼으로써 정치가 종교보다 더욱 중요한 사회통합의 역할을 한 것은 바로 16세기 프랑스의 종교내전인 위그노전쟁(1562-1598) 때다. 이 전쟁을 통해 예전의 '정당한 전쟁'이란 관점이 희석되고, 종교에서도 '화해와 관용'이라는 관점이 보다 설득력을 얻게 되었다. 당시 프랑스는 종교개혁[3]의 바람 속에서도 가톨릭이 굳게 지위를 유지하고 있었다. 독일이나 잉글랜드의 경우 세속 군주들이 교회의 권위로부터 벗어나기 위해 종교개혁을 지지하고 프로테스탄트로 개종한 반면, 프랑스에서는 종교를 체현한 성 루이 9세(재위 1226~1270) 이후 오랫동안 왕이 종교를 장악한 '갈리아교회주의'가 성행하였고, 따라서 가톨릭은 왕의 지지를 바탕으로 칼뱅교도인 위그노들을 이단으로 간주하고 탄압할 수 있었다. 그러나 프랑스에서 점차 위그노 세력이 커지고 왕족이나 귀족의 일부가 지지하게 되자 가톨릭은 '정당한 전쟁'으로서 종교전쟁인 위그노전쟁을 일으켰다. 이 전쟁은 프랑스 내부의 전쟁으로서 그 전에 프랑스가 잉글랜드와의 백년전쟁(1337~1453)에서 승리했음에도 불구하고 프랑스를 더욱 어렵게 만든 사건이었다.

동족 간에 30여 년간 지속된 위그노전쟁은 '바시 학살(Massacre of Vassy, 1562)', '성 바르톨로뮤 축일의 대학살(Massacre of St. Bartholomew, 1572)'과 같은 참상을 불러 일으켰으며, 이와 더불어 '앙부아즈칙령(1563)', '낭트칙령(1598)'과 같은 새로운 타협적 해결책을 만들어내기도 하였다. 이는 그동안 가톨릭에서 추구하던 정당한 복수 혹은 '정당한 전쟁'에 대한 관점을 수정하고, 종교적 관용(tolerance)과 화해(reconciliation)라는 '정치적 정의(political

---

3 16세기 종교개혁은 1517년 독일의 루터(Martin Luther, 1483~1546)가 당시 로마 가톨릭 교회의 면죄부 판매, 연옥에 대한 교황권 주장, 그리고 공로사상을 비판한 내용의 95개조 반박문을 발표한 것을 필두로, 스위스의 츠벵글리(Ulrich Zwingli, 1484~1531)와 프랑스의 칼뱅(Jean Calvin, 1509~1564) 등이 기존 가톨릭교회에 대한 개혁을 제창한 것에서부터 시작된다.

justice)' 관점을 새로이 채택한 것이기도 하다. 즉 '정당한 전쟁'을 통한 '선의 악에 대한 복수'보다는 이를 폐기하고 종교적 관용과 화해라는 새로운 해결책을 '정치적 정의'로 제시했다는 것이다. 사실 이러한 관점은 완전히 새로운 것은 아니다. 이미 고대 그리스에서 이런 관점이 나타나며, 특히 아이스킬로스(Aeschylus, B.C. 525~455)는 자신의 비극작품들을 통하여 정당한 복수 대신 '정치적 정의'로서의 화해라는 관점을 분명하게 제시하고 있다.

이 글은 이러한 문제의식 아래, 16세기 프랑스 위그노전쟁이 정당한 복수보다는 화해를 '정치적 정의'로 특징지워진다는 것을 보여주고자 한다. 이를 위해 먼저 고중세의 '정당한 전쟁'의 관점에 대해 알아보고, 16세기 프랑스 위그노전쟁이 '정치적 정의'로서의 화해에 대한 관점으로 변화한 과정에 대해 살펴본 후, 이것이 고대 그리스 아이스킬로스의 비극작품에서도 제시된 바 있음을 지적하고 그 의미에 대해 논할 것이다.

Ⅱ. '정당한 전쟁'

종교에서 '정당한 전쟁'의 관점은 아우구스티누스에서부터 비롯된다. 초기 기독교 교회가 여하한 폭력도 반대하는 평화주의(pacificism)[4]에 경도되었던 데 비해 아우구스티누스가 활동하던 시기인 5세기 초에는 기류의 변화가 있었다. 그것은 당시 로마가 게르만족의 침입으로 인해 국가 자체가 흔들리고 사회 전반에 걸쳐 평화유지가 용이하지 않았기 때문이다. 이때 아우구스티누스는 스승인 성 암브로시우스(St. Ambrose, 340~397)로부터 영향을 받아, 국가가 능

4 대표적인 평화주의자는 오리게네스(Origenes, 185~254경)이며, 이 외에 아테나고라스(Athenagoras, 133~190), 테르툴리아누스(Tertullianus, 150~240), 락탄티우스(Lactantius, 250~330) 등이 있다.

력을 다하지 못하는 무정부 상태 속에서 교회가 어떻게 국가를 대신해 평화를 유지할 것인가에 대해 고민하면서 '정당한 전쟁'론을 펼친다.

그는 먼저 키케로(Cicero, B.C. 106~43)의 로마적 전쟁론을 받아들인다. 키케로는 로마가 군사력과 법을 통해 제국을 일구고 평화를 유지하는 것을 정당화하기 위해 로마의 전쟁을 '정당한 전쟁'으로 옹호했다. 이때 '정당한 전쟁'이란 마치 개인이 자신의 재산이나 이익이 침해되었을 때 정당한 절차를 통해 배상을 청구할 수 있듯이, 국가도 권리와 이익이 침해된 것과 같은 정당한 이유가 있을 때에는 그에 대한 배상을 전쟁을 통해 받을 수 있다는 것을 뜻한다. 즉 키케로는 피해를 준 적국과의 전쟁을 정당한 복수 혹은 정당한 배상으로 간주하고 이를 '정당한 전쟁'으로 보았던 것이다.

이와 같은 키케로의 주장에 아우구스티누스는 기독교적 입장을 덧붙인다. 그는 먼저 세상을 '신의 도시(the city of God)'와 '세속의 도시(the earthly city)'로 나눈다. 전자는 기독교도들이 신을 숭배하고 신의 명령에 경건하게 복종하는 정의로운 도시를 의미하고, 후자는 자연적인 인간이 자기애(self-love)에 이끌려 신의 명령을 받지 않고 독단적으로 행동하거나 인간적인 욕망을 표출하는 현세를 뜻한다. 이때 '세속의 도시'는 '신의 도시'가 추구하는 정의(justice)와 갈등을 일으키는데 이 문제를 해결하기 위해서는 정치권력이 기독교적 지혜와 일치를 이루어야 한다. 즉 기독교인이 공직을 담당하고 기독교 원칙에 따라 시민들의 공동선을 위해 신적 권위를 사용해야 한다는 것이다.

물론 이때 일차적인 신적 권위의 사용은 설득이다. 그러나 실제에 있어서 설득이 통하지 않을 때 즉 이단자들이 고분고분하게 말을 듣지 않을 때, 정의의 실현을 위해 군대의 사용이 필요해진다. 예컨대 당시 북아프리카의 도나티스트들(Donatists)과 같은 분리주의자들에게는 더 이상의 설득이 소용없으므로 무력을 사용해서라도 진압해 정의를 세워야 한다는 것이다. 도나티스트 특유의 다루기 어려움과 그들의 계속적인 선동, 그리고 자주 사용되었던 테러리즘이 사회의 안정과 종교적 통일성을 저해한다면 정치적 행위인 무력사용이 허용되며 이러한 무력사용은 '정당한 전쟁'으로 간주된다.[5]

따라서 아우구스티누스의 '정당한 전쟁'론은 전쟁 자체에 대해서는 반대하지 않으며, 오히려 그것을 '신의 도시'를 실현하기 위해 필요한 것으로 본다. 다만 그가 반대하는 것은 폭력에 대한 열광, 복수심에 가득 찬 잔혹성, 맹렬하고 누그러지지 않는 증오심, 거친 저항, 권력욕과 같은 전쟁 수행 시 발생할 수 있는 악덕들이다. '정당한 전쟁' 그 자체는 '신의 도시'의 실현과 평화를 위해 필연적으로 수행되어야 하는 것으로서 허용된다.[6]

아우구스티누스가 보기에, 인간이 전쟁을 좋아하든지 아니면 좋아하지 않든지 간에 전쟁은 인간사에 있어서 불가피한 존재이다. 악한 자들은 자신이 원하기 때문에 정의로운 자들과 전쟁을 치르며, 정의로운 자들은 정의를 실현하고 평화를 지켜야하기 때문에 악한 자들과 전쟁을 치른다. 그런데 '정당한 전쟁'에서 승리했다 하더라도 '세속의 도시'가 진보하는 것은 아니다. '정당한 전쟁'의 역할은 지상에서 정의를 실현하는 것이 아니라, 지상에 존재하는 악들을 소진시키는 단순한 과정으로의 역할이다. 왜냐하면 "천국에서만이 우리가 지상에서 찾는 것을 약속받기 때문이다."[7] 즉 '정당한 전쟁'에서의 승리는 우리의 구원 가능성을 높여주는 것이지, 그것이 곧바로 '신의 도시'를 실현시켜주는 것은 아닌 것이다.

---

5 Ernest L. Fortin, 1987, "St. Augustine", *History of Political Philosophy*, eds. Leo Strauss and Joseph Cropsey, Chicago: The University of Chicago Press, pp.197~198.

6 *Ibid.*, p.201.

7 *Ibid.*, p.203.

이 점이 아우구스티누스와 고대 그리스 철학자들을 구분하게 만든다. 아우구스티누스가 보기에, 고대 그리스 철학자들은 정의를 현세에서 실현하려 했기 때문에 실패했다. 즉 그들은 완전한 인간적 정의에 대한 절실한 소망을 보여주지만, 다른 한편 정의가 현세에서는 실현불가능하다고 주장함으로써 자신의 내재적 한계를 폭로한다. 그들은 실제 도시들이 정의를 실현하기보다는 불의를 저지르고 있는 것을 보고 절망했으며, 최상의 정의로운 도시의 모델을 언어와 토론 속에서만 존재하는 '이상국가(ideal state)'로만 말할 뿐이다.[8] 이와 달리 기독교는 정의를 신의 명령으로 이해함으로써 이런 한계를 극복한다. 즉 정의는 철저한 복종을 필요로 하는 것으로서, 이는 육체가 이성과 영혼에 의해 지배되고, 이성과 영혼이 신에 의해 지배받을 때에만 가능하다. 요컨대 신의 명령에 따라 이성적으로 판단해 수행하는 '정당한 전쟁'은 정의를 실현할 수 있는 기회가 되며, 이를 통해 신에게 구원됨으로써 천국에서 완전한 정의의 실현을 마주할 수 있게 되는 것이다. 그런 점에서 세속에서의 폭력사용은 천국에서의 완전한 정의와 배치되지 않는다.

이와 같은 아우구스티누스의 '정당한 전쟁'론은 기독교의 기본 지침이 된다. 특히 11세기 중반 서임권 투쟁[9]을 거치면서 교회가 국가로부터 독립해 오히려 교회가 국가보다 우월한 존재가 되었을 때, 교회는 이제 국가를 대신해 세속적인 평화와 질서를 유지할 책임을 지게 되었다. 그리고 그 결과는 수차례에 걸친 십자군 전쟁으로 나타났다. '정당한 전쟁'은 교회에게 필수불가결한 요소

---

8 *Ibid*., pp.181~182.

9 서임권 투쟁은 11세기 말에서 12세기 초 교황과 신성로마제국 황제가 성직임명권인 서임권을 놓고 벌인 권력다툼을 일컫는다. 그 투쟁의 출발은 1075년 교황 그레고리우스 7세가 개혁안을 통해 세속인의 교회 고위직 서임을 더욱 엄격히 규제하고 교구에 대한 모든 권리를 세속의 군주로부터 되찾아 올 것을 천명한 데서 비롯된다. 그 후 신성로마제국 황제인 하인리히 4세에 대한 파문과 1077년 황제가 교황에게 무릎을 꿇은 카놋사의 굴욕으로 이어진다. 이 서임권 투쟁의 결과 교회가 강력한 자율성과 권한을 얻게 되었다.

이며, '정당한 전쟁'이 되기 위한 조건들 예컨대 정당한 전쟁의 요건, 성직자의 전쟁 참여, 전쟁 중의 행위 및 그 결과 등이 중요한 이슈가 되었을 뿐이다.

'정당한 전쟁'론은 13세기 성 토마스 아퀴나스(St. Thomas Aquinas, 1225~1274)에 이르러 그 정점을 이룬다. 기본적으로 아퀴나스는 아우구스티누스의 입장을 받아들인다. 다만 아퀴나스는 이를 아리스토텔레스의 정치학과 연결시킴으로써 기독교와 그리스 철학의 융합을 시도한다. 이러한 시도가 가능했던 것은 아퀴나스의 시대가 아우구스티누스의 시대와 달리 적의 침입으로부터 방어하기 위한 소극적인 행동으로서 '정당한 전쟁'이 필요한 것이 아니라, 교회가 사회를 주도하는 위치에 있는 가운데 국가운영과 평화유지라는 정치적 목표를 교회가 능동적으로 짊어져야 했기 때문이다.[10]

주지하듯이 아리스토텔레스는 인간을 정치적 존재로 간주하고 정치를 인간의 궁극적 목표인 행복의 실현을 위한 필수적인 전제로 간주했는데, 이는 국가에게 보다 긍정적이고 적극적인 역할을 부여할 수 있는 적절한 근거가 되었다. 아퀴나스는 이러한 근거를 기독교 국가를 운영하는 토대로 삼는다. 즉 아리스토텔레스는 국가를 통해 인간의 행복에 대한 욕구가 완전히 충족될 수 있다고 보았지만, 아퀴나스는 인간의 행복이 오로지 초월자인 신에 의해서만 가능하며 국가란 이러한 궁극적인 목적을 달성하기 위한 수단에 불과하다고 본 것이다. 따라서 국가는 신이 허락하는 최종적 목표를 인간이 달성할 수 있도록 폭력을 사용해 '정당한 전쟁'을 수행할 수 있으며, 이는 신의 명령과 배치되는 것이 아니다.

물론 국가의 평화와 질서유지 책임은 일차적으로 법에 있다. 하지만 불법적인 상황에서 국가의 '정당한 전쟁'은 용인된다. 그리하여 아퀴나스는 '정당한

10 서을오, 2011, 「토마스 아퀴나스의 전쟁과 평화론」, 『법철학 연구』 14/1, 34쪽.

전쟁'의 세 가지 요건, 즉 군주의 권한, 정당한 원인, 전쟁수행자의 올바른 태도 등을 열거하면서, 특히 선을 증진하고 악을 피하려는 올바른 의도를 강조한다. 아퀴나스에 있어서 전쟁은 평화에 위배되는 것이 아니며, 위의 세 요건을 충족시키는 전쟁은 '정당한 전쟁'으로서 평화와 행복에 기여한다.[11]

결론적으로 기독교 입장에서 전쟁론은 다음과 같이 요약될 수 있다. 먼저 초기 기독교 평화주의자들은 어떠한 전쟁에도 반대했다. 그러나 5세기 초 게르만족의 침입으로 로마라는 국가가 위태로운 상황에 놓이게 되자, 아우구스티누스는 '정당한 전쟁'론을 통해 '세속의 도시'에서 악을 제거하는 것을 필요악으로서 용인한다. 또한 11세기 이후 교회의 권한이 국가를 앞지르게 되자, 세속세계에 대한 책임을 짊어진 교회는 보다 적극적으로 십자군전쟁과 같은 '정당한 전쟁'을 수행한다. 그리고 13세기 아퀴나스에 이르면, 아리스토텔레스가 말하는 정치적 목적인 인간의 행복과 평화를 위해 교회는 국가를 수단으로 삼아 '정당한 전쟁'을 수행하는 것을 당연시하게 된다.

Ⅲ. 위그노전쟁과 낭트칙령

16세기 프랑스의 위그노전쟁은 일반적인 종교전쟁과는 다른 양상과 결과를 보여주었다. 앞 장에서 말한 것처럼 중세에는 아우구스티누스와 아퀴나스의 관점에 따라 '정당한 전쟁'이라는 명분 아래 수많은 종교전쟁이 벌어졌으며, 그 전쟁들은 '선악의 전쟁'으로서 승자와 패자 간의 타협이 불가능할 정도로 끝장을 보는 전쟁이었다. 하지만 위그노전쟁은 기독교 내부에서 정통과 이단

11 서울오, 위의 글, 37~41쪽.

을 둘러싼 내전의 성격을 띠면서 '정당한 복수'라는 의미보다는 '종교적 관용과 화해'라는 새로운 결과를 빚어냈다. 이것은 일종의 종교적 타협이었으며, 낭트 칙령으로 확정되는 종교적 화해를 이끌어냈다. 이 절에서는 이러한 위그노전쟁의 전개과정과 그 결과로 빚어진 낭트칙령의 의미에 대해 살펴보기로 한다.

앞서 말한 바와 같이, 프랑스는 '갈리아교회주의'에 따라 왕이 교회를 장악하고 있었으며, 가톨릭은 왕의 지지를 받고 있었다. 그런데 종교개혁 이후 프랑스에도 프로테스탄티즘 물결이 몰려 들어왔다. 프랑스에 처음 들어온 것은 루터주의로서 프랑수아 1세(재위 1515~1547) 때 처음 소개되었다. 그 전에 네덜란드의 에라스무스(Erasmus, 1466~1536)로부터 영향을 받은 기독교 인문주의가 가톨릭 내부에서 개혁운동을 전개하였으나, 이는 가톨릭 자체를 부인하는 것은 아니었다. 그러다가 1525~1540년까지 사제 역할의 약화를 주장하는 루터주의 교리가 빠르게 전파되면서 금서의 배포나 성상파괴 같은 과격한 행동들이 나타나기 시작했다. 특히 1534년 츠뱅글리주의자들의 '벽보사건'[12]은 프로테스탄트들이 조직적으로 움직이기 시작했음을 보여준다. 또한 1541년 칼뱅이 집필한『그리스도교 강요』가 프랑스어로 출판되고 제네바의 개혁교리가 프랑스 프로테스탄트 운동의 정통교리로 확립되면서 프랑스 내 프로테스탄트의 실체는 점차 구체화되었다.[13]

그 후 프랑스에서 프로테스탄트 운동은 상공업 계층의 지지를 획득하면서 칼뱅주의적 성격을 띠게 된다. 직업소명설을 주장하는 칼뱅주의가 새로이 등장하는 상공업 계층의 이해관계와 잘 맞아 떨어졌기 때문이다. 하지만 프랑

12 1534년 '벽보사건'은 10월 17일 밤부터 18일 아침까지 파리와 오를레앙, 투르, 루앙, 블루아 그리고 앙부아즈에 머물고 있던 국왕의 침실 문 앞에까지 위그노들의 주장을 담은 벽보가 붙은 사건을 말한다.

13 임승휘, 2008, 「프랑스 종교전쟁과 관용개념의 탄생: 푸아시회담에서 낭트칙령까지」, 『이화사학연구』 37, 293쪽.

스에서는 가톨릭이 여전히 굳건하게 정통으로 인정되었으며, 프랑스 칼뱅주의자(위그노)는 100만 명 정도로서 전체 인구의 2% 밖에 지나지 않았다. 하지만 칼뱅주의는 자체에 구습타파적이고 평등주의적인 요소가 내재되어 있어서 부유층에서부터 장인 계층이나 하류 계층 모두에게 지지를 받았다. 그 결과 1560년대 중반까지 위그노의 수는 200~300만 명 정도로 비약적인 증가를 기록했으며, 앙리 2세(재위 1547~1559) 말기인 1555년부터는 위그노 세력에 주요 귀족들이 가담하면서 위그노가 하나의 당파적 성격을 띠게 되었다. 특히 3대 귀족가문에 속하는 부르봉가의 앙트안과 군벌 몽모랑시가의 조카인 샤티옹가의 콜리니 해군제독 등이 위그노로 개종해 위세를 얻게 되었다.[14]

한편 프랑스 왕들은 초기부터 지속적으로 프로테스탄트들을 탄압하였다. 프랑수아 1세는 1534년 '벽보사건' 후 모든 프로테스탄티즘을 반역의 종교로 낙인찍었으며, 강력한 왕권을 행사하던 앙리 2세는 그들을 무참하게 탄압하였다. 특히 그는 1547년 화형재판소를 파리고등법원 내에 설치해 많은 프로테스탄트들을 화형에 처했으며, 1551년 샤토브리앙칙령을 공표해 이단에 대한 박해를 합법화시켰다. 또한 1559년의 에쿠앙칙령은 프로테스탄트들에 대해서는 재판없이 처형할 수 있는 길을 열어주었다.

그런데 1559년 강력한 군주인 앙리 2세가 마상시합 도중 불의의 사고로 사망하고 뒤를 이어 허약한 자식들이 왕위를 계승하게 되자, 위그노에 대한 탄압과 그로 빚어진 갈등은 종교전쟁 형태로까지 치닫게 되었다. 앙리 2세의 큰 아들인 프랑수아 2세는 1년 만에 병사하였고, 그 뒤를 이은 둘째 아들 샤를 9세 때에는 모후인 카트린 드 메디치가 섭정을 했는데 그녀는 약화된 왕권을 회복하기 위해 가톨릭과 위그노의 갈등을 이용했던 것이다.

---

14 강남수, 2013, 「종교전쟁 전야의 위그노파 분화과정」, 『역사학연구』 52, 336~337쪽.

예컨대 1560년 콩데공이 일으킨 앙부아즈 음모사건 이후 가톨릭을 대표하는 명문귀족인 기즈(Guise) 가문과 위그노의 대립이 격화되었는데, 카트린은 신교도의 사면과 집단청원권을 골자로 하는 앙부아즈칙령을 발표하면서 유화적 제스처를 취하는 반면, 같은 해 로모랑탱칙령을 통해 종교탄압을 재개하였다. 그럼에도 불구하고 종교 갈등이 계속되자 인문주의자들의 건의로 카트린은 1561년 신교와 구교 대표들이 참석하는 푸아시회담을 개최했으나 실패로 끝났다. 하지만 이 회담을 계기로 정치적으로 위그노들의 위상이 높아졌고, 위그노들은 자신의 군사조직을 더욱 강화시켰다.[15] 1562년 1월 다시 회담이 열리고 여기서 생제르맹칙령을 발표했는데, 이는 종교적 통일에 대해서는 원칙을 표명하지 않은 채 혼란을 종식시키기 위해 신교도에게 제한적인 예배의 자유를 허용하는 내용을 담았다.

이러한 유화적인 제스처에 가톨릭을 대표하는 귀족인 기즈 가문은 불만을 갖게 되었다. 그리하여 1562년 3월 1일 프랑스 파리에서 얼마 떨어지지 않은 바시(Vassy)에서 기즈공의 가톨릭 군대가 창고에 모여 예배 중인 위그노들을 습격해 학살하는 '바시 학살' 사건이 발생하였다. 이 사건으로 위그노 74명이 죽고 100여 명이 부상당했다. 희생자 수가 그렇게 많지는 않았지만, 이 사건이 계기가 되어 종교적 분쟁인 위그노전쟁이 점점 불을 붙이게 되었으며 이를 1차 위그노전쟁이라 부른다. 이 1차 전쟁은 주동자인 기즈공이 죽자, 1563년 3월 앙부아즈칙령을 통해 협상으로 일단락되었다.

그런데 앙부아즈칙령은 종교전쟁에 있어서 새로운 문제를 제기했다. 이전까지 종교전쟁은 아퀴나스의 '정당한 전쟁'론에 따라 정통과 이단을 가르고 이단을 단죄하는 것으로 진행되었으나, 위그노전쟁은 학살이라는 말이 내포하

15 임승휘, 위의 글, 297쪽.

듯이 그 참혹성으로 인해 새로운 윤리의 문제를 제기했다. 그리하여 종교전쟁이 내전이 되었을 때에는 더 이상 '정당한 전쟁'이 아니라 그 자체 악으로서 전통적인 공동체를 해체하는 것으로 이해하게 되었다. 즉 앙부아즈칙령에서부터 '정당한 전쟁' 대신 관용과 화해의 가능성이 나타나기 시작한 것이다.[16]

한편 이 사건을 계기로 위그노들의 위세는 많이 약해졌다. 가톨릭의 공격이 '정당한 전쟁'으로 인정받지 못해 섬멸을 면했을 뿐이지 이 전쟁을 통해 위그노들이 타격을 입은 것은 사실이다. 하지만 위그노에게 다행인 것은 국왕 샤를 9세가 칼뱅주의에 관심을 갖게 되었다는 점과 이런 상황을 정치적으로 이용하려는 카트린이 1572년 막내 딸 마르그리트를 위그노를 지원하는 부르봉 가문의 나바르의 앙리와 결혼시켰다는 점이다. 위그노가 약화된 상황에서 프랑스 왕족의 지지는 그들에게 큰 힘이 되었다.

이러한 상황 속에서 기즈 가문은 더 이상 위그노를 용인할 수 없다는 생각에 그 결혼식을 이용하기로 결정했다. 즉 결혼축하연에 참석한 위그노들이 방심하는 사이에 그들을 섬멸하는 '성 바르톨로뮤 축일의 대학살(Massacre of St. Bartholomew)'[17]을 자행한 것이다. 그리고 카트린은 이런 학살을 묵인하였다. 이 대학살은 앞서 있었던 '바시 학살'보다 더욱 참혹한 것으로서 축하연에 참석한 하객들과 지방의 위그노 수만 명을 희생시킨 비극적인 사건이었다.

샤를 9세는 이 충격적인 참극을 목도하고 죄책감에 사로잡혀 실성했다가 곧 병으로 사망했고, 그의 동생 폴란드왕 앙리 3세가 발루아 왕조의 마지막 왕으로 즉위했다. 해외에서 오랫동안 살았던 앙리 3세는 위그노에 대한 탄압을 완

16 임승휘, 위의 글, 298~299쪽.

17 1572년 8월 24일(성 바르톨로뮤 축일)부터 10월까지 있었던 로마 가톨릭교회 추종자에 의한 개신교 신도 학살 사건을 총칭한다. 위그노 지도자인 나바르의 앙리와 샤를 9세의 누이와의 결혼식 축하연에 참석한 위그노파들을 살해하는 '파리의 유혈 결혼식'에 이어, 지방에서 위그노파에 대한 대량 학살이 잇달았다. 희생자 수는 약 3만 명에서 7만 명으로 추산된다.

화했으며, 그 사이 세력을 규합한 위그노들은 왕실을 적으로 선언하며 무장봉기에 돌입했고 1576년 포로 신세에서 탈출한 나바르의 앙리를 그들의 구심점으로 삼았다.

그런데 앙리 3세 이후의 후계문제가 상황을 더 어렵게 만들었다. 앙리 3세에겐 자식이 없었을 뿐더러 왕후가 병약하여 자식을 낳을 가능성이 없었는데, 설상가상으로 앙리 3세의 동생이자 제1후계자였던 알랑송 공작 프랑수아가 1585년 후사 없이 사망한 것이다. 그리하여 적으로 전쟁 중인 나바르의 앙리가 졸지에 프랑스 왕실 족보상 가장 가까운 제1후계자가 되는 당혹스러운 상황이 발생했다.

이에 기즈 가문을 위시한 가톨릭 세력들은 반발하여 교황에게 나바르의 앙리를 파문하고 계승권을 박탈해 달라고 청원을 제기해 이를 통과시켰다. 물론 나바르의 앙리 측도 이에 반발해 위그노 전쟁 중 가장 격렬한 9차 위그노 전쟁을 일으켰으며, 전황은 남부에서는 위그노가, 북부에서는 기즈 가문을 위시한 가톨릭 세력이 우세한 가운데 서로 팽팽한 국면을 이어갔다.

그런데 이때 가톨릭 측에서 내분이 일어났다. 그동안 모후 카트린의 그늘에 있던 앙리 3세가 그녀를 실각시키고 기즈 가문과도 갈등을 일으켰다. 기즈공 또한 가톨릭의 수호를 명분으로 스페인의 펠리페 2세를 전쟁에 끌어들였다. 펠리페 2세는 카트린의 딸 엘리자베트와 결혼했기 때문에 충분히 개입할 여지가 있었으며, 기즈공은 신성동맹 등 가톨릭 세력의 지지를 등에 업고 왕위에도 욕심을 가졌다. 강력한 가톨릭 세력에 의해 축출당할 위기에 처한 앙리 3세는 1588년 기즈공을 암살하였다. 그런데 이듬해인 1589년에 왕 자신도 어느 수도사에게 암살을 당하고 말았다. 또한 같은 해에는 이미 모후인 카트린도 세상을 떠난 상태였다.

이러한 일련의 과정에서 결국 기즈 가문과 발루아 왕가는 모두 몰락하고 말았고, 부르봉 가문의 나바르의 앙리가 유일한 대안이 되어 일부 가톨릭 세력으로부터 지지를 얻고 새 국왕 앙리 4세로 추대되었다. 그러나 여전히 다수의 가톨릭교도와 스페인은 앙리 4세를 인정하지 않았다. 하지만 앙리 4세는 전쟁을 훌륭하게 수행해 1593년에 이르면 이미 파리 근방을 제외한 전 프랑스를 석권하고 파리의 문턱까지 진출하였다.

그런데 바로 이 순간 앙리 4세는 "파리는 미사를 드릴 가치가 있다"고 말하면서, 파리 진격을 중지하고 가톨릭으로 개종해 버렸다. 그리고 이 개종을 통해 가톨릭은 앙리 4세를 국왕으로 인정하고 신구교도의 갈등은 급속도로 봉합되었다. 위그노들은 그 동안 자신들을 이끌어 온 신망 높은 지휘관의 결정에 반발할 수가 없었고, 이미 내부에서부터 무너진 가톨릭은 앙리 4세의 결정을 지지하는 것 외에 다른 대안이 없었기 때문이다. 이런 과정을 거쳐 파리에 입성한 앙리 4세는 1598년 '낭트칙령'을 공포해 위그노의 종교적 자유를 허용하고, 가톨릭과 위그노의 화해를 실제적으로 이루어내었다.

물론 낭트칙령이 즉각적인 화해를 이룬 것은 아니다. 칙령이 공포되자, 가톨릭은 여전히 불만이었고 위그노는 얻은 것이 너무 적다고 불평하였다.[18] 가톨릭은 낭트칙령에 분개하면서 이는 교황 클레멘스 8세를 십자가형에 처하는 결정이라고 비난하였고, 고등법원들은 이 칙령의 등기를 거부하였다. 몇 차례 걸쳐 일부 조항을 삭제한 후 결국 등기는 되었지만, 전국적으로 등기에 소요된 시간은 10년이 넘었으며, 그 실행은 또 다른 많은 우여곡절을 빚었다.[19] 하지

---

18 임승휘, 위의 글, 305쪽.

19 낭트칙령은 실행까지 오랜 시간이 걸렸을 뿐만 아니라, 1685년 퐁텐블로칙령에 의해 폐지되기도 하였다. 당시 루이 14세는 가톨릭만을 국교로 인정함으로써 절대 왕정에 대한 교황청의 지원을 받고자 개신교도들을 탄압하였다. 프랑스에서 종교적 관용이 최종적으로 성취된 것은 1787년 루이 16세가 관용칙령을 선포해 개신교가 다시 신앙의 자유를 인정받게 된 이후이며, 낭트칙령은

만 다수의 가톨릭이 소수의 위그노에 대한 탄압과 무장투쟁이 성공하지 못한 현실 속에서, 가톨릭과 위그노의 역사적 화해는 가장 현실적인 대안이었으며, 가톨릭과 위그노 측 모두 이를 필요악으로 받아들였던 것이다.

Ⅳ. 정치적 정의로서의 화해

위그노전쟁 말기, 왜 나바르의 앙리(앙리 4세)는 최종 승리를 앞두고 자신이 가톨릭으로 개종하면서 화해하는 방식을 택했을까? 그는 이미 프랑스 대부분을 장악한 채 최종적으로 파리 진격을 목전에 두고 있었으며, 왕위계승 서열 1위의 정당성을 갖고 있어서 위그노와 일부 가톨릭에게 이미 프랑스 국왕으로 인정받고 있었는데, 왜 자신의 종교적 신념을 굽히고 개종하면서까지 복수 대신 화해의 길을 택했을까?

이는 한 개인으로서 종교적인 신념을 유지하는 것과 정치공동체를 책임지는 왕이라는 정치적 인간으로서 공동체의 평화와 질서를 유지하는 것은 다르기 때문이다. 즉 앙리 4세는 한 위그노로서 그동안 수많은 위그노들을 무참히 학살한 가톨릭 세력에 대해 당장 복수를 해서 카타르시스를 느끼는 것보다 정치공동체의 책임자로서 앞으로 그 공동체의 질서유지와 통합을 위해 원수와도 화해하고 품안에 품어야 한다고 생각했기 때문이다. 요컨대 과거에 초점을 맞추고 명분과 신념에 사로잡히기보다 미래에 초점을 맞추고 평화와 질서를 더 우선시했기 때문이다.

이는 정의에 대해 다시 생각하게 만든다. 앙리 4세에게 정의란 아우구스티

최초로 종교적 관용이 인정된 경우로서의 의미를 갖는다.

누스나 아퀴나스가 설파해왔던 '정당한 전쟁'을 통해 '선의 복수'를 완수하는 데 있는 것이 아니라 악이라 여겨지는 적과의 화해를 통해 평화를 가져오는 데 있는 것이다. 이를 '도덕적 정의(moral justice)'와 구별해 '정치적 정의(political justice)'라 부를 수 있다. 여기서 '정치적 정의'란 시시비비를 따져 선과 악을 구분하고 피해를 입은 선이 '정당한 전쟁'을 통해 복수하고 선을 다시 세우는 것이 아니라, 설사 악한 적이라 하더라도 관용과 화해를 통해 더 이상의 복수가 반복되지 않도록 이를 종식시키고 궁극적으로 사회통합과 평화를 이루는 것을 의미한다. 이런 '정치적 정의'가 있을 경우에만 내전을 종식시키고 다시 정상적인 상황으로 돌아갈 수 있기 때문이다.

일찍이 고대 그리스에서도 이 점에 유의해 정당한 복수 대신 적과의 화해를 '정치적 정의'로 간주하였다. 특히 아이스킬로스의 대표적 비극작품인 오레스테스(Orestes)에 관한 3부작 〈아가멤논〉, 〈제주를 바치는 여인들〉, 〈자비로운 여신들〉은 '정치적 정의'에 대해 잘 보여준다.[20] 이 3부작은 아르고스(Argos)의 왕위를 둘러싼 일련의 복수에 관한 이야기로서 친모를 살해한 주인공 오레스테스에 대한 유죄여부 판단을 아테나 여신의 신전에 모인 아테네 시민들의 결정과 아테나 여신의 중재로 화해로 귀결되는 내용을 담고 있다. 그럼 이 내용에 대해 자세히 살펴보도록 하자.

먼저 아르고스의 왕이자 트로이전쟁의 영웅인 아가멤논은 자신의 부친 아트레우스왕을 살해하고 왕위를 찬탈한 숙부 티에스테스를 죽여서 복수하고 왕위에 오른다. 또한 자기 동생 메넬라오스의 원한을 복수하기 위해 트로이전쟁

---

20 이 작품들은 별개의 작품이지만 서로 연관되어 하나의 줄거리를 이루고 있으며, 이는 하나의 주제인 정치적 정의에 대해 논하고 있다. 아이스킬로스의 오레스테스 3부작에 관한 내용정리와 분석은 필자의 졸고, 2013, 「고대 그리스 비극에 나타난 민주주의 정신: '아테네'의 메타포를 중심으로」, 『한국정치연구』 22/2, 182~186쪽을 참조했다.

을 일으켜 그리스군 총사령관으로 출정한다. 한편 아르고스의 왕비 클리타이메스트라는 아가멤논왕이 트로이전쟁에 출정 중 폭풍우를 만나자 큰딸이자 공주인 이피게네이아를 바다에 제물로 바치는 희생을 치루고 군대를 무사히 전장으로 이끈 것에 분노해, 딸에 대한 복수로 전쟁에서 승리하고 돌아온 아가멤논왕을 죽인다. 그리고 이 두 사람의 막내아들인 오레스테스는 선왕이자 부친인 아가멤논을 사적인 이유로 죽인 모친 클리타이메스트라에 대한 복수를 고민 끝에 자행한다. 친모를 살해하는 것은 죄이나 아르고스의 왕을 죽인 사람을 응징하는 것은 공적으로 정당한 일이기 때문이다. 하지만 부왕에 대한 복수를 모친살해로 갚은 오레스테스는 아르고스의 왕위에 오르지 못하고, 어머니의 망령과 아르고스의 복수의 여신들(Furies)에게 패륜아로 쫓겨 해외를 전전한다. 도피에 지친 오레스테스는 마지막으로 아테나 여신의 신전에 찾아가는데, 여기서 아테네 시민들의 결정과 여신의 중재에 따라 선악에 대한 판단이 유보된 채 복수의 여신들과 화해함으로써 안식을 얻는다.

이러한 일련의 과정들이 보여주듯이, 인간사는 복수로 점철되어 있다. 더욱이 복수의 연속은 점차 타인(티에스테스)에서 자식(이피게네이아), 남편(아가멤논), 어머니(클리타이메스트라)까지 죽이는 결과를 빚는다. 이는 복수가 가정(house)을 파괴하고, 도시(city)를 파괴하며 결국 자연(nature)까지도 파괴하는 데 이른다는 것을 보여준다. 인간사는 갈등의 연속이며 이는 운명이다. 그런 가운데 갈등은 해결(resolution)되는 것이 아니다. 이것이 인간이 갖고 있는 근본적인 비극성이다. 따라서 정치공동체의 목표 혹은 공동체가 추구하는 정의는 이런 근본적인 해결을 시도하는 데 있지 않다. 여기서 말하는 정의관이란 올바른 것을 추구한다거나 인간의 비극성 자체를 제거하는 데 있는 것이 아니라, 인간사의

비극적 갈등 속에서 사람들을 여하히 화해시키느냐에 달려 있는 것이다.[21]

그런 점에서 아이스킬로스가 말하는 정의로운 도시는 선과 악, 공과 사 등과 같은 이분법(dualism)에서 벗어난 도시다. 만일 폴리스가 불의에서 탈피할 수 있다면 이는 완성되는 것이 아니라, 집행유예와도 같이 선을 취해도 악이 남아 있고 해결된다 해도 일시적인 해결에 불과하다. 따라서 정의는 선의 승리, 공의 승리로 완전히 성취되는 것이 아니라, 악을 간직한 사람들의 화해 속에서 그 갈등을 녹여가는 불완전한 과정인 것이다.

그런데 고대 그리스에서 이러한 '정치적 정의'로서 화해에 대한 인식은 어떤 지식(knowledge)이나 계몽(enlightenment)에 의해서가 아니라, 복수(passion)를 통해 고통(suffering)을 겪으면서 비로소 형성된다. 이를 고대 그리스인들은 'pathei mathos(wisdom comes through suffering)'라 부른다. 고통은 영원히 끝나지 않는 인간의 조건이며 이를 겪으면서 지혜를 얻고 그럼으로써 화해라는 정의를 성취할 수 있게 된다는 것이다. 작품의 마지막에 그리스 비극이 대부분 그렇듯이 코러스가 즐거운 피날레(joyful finale)를 장식하는데, 이 역시 고통을 축제적 즐거움으로 승화시키는 작용을 한다.[22] 요컨대 아이스킬로스가 제시한 '정치적 정의'란 갈등을 겪으면서 지혜를 얻고 이를 통해 서로 화해하는 데 있다는 것이다.[23]

이러한 '정치적 정의'관은 위그노전쟁에서도 잘 나타난다. 점차 세력이 커진 프로테스탄트들, 특히 당시 프랑스 현실을 반영한 칼뱅주의적 프로테스탄트인 위그노 세력이 종교적 모임을 넘어 정치적으로 세력화에 이르게 되자, 이에

21 이동수, 위의 글, 185~186쪽.

22 이동수, 위의 글, 186쪽.

23 Peter J. Euben, 1990, *The Tragedy of Political Theory: The Road Not Taken*, Princeton: Princeton University Press, p.89.

위기감을 느낀 가톨릭 진영은 이단의 싹을 자르기 위해 '바시 학살'을 자행하였다. 그러나 가톨릭의 수장인 기즈공이 죽자 국왕의 섭정인 카트린은 앙부아즈칙령을 통해 일차적인 화해를 시도하였다. 하지만 아직도 정통과 이단의 논쟁, 선과 악의 대결, '정당한 전쟁'이라는 명분과 기득권 유지라는 현실적인 목표에 사로잡힌 가톨릭 진영은 이를 받아들일 수 없었으며, '성 바르톨로뮤 축일의 대학살'을 자행하고 전국적인 위그노전쟁을 전개하였다. 하지만 전쟁 후 프랑스를 재건할 책무를 짊어진 앙리 4세는 위그노의 최종 승리를 눈앞에 두고 자신이 가톨릭으로 개종하는 희생을 치루면서 가톨릭과 위그노의 화해를 이끌어 사회통합과 평화에 기여하였다.

그러나 오레스테스 3부작에서 보여준 것처럼 처음부터 화해가 이루어지는 것은 아니다. 그 작품에서는 수차례에 걸친 복수의 과정이 있으며, 위그노전쟁에서도 9차례에 걸친 전쟁들이 36년간 이어졌다. 하지만 두 경우의 공통점은 결국 복수에 지친 사람들이 정치공동체와 미래를 위해 복수를 종식시키고 관용과 화해를 택하는 것을 그동안에 쌓인 지혜를 통해 깨닫게 되었다는 사실이다.

V. 맺음말

이상의 논의를 요약하면 다음과 같다. 첫째, 5세기경 로마가 붕괴의 위기에 처하자 기독교에서는 초기의 평화주의적 입장을 버리고, 이단에 대한 공격을 정당화하는 '정당한 전쟁'론이 대두된다. 이는 아우구스티누스에서 처음 제기되었고 아퀴나스에 이르러 정점을 이룬다. 둘째, 중세에 '정당한 전쟁'론은 십자군전쟁을 정당화하는 등 모든 종교전쟁의 근거로 작용하였다. 그러나 16세기 프랑스 위그노전쟁은 악에 대한 선의 응징을 정당화하는 '정당한 전쟁' 대신 낭트칙령을 통해 공포한 바와 같이 가톨릭과 위그노의 화해로 귀결되었다. 셋째, 이러한 화해는 '도덕적 정의'는 아닐지라도 '정치적 정의'로 이해되며, 이는 고대 그리스 비극작가인 아이스킬로스의 오레스테스에 관한 3부작에서도 강조되고 있다.

자기 자신과 갈등을 일으킨 상대방을 화해불가능한 적이나 불구대천의 원수로 생각하는 것은 인간의 본능적인 감정에 종교적 신념이나 경직된 이념 예컨대 정의, 선, 진리 등의 명분이 덧붙여져 있는 경우다. 이는 때때로 순교나 순국을 통해 자신이 속한 집단의 지속성을 담보해주기도 하지만, 복합적인 현실의 통합과 미래의 발전을 위해서는 오히려 걸림돌이 될 수 있다. 사려깊은 사람 특히 사려깊은 정치적 인간이 되려면 자신의 신념이나 이념을 선이나 정의의 형태로 지나치게 내세우지 않아야 한다. 또한 갈등관계에 있는 상대방을 처단하거나 격퇴해야 하는 적(enemy)이 아니라 경쟁을 통해 넘어서야 하는 역경(adversary)으로 간주하는 것이 필요하다.[24] 즉 '선악의 경쟁'이 아닌 '선의의 경쟁'으로 생각하고 대처해야 한다는 것이다.

이러한 사려깊음 속에서 사회는 갈등관계나 전쟁상태가 아니라, 상호 관용과 화해를 통한 사회통합과 평화상태가 나타나며, 이때 비로소 정치공동체의 유지와 발전이 가능해진다. 화해는 복수를 대체한다. 복수는 성공한다면, 우리에게 카타르시스를 선사하고 승리자 혹은 정복자의 기분을 느끼게 해준다. 하지만 복수는 실패할 경우 우리를 절망시키며, 또 일시적으로 성공했다손 치

---

24 갈등하는 상대방을 적이 아니라 역경으로 간주해야 한다는 말은 무페의 논의를 참고했다. 무페는 적(enemy)과 동지(friend)로 나누어 설명하는 칼 슈미트(C. Schmitt)를 비판하면서, 민주사회는 상대방을 적과 동지로 나누어 편을 가르는 것이 아니라, 적 대신 나와 경쟁하는(agonal) 자로서 내가 넘어서야 할 역경(adversary)으로 간주해야만 성립가능하다고 본다. Cf. Chantal Mouffe, 2000, *The Democratic Paradox*, London: Verso.

더라도 상대방의 또 다른 복수를 불러온다. 그리하여 복수는 복수를 낳는다. 복수가 아무리 정당화될 수 있을지라도, 그것이 정치적으로 적절한 혹은 권할 만한 것일까? 복수는 성공보다 실패하는 경우가 더 많지 않을까? 그리고 설사 복수에 성공하더라도 우리는 결국 불행해지지 않을까?

그러나 화해 역시 쉬운 일이 아니다. 오히려 화해가 복수보다 더 어려운 것이기도 하다. 그것은 앞서 살펴본 프랑스의 위그노전쟁이나 아이스킬로스의 오레스테스에 관한 3부작에서도 잘 나타난다. 화해는 갈등상태 초기에는 실현될 수 없으며, 상당한 기간 동안 갈등을 겪고 난 후에야 비로소 고개를 내민다. 그리고 위의 두 경우를 살펴보면, 화해가 가능해지기 위해서는 몇 가지 전제조건이 있음을 알 수 있다.

첫째, 위그노 전쟁에서 앙리 4세의 화해시도가 성공했던 것은 그의 군대가 힘에 있어서 우위에 있었기 때문이다. 앙리 4세는 여러 해 동안 진행된 전쟁에서 처음엔 팽팽한 전세를 유지하다가 나중에 왕위계승 서열 1위가 되면서 명분을 얻었고 따라서 그를 지지하는 세력이 급증해 군사적으로 이미 프랑스의 대부분을 평정한 상태였다. 이러한 군사적 우위가 누구도 거절할 수 없는 상황을 만들어냄으로써 앙리 4세는 최종적으로 복수라는 과거지향적 선택보다 화해라는 미래지향적 선택을 할 수 있었던 것이다. 따라서 화해를 목표로 삼아 실제로 이를 성취하기 위해서는 먼저 힘의 우위가 전제되어야 한다. 그런 점에서 중요한 것은 누가 가해자이고 누가 피해자인지가 아니라, 누가 더 힘에 있어서 우위에 있는가이다. 피해자는 명분에 있어서 우위를 얻을 수는 있으나, 이것이 지지자의 확대를 통해 현실적인 힘의 우위 내지 군사적 우위에까지 다다를 수 있어야만 복수극을 종식시키고 화해를 제시할 수 있는 것이다. 약한 피해자가 제시하는 화해는 더 이상 복수할 수 있는 여력이 없다는 것을 반증하는 것일 뿐 강한 가해자가 이에 동의해 실현되기는 쉽지 않다.

둘째, 아이스킬로스의 3부작이 보여주는 교훈은 만일 자신에게 힘이 없을 경우 화해를 제시할 수 있는 것은 아테나 여신이나 아테네 시민들과 같은 제3자라는 점이다. 이 경우도 역시 가해자인 오레스테스는 화해를 제시할 수 없으며, 특히 그가 힘이 없는 가해자라면 도피 상태에 놓일 수밖에 없다. 지혜로운 제3자는 복수보다 화해를 선호한다. 물론 그 3부작에서 이성의 신 아폴론은 오레스테스로 하여금 모친살해를 무릅쓰고 선왕에 대한 공적 복수가 더 중요하다고 충고하지만, 결국 그의 충고가 오레스테스를 곤경에 처하게 만들었음은 명백하다. 이에 비해 지혜의 여신인 아테나는 더 이상 복수가 아닌 화해를 궁극적인 해결책으로 제시함으로써 오레스테스와 아르고스의 복수의 여신들 모두를 행복으로 이끈다.

셋째, 힘에 있어서 아무리 우위에 있다고 한들 화해가 금방 이루어지는 것은 아니다. 피해자가 일차적으로 꿈꾸는 것은 정당한 복수다. 그러나 이 복수가 또 다른 복수를 불러오고, 그러면서 복수의 연속으로 사회가 붕괴상태에 이르게 되었을 때, 이젠 복수극을 멈춰야 한다는 자각과 공감대가 생기기 시작한다. 즉 화해에는 그 만큼의 시행착오적 과정과 시간적으로 성숙된 조건이 필요하다는 것이다. 앞서 고대 그리스인들이 말한 'pathei mathos'처럼 지혜는 항상 고통 뒤에 오기 마련이다. 그런 점에서 화해가 가능한 타이밍에 대한 숙고가 필요하며 이는 어느 정도의 긴 시간을 요한다는 것이다.

이러한 전제조건들을 모두 충족시키는 것은 결코 쉽지 않다. 하지만 '선의 복수' 혹은 '정당한 복수'보다 '화해'가 정치적으로 더 정의롭다는 것은 명백하다. 인류역사가 이를 증명한다. 우리가 정치적 정의가 실현되기를 원한다면, 화해는 단순히 피해자의 나약한 행동이 아니라 피해자가 실현할 수 있는 가장 정의로운 행동임을 알아야 할 것이다.

참고문헌

강남수, 2013, 「종교전쟁 전야의 위그노파 분화과정」, 『역사학연구』 52.

서을오, 2011, 「토마스 아퀴나스의 전쟁과 평화론」, 『법철학 연구』 14/1.

이동수, 2013, 「고대 그리스 비극에 나타난 민주주의 정신: '아테네'의 메타포를 중심으로」, 『한국정치연구』 22/2.

임승휘, 2008, 「프랑스 종교전쟁과 관용개념의 탄생: 푸아시회담에서 낭트칙령까지」, 『이화사학연구』 37.

Euben, Peter J., 1990, *The Tragedy of Political Theory: The Road Not Taken*, Princeton: Princeton University Press.

Fortin, Ernest L., 1987, "St. Augustine." *History of Political Philosophy*. Eds. Leo Strauss and Joseph Cropsey, Chicago: The University of Chicago Press.

Fukuyama, Francis, 2011, *The Origins of Political Order: From Prehuman Times to the French Revolution*, New York: Farrar, Straus and Giroux.

Mouffe, Chantal., 2000, *The Democratic Paradox*, London: Verso.

제2부

일본의 근대와 갈등의 유산

1
일본에서의 전후보상재판과 화해

김관원
동북아역사재단 연구위원

Ⅰ. 머리말

1945년 전쟁에서 패망한 일본은 1951년 연합국과 전후처리를 위한 대일강화조약을 체결했다. 이로써 일본은 국제사회에 복귀하게 되었으며 연합국 측에 속한 국가와는 '화해의 기초를 확립'하는 계기가 마련된 셈이다.[1] 그러나 패전국 일본의 최대 피해국인 한국과 중국은 대일강화조약의 서명국이 아니었기 때문에 연합국 측에 대한 배상 규정이 있는 동 조약 제14조에 따른 대일 배상요구를 할 수 없게 됐다.

어쩔 수 없이 한중 양국 정부는 식민지 지배나 전쟁책임에 관한 청산 및 피

---

* 이 글은 현대일본학회 『일본연구논총』 50(2019. 12)에 게재된 글을 일부 수정한 것이다.

1 일반적으로 강화조약은 국제법의 가장 오래되고 기본적인 제도로 "그 목적은 적대행위를 종료시키고 지속적인 조정과 화해의 기초를 확립하며 안정과 안전의 새로운 질서에 공헌"해 왔다. 藤田久一, 2006, 「国際法における個人請求権の理論的基礎」, 『グローバル化する世界と法の課題』, 東新堂, 493쪽.

해보상 문제를 일본 정부와 2국 간 교섭에서 논의할 수밖에 없었다. 한국 정부는 일본 정부와 1965년에 한일기본조약 및 제협정을 체결하고 국교를 정상화했다. 중국 정부도 일본 정부와 1972년 중일공동성명을 발표하고 국교를 수립했다. 이것으로 한중 양국과 일본 간에는 '화해'의 기초가 확립되어 있어야 함에도 현실은 그와 정반대이다.

오히려 청구권협정과 중일공동성명은 강제동원·강제노동 관련 전후보상 재판에서 일본의 재판소에 의해 청구기각 패소 판결을 위한 수단으로 사용되고 있다. 결과적으로 한일 과거사 문제의 해결을 어렵게 함으로써 한중 양국과 일본과의 '화해'를 저해하는 요인이 되고 말았다.

이로써 일본에서는 재판을 통해 한중 양국의 피해자가 구제받을 길이 전부 차단됐다. 남은 것은 일본 정부의 입법·정책적 구제 방법을 세우는 것이었다. 이것은 최고재판소의 권고이기도 했다.[2] 그렇게 되었다면 일본은 한중 양국과의 진정한 '화해'를 위한 첫발을 떼는 것이 되었을 것이다. 그러나 일본의 그런 움직임은 전혀 보이지 않았다. 오히려 갈등을 부추기고 있는 것이 현실이다.

그나마 다행인 것은 일본 정부나 전범기업이 전후보상 문제를 해결하려고 하지 않는 가운데, 극히 일부 기업이 재판과 관련해 화해를 실현했다는 것이다. 마지못해 한 화해일지라도 기업으로서는 사회적 책임을 지고 싶다는 자세를 보인 것이며, 화해상의 사죄는 일본의 침략과 식민지 지배 사실을 인정한 것이라고 믿고 싶다. 이는 한일 민간의 역사인식의 차이를 좁히고, 점차 '화해'하는 데 있어서 중대한 밑거름으로 작용할 수도 있을 것이다.

2 2007년 4월의 니시마츠 재판에서 최고재판소는 "재판상 청구는 할 수 없게 되었으나 완전히 소멸된 것은 아니다"라고 하면서 사법에 의하지 않은 구제의 가능성을 시사하며, "원고 등 피해자가 입은 정신적·육체적 고통은 매우 큰 반면, 기업은 강제노동으로 이윤을 얻었다. 니시마츠건설을 포함한 관계자는 원고 등 피해자의 구제를 위해 노력할 것을 기대한다"고 했다.

이 글에서는 '화해'의 기초를 확립해야 할 2국 간 조약은 '화해'의 기초를 확립하는 데 어떻게 걸림돌이 되었는지, 피해자들은 패소가 뻔했음에도 연이어 소송을 제기했는데 무엇 때문에 재판에 호소한 것인지, 전후보상재판의 과정에서 혹은 종료 후에 피해자가 일본 기업과 화해한 7건의 사례를 분석해 의의와 한계가 무엇인지 고찰해 보고자 한다.

Ⅱ. 전후보상재판의 현황과 의의

1. 현황

일본에서의 강제동원·강제노동 관련 전후보상재판은 1990년대부터 현재까지 수십 건이 제소됐다.[3] 1994년부터 하급심의 판결이 나오기 시작했으며, 초기의 판결은 시효·제척기간, 국가무답책(国家無答責)의 원칙[4] 등 일본 국내법을 이유로 원고의 청구를 기각했다. 그러나 전쟁범죄의 사실을 인정하면서 시효·제척기간, 국가무답책의 원칙에 의한 청구 기각은 여론도 국제사회도 설득할 수가 없게 됐다. 그러나 이런 상황 속에서 피해자의 입증 활동이 결실을 맺어 1997년, 1999년, 2000년에 재판 관련 화해가 4건 있었으며, 2001년 7월 동경지방재판소가 시효·제척기간의 적용 거부, 2003년 1월에는 교토지방재판소가 국가무답책 원칙의 적용을 거부하는 상황까지 오게 됐다.

그러자 강제동원·강제노동 관련 재판 중 최종심에서는 모두 기각되기는 했

3 일본 정부와 기업의 식민지 지배와 침략전쟁의 책임을 묻는 전후보상재판의 효시는 1972년에 피폭자건강수첩의 교부를 요구한 '손진두 재판'이다.

4 구 일본 헌법하 국가의 불법행위에 대해 개인은 손해배상청구를 할 수 없다는 법리다.

지만 하급심 판결에서 일본 정부의 책임을 인정하고 손해배상을 명한 판결이 나오기 시작했다. 기업이 피해자와 화해하고 국내법상의 배상책임을 배제해 온 여러 법리가 부정되며 원고 승소가 조금씩 쌓이는 등 재판 환경이 변하기 시작하자, 최고재판소는 하급심의 흐름을 막기 위해 대일강화조약 등의 청구권포기 조항 관련 해석을 주요 논점으로 삼기 시작했다. 최고재판소는 2국간 조약에 의해 개인의 청구권이 소멸했는지 그렇지 않은지에 대해서는 판단하지 않다가, 2007년 4월 27일 중국인의 니시마츠[西松] 야스노[安野] 재판에서 "원고 등 개인의 배상청구권은 국제조약에 의해 소멸됐다"라는 일본 정부 측의 주장을 받아들여 최초로 개인의 배상청구권이 2국 간 조약에 의해 소멸되었다는 판결을 내렸다. 즉 대일강화조약의 당사국뿐만 아니라 그 외 2국 간 강화조약을 체결한 국가와의 전후처리에서도 개인배상청구권의 포기를 명기한 대일강화조약의 체계 속에서 적용받는다고 판단하고 청구권협정과 중일공동성명에 의해 식민지 지배, 전쟁피해에 대한 개인의 배상청구권은 소멸되었다는 것이다. 이후 강제동원·강제노동 관련 전후보상재판에서는 두 조약을 근거로 개인청구권을 인정하지 않는 판결이 이어졌다.

니시마츠 야스노 재판에서 최고재판소가 중일공동성명에 의해 "재판상 청구할 수 있는 권능은 소멸했다"라고 판결한 것은 타당하지 않다. 이 성명이 청구권을 상호 포기한 대일강화조약의 체계 속에서 해석된 것이라면 위법이 된다. 대일강화조약에는 청구권과 관련해서 '국가 및 국민'이라는 문구가 명기되어 있지만 중일공동성명에는 '국민'이라는 문구가 없다. '국민'이라는 문구가 없다는 것을 생각하면 중일공동성명에서 국민 개인의 청구권을 포기했다고 해석하는 것은 무리일 것이다. 또 조약은 원칙적으로 당사국만을 구속하고 제3국에 대해 일방적으로 효력을 미치게 할 수는 없다. 조약법조약에서는 제3국에 의무를 과하는 경우와 권리를 부여하는 경우를 나누어, 전자에서는 서면에 의해 명시적으로 받아들여야 한다는 엄격한 요건을 요구하고 있다. 대일강화조약의 당사자가 아닌 중국이 동 조약의 의무규정을 서면으로 명시하여 받은 적은 없다.[5]

한국과 관련해서는 니시마츠 야스노 재판 종결 직후인 2007년 5월 31일 나고야고등재판소와 9월 19일 도야마지방재판소에서 원고의 청구가 기각됐다. 전자인 나고야미쓰비시재판에서는 "청구는 (개인의 배상청구권 포기를 규정한) 한일청구권협정의 대상으로서 원고 등은 어떠한 주장도 할 수 없다"라고 하며 1심을 지지, 원고 측의 항소를 거부했다. 그러나 근로정신대의 실태에 대해 "강제연행·강제노동은 있었으며 일본국의 감독하에서 당시 미쓰비시중공업의 관리에 의해 행해졌다"고 지적했다. 국제법에 따라 "개인의 존엄을 부정하고 정의·공정에 현저하게 반한 행위라고 말하지 않을 수 없으며 위법"이라고 인정했다. 또한 국가배상법 시행 전이라고 주장하는 일본국 측의 국가무답책 원칙의 주장에 대해서도 거부했다.

또 후자인 제2차 후지코시재판 판결에서도 대일강화조약 및 한일청구권협정에 의해 "한국과 그 국민은 일본에 대해 청구권을 주장할 수 없다는 것은 명백하다"라고 지적하고 원고의 청구를 기각했다. 한편 "(근로)정신대 참가를 위한 권유는 허위와 협박에 의한 것이며 임금은 지불되지 않았고 외출은 제한되어 있었다"고 하며 강제동원·강제노동을 인정했으나, 일본국과 피고 회사의 불법행위 책임은 판단하지 않았다.

대일강화조약 제4조(a)의 '재산 및 청구권'이나 청구권협정 제2조 1항에서 완

5 吉澤文寿, 2012, 「日韓請求權協定と戦後補償問題の現在—第2条条文化過程の検証を通して—」, 『平和研究』 38, 31쪽.

전히 그리고 최종적으로 해결된 것이라고 한 '재산 및 청구권'은 식민지 지배와 관련된 일본의 반인도적 불법행위 책임과는 무관한 것으로 보상의 의미를 포함하지 않는다. 당시 한일회담은 일본의 한국 식민지 지배에 대한 사죄와 배상 없이 안보와 경제논리에 의해서 촉진되었을 뿐 정작 회담의 본질이라고 할 수 있는 과거사 청산의 논리는 뒷전으로 밀려나 있었다.[6] 이에 따라 청구권협정도 재정적·민사적인 '재산 및 청구권' 해결과 '경제협력'이라는 명목으로 타결됨으로써 과거사 문제가 지금까지도 해결되지 않았으며 정상적인 한일관계를 가로막는 걸림돌이 되고 말았다.

1966년 일본 정부는 "협정 제1조 1의 하단에 무상·유상자금 제공은 한국의 경제발전에 도움이 되지 않으면 안 된다는 내용의 규정을 두고 있으나, 이것은 이 무상·유상자금 제공이 배상 또는 청구권의 대가가 아니라 한국경제의 발전에 기여하는 경제협력으로서 실행되는 것이라고 했으며, 이 목적에 맞지 않는 제공은 연도실시계획의 합의 또는 계약인증 시, 이것을 제외시킬 수 있다는 의도로 규정"한 것이라고 했다.[7] 이에 따르면 청구권자금은 배상은 물론이고 청구권의 대가가 아닌 경제협력기금으로밖에 이해할 수가 없다.

2005년 8월 26일 한국 정부도 한일회담 문서공개 후속대책 관련 민관합동위원회에서 그간 민관공동위 법리분과에서 회담문서내용 등을 토대로 검토해 온 청구권협정의 법적 효력 범위 등에 대해 "한일청구권협정은 기본적으로 일본의 식민지 지배 배상을 청구하기 위한 것이 아니었고 대일강화조약 제4조에 근거, 한일 양국 간 재정적·민사적 채권·채무 관계를 해결하기 위한 것"이었으며, "일본군위안부 문제 등 일본 정부·군 등 국가권력이 관여한 반인도적

6 이원덕, 1996, 『한일 과거사 처리의 원점』, 서울대학교출판부, 303~305쪽.
7 大蔵省印刷局, 1966, 『日本條約と国内法の解説』, 44쪽.

불법행위에 대해서는 청구권협정에 의해 해결된 것으로 볼 수 없고, 일본 정부의 법적책임이 남아"있다고 했다.[8]

청구권협정의 교섭 대상은 식민지 지배 당시 일본의 법률에 따라 청산 가능한 재산청구권이었으며, 식민지 지배에 의한 정신적, 육체적 고통에 대한 보상의 문제는 회담 당초부터 제외됐다. 청구권협정은 식민지 지배와 그에 따른 피해를 회복하는 점에 있어서는 매우 불충분했다. 따라서 일본 정부는 식민지 지배 책임을 완수하려 했다고는 볼 수 없으므로 강제노동 피해자 개인에 대해 정부 차원의 배상을 해야 한다.

청구권협정은 일본의 식민지 지배 배상을 청구하기 위한 것이 아니며, 피해자 개인의 피해 회복을 위한 청구권 행사를 배제한 것도 아니다. 또한 중일공동성명도 국가 간의 청구는 소멸한 것으로 했으나 중국 국민의 개인청구권을 소멸시킨 것이 아니다. 따라서 일본의 재판소는 청구권협정과 중일공동성명에 의해 한중 양국과 일본 간의 배상(보상) 문제는 다 해결되었다고만 하지 말고, 양국의 피해자 개인에 대한 구제의 길을 열어 놓아야 한다.

개인의 청구권에 대해 일본 정부도 1991년 8월 참의원 예산위원회에서 당시의 야나이 슌지[柳井俊二] 조약국장이 청구권협정에 의해 소멸된 것은 국가 간의 외교보호권이지 개인의 청구권 자체를 포기하지 않았다고 답변했듯이 인정하고 있다. 이후 외교적 보호권만이 소멸된 것이며 개인의 청구권 자체는 소멸되지 않았다고 편의적으로 해석해 오면서 개인청구권은 남아있다는 입장이 확립되어 있었다.[9] 그러나 정부의 견해와 최근의 전후보상재판에서 제기된 주

8 협상 당시 한국 정부는 일본 정부가 강제동원의 법적 배상·보상을 인정하지 않음에 따라 "고통받은 역사적 피해사실"에 근거, 정치적 차원에서 보상을 요구한 것이며, 무상 3억 불은 개인재산권(보험, 예금), 조선총독부의 대일채권, 한국 정부가 국가로서 갖는 청구권, 강제동원 피해보상 문제 해결 성격의 자금 등이 포괄적으로 감안되어 있다고 판단했다.(국무조정실 보도자료 2005. 8. 26.)

9 小畑郁, 2006,「請求権放棄条項の解釈の変遷」, 芹田健太郎, 棟居快行, 薬師寺公夫, 坂元茂樹 編

장과 모순된다고 지적받은 외무성은 청구권은 소멸한 것이 아니라 대일강화조약의 규정에 의해 개인에게는 "권리는 있으나 구제는 없다"라는 생각에는 이전과 변함이 없다고 했다.

최근 국제사회는 중대한 국제인권법·국제인도법 위반에 의해 손해를 입은 피해자 개인에게는 구제를 받을 권리가 있고, 가해자는 소추되어 손해배상을 해야 할 의무가 있다는 방향으로 발전해 왔다. 더반선언이나 마우마우소송이 보여주듯이 식민지 지배·전쟁에 의한 반인도적 범죄행위의 책임도 면제받을 수 없다는 생각이 점점 늘어가고 있는 추세다.[10] 또한 유엔총회는 적어도 1907년의 헤이그육전조약 이후 국제인도법 위반의 피해자는 구제받을 권리가 있음을 확인하고 있다. 지금까지 국가 간의 이해를 조절해 왔던 국제법 규범이 개인 차원으로 확대되어 가는 과정에 있다. 이제 국가는 국제관계의 처리에서 국민의 개인적 권리를 자유롭게 처분할 수 없다는 논리가 증가하고 있다.

이러한 국제사회의 흐름 속에서 일본의 재판소도, 일본의 정부와 기업이 사실인정을 부인하고 있음에도 불구하고, 강제동원·강제노동의 사실관계와 그 책임을 인정하는 판결을 했다.

2. 전후보상재판의 의의

시몬 비젠탈 센터(Simon Wiesenthal Center)[11] 부관장인 아브라함 쿠퍼(Abraham Cooper)는 재판의 의의에 대해 "전쟁과 인종편견과 반유대주의와

集代表,『国際人権法と憲法』, 378쪽.

10 太田修, 2013. 10,「もはや"日韓請求権協定で解決済み"ではすまされない」,『世界』, 194~195쪽.

11 이 센터는 미국 로스앤젤레스에 본부를 두고 홀로코스트(유대인 대량학살)의 기록 보존과 반유대주의를 감시하는 국제적 영향력을 지닌 비정부기구 단체다.

대량살인으로 파괴된 세계에 정의와 이상을 되돌려 주는 유일한 방법은 죄도 없이 희생된 한 사람 한 사람을 결코 잊지 않는 것이며, 사람들이 타인에 대한 배려, 공평, 관용 등의 가치관을 되찾는 유일한 방법은 범죄자를 공정한 법에 의해 재판하는 것"이라고 했다.[12]

화해가 성립되기도 하고 하급심에서 몇 건의 승소판결이 내려지기도 했으나, 일본의 재판소는 한중 양국의 강제동원·강제노동 피해자들이 구제받기 위해 하는 수 없이 일본 정부와 기업을 상대로 제기한 수십 건의 재판에 대해 '공정한 법'에 의한 재판이 아니라 배상책임을 배제해 온 법리를 바꿔가면서 국제법의 기본문제와 관련이 있는 국제법의 학설·판례 등을 참조하지 않고 독자적인 판단을 내려 일관적으로 피해회복을 거부해 왔다.

일본의 재판소는 일본 헌법 전문의 역사적 규범의미에 따라 과거의 식민지주의와 침략전쟁의 평화유린을 청산하고 인간의 존엄을 회복해야 한다고 하는 역사적인 역할을 담당하지 못하고 있다. 그렇다면 앞으로도 법원에 호소하는 길이 닫히면 문제는 계속 덮여진 상태로 남게 된다. 따라서 재판은 끊임없이 제기되어야 한다. 여기에 재판의 의의가 있다.

즉 한국 및 중국인 등의 강제연행·강제노동에 대한 보상 등을 요구한 일련의 전후보상재판은 대일강화조약과 2국 간 조약에 의해 '배상문제는 해결된 문제'라고 하고 식민지 지배 및 침략전쟁 관련 책임에 대하여 애매모호한 태도를 보여 온 일본에 대해 근본적으로 그 책임을 묻는 것이었다. 또 일본에서의 전후보상 관련 재판에서 알 수 있듯이 전후보상재판은 설령 피해자인 원고의 패소로 끝난 재판일지라도 침묵을 강요당하고 있던 피해자를 법 앞에 소환

12 エイブラハム·クーパー, 2000년, 「「記憶」が持つ普遍の力を信じて」, 『季刊 戰爭責任研究』 28, 49쪽.

하고 그 증언을 '사실'로 인정함으로써 피해자 존엄의 회복을 촉구하는 중요한 역할을 수행했다고 본다.[13] 이는 뒤에서 논의할 7건의 화해를 달성하는 계기가 되었다고 할 수 있을 것이다.

일본에서의 전후보상 관련 소송은 1970년대부터 시작됐다. 이때부터 일본 각지에서는 소송을 지지하는 모임이 결성되었으며, 이들은 피해자 구제를 위해 일본 정부를 압박했다. 특히 1990년대에 들어와서는 일본 정부와 전범기업을 상대로 각지에서 소송을 일으켰다. 이러한 여세가 총리의 사죄 담화, '여성을 위한 아시아평화우호기금' 설립, 그리고 한일 일본군 '위안부' 합의 등을 이끌어냈다고 생각한다. 이런 화해 시도가 얼마나 일본사회의 깊은 곳에서 나온 것인지, 또 그것이 얼마나 일본의 지도층 사이에서 공감을 얻은 정책으로서 나타나고 있는 것인지 확신할 수 없으나, 그럼에도 이러한 행위가 쌓여 '화해'에 조금이라도 다다를 수 있기를 기대해 본다.

Ⅲ. 소송과 관련된 화해사례 분석

1. 원고가 한국인인 경우

아시아태평양전쟁이 장기화함에 따라 일본 국내에서는 일본의 젊은이가 출정함으로써 심각한 노동력 부족 현상이 발생했다. 일본 정부는 1938년 제정된 '국가총동원법'에 따라 국민징용, 할당모집, 관알선의 경로로 한반도의 청년들을 강제로 동원해 군수산업에서의 부족한 노동력을 우선적으로 충원했다. 일

13 阿部浩己, 김창록 역, 2007, 「전후책임과 화해의 모색 - 전후보상재판이 비추어 내는 지평」, 『法學論攷』 26, 416쪽.

본 국내로 강제동원된 노무자는 100만 명이 넘는다.[14]

다음의 세 화해 사례는 약간 다른 점이 있다. 후지코시 재판이 열악한 노동 환경하에서의 중노동, 임금 지불이라고 하는 강제동원·강제노동 피해자에게 일반적으로 적용되는 사례라면, 신일본제철과 일본강관 두 재판은 약간 특수한 사례라고 볼 수 있다.

1) 신일본제철 재판과 화해

일본제철(현 신일본제철) 가마이시[釜石]제철소에 제2차 세계대전 중 강제동원되어 함포전재(艦砲戰災)나 산업재해로 숨진 한국인 근로자의 유족 11명이 일본 정부와 신일본제철을 상대로 유골반환, 미지급금 반환, 사죄, 손해배상을 요구하며 1995년 9월 도쿄지방재판소에 제소했다. 소송 내용으로는 특히 유골 문제에 중심을 두었는데, 이 문제는 무엇보다도 유족에게 절실한 것이었다.

피고 신일본제철은 예상했던 대로 일본제철의 채무와는 관계가 없다고 강변했다. 그러나 유골 문제에 대해서는 '인도적 견지에서 성의를 갖고 조사하겠다'는 의향을 내비쳤다. 이후 재판은 피고 일본국, 신일본제철의 유책성을 입증하는 원고 측의 활동과 신일본제철이 약속한 유골의 조사를 하면서 진행해 나갔다.

재판과는 별도로 유족 측과 신일본제철이 자주적으로 교섭한 끝에 1997년 9월 18일 소송 외의 화해가 성립했다.[15] 전후보상재판에서 원고와 피고 기업이 화해한 최초의 사례다. 약속한 합의 내용은 다음과 같다. ① 한국에서의 위

14 대일항쟁기강제동원피해조사및국외강제동원희생자등지원위원회, 2016, 『위원회 활동 결과보고서』, 127~128쪽; 일본의 대장성 통계는 70만 명이다. 谷川透, 1999, 「日本鋼管訴訟和解とその意味するもの」, 『季刊 戰爭責任硏究』 25, 54쪽.

15 원고 측은 재판에서 사실관계에 대해 일체의 답변도 없이 '청구할 권리가 없다'는 주장만 되풀이하는 일본 정부에 대한 소송은 계속하기로 했다.

령에 관련된 비용의 일부에 대해서 부담한다(총액 천만 원). ② 가마이시제철소 내 진혼시설에 원고의 친족 이외의 한국인 희생자를 포함한 25명 전원의 희생자 명부를 봉납하고 합사제를 열고 여기에 유족을 초대한다. ③ 유골미반환 유족 10명에게 1인당 총 200만 엔을 지불한다(이미 반환한 유족에게 5만 엔 지불).

도츠카 에츠로[戸塚悦朗]는 화해가 가능했던 이유로 첫째, 신일본제철이 당시의 함포사격 상황 등의 조사에 협력하고, 유골반환 요구에 성실히 대응한 것, 둘째, 신일본제철이 한국에서 원고들과 공동조사를 한 것, 셋째, 신일본제철이 화해의 합의내용과 같은 위령을 위해 협력을 제안한 것, 넷째, 위령을 위한 화해금 금액이 독일 기업의 피해자에 대한 대응, 일본 정부가 의원입법으로 정한 타이완 일본병의 유족에게 지불한 조위금과 비교해 손색이 없었다는 것을 들고 있다.[16]

이번 사례는 금액 등에서 만족할 만한 것은 아니었으나, 신일본제철이 성의를 갖고 유족과 협력한 것이 유족에게도 전해져 유족 측은 감사의 뜻을 표명하기도 했다. 지금까지 일본의 기업은 시효·제척기간 경과, 국가무답책의 원칙 등을 내세워 책임 인정을 거부해 왔다. 이런 상황에서 일본의 식민지 지배 책임 문제의 해결을 위해 한 발 더 나아간 모습인 점은 분명하다. 그러나 '보상이 아니라 인도적 조치'였다는 점, "법적 책임의 이행이 아니다"라는 신일본제철의 주장이 강해 소송 외에서의 화해의 형식으로 하지 않을 수 없었다는 점 등은 문제점으로 나타났다.[17]

기업 스스로가 사실에 진지하게 대함으로 유족과 신뢰가 쌓이고, 그것이 지

16 戸塚悦朗, 1997,「日本が知らない戦争責任一強制連行, 初の「和解」成立」,『法学セミナ』515, 23쪽.

17 大口昭彦, 1998,「日本製鉄元徵用工問題と新日本製鉄(株)との和解について」,『季刊 戰爭責任研究』20, 12~13쪽.

속적 관계 구축으로 이어져, 2007년 8월 화해 10주년에는 한국 유가족이 가마이시시가 주최한 전몰자 추도식에 참석했다. 가마이시제철소의 신사에서 위령제를 거행했으며 시민과의 교류회도 가졌다. 시민과의 교류는 2016년부터 진행되고 있는 한국인 희생자를 포함한 함포전재 희생자 재조사 사업으로도 이어지고 있다. 화해는 끝이 아니라 새로운 교류의 시작이기도 하다.

2) 일본강관 재판과 화해

제2차 세계대전 중 일본강관(日本鋼管) 가와사키[川崎] 공장에서 민족차별에 분노한 동료 조선인 노동자와 함께 파업에 참여해 주모자로 의심받아 공장 안에서 일본강관 종업원을 포함한 남자 등에게 고문을 당해 중상을 입은 김경석 씨는 혼자서 일본강관을 상대로 가해책임을 묻기 위해 1991년 9월 도쿄지방재판소에 소송을 제기했다.

피고 일본강관은 소장 내용 사실에는 전혀 언급을 하지 않고 시효소멸로 기각해야 한다고 주장했다. 회사가 시효만을 주장한 것은 원고의 기억이 확실하고 당시의 기록도 남아 있어, 사실을 갖고 다투면 불리했기 때문이었을 것이다.[18] 시효에 관한 원고 측의 반론이 없으면 재판이 끝날 상황이라 변호사도 없이 지원자가 시효에 대한 반론을 써서 제출해 재판을 이어 갔다.

변호인단 등이 참여하는 '김경석 씨의 일본강관 재판을 지원하는 모임'은 1992년 12월에나 결성됐다. 피고 측은 계속해서 시효를 주장하고 원고 측은 시효에 대한 반론에 많은 시간을 할애했다. 1997년 5월 26일 1심 판결이 나왔다. 일본강관의 종업원, 사복 경관, 헌병 등의 원고에 대한 폭행 사실과 상해의 손해에 대해서 명쾌한 사실 인정을 했지만 한편으로 강제동원·강제노동의

18 谷川透, 1998, 「日本鋼管訴訟和解とその意味するもの」, 『季刊 戰爭責任硏究』 25, 55쪽.

사실과 책임은 인정하지 않았다. 그러나 피고 회사의 시효 주장을 채택해 결국 피고의 손해배상 책임을 인정하지 않았다. 김경석 씨는 즉각 항소했다. 항소심에서는 1심이 이미 명쾌한 사실 인정을 하고 있었으므로 강제동원·강제노동 사실과 법적 평가, 일본강관의 법적 책임, 특히 시효 문제를 둘러싼 법적 논점에 초점이 맞춰졌다.

화해는 1999년 4월 6일 성립됐다. 1998년 7월부터 진행된 당사자 간의 협상은 재판소의 권고에 따른 것이 아니라 쌍방의 합의하에 이루어진 것이다. '화해조항'의 중요 부분을 발췌하면 다음과 같다.

첫째, 항소인과 피항소인은 한국과 일본의 과거 역사에서 불행한 시기가 있었다는 것을 진심으로 받아들여 아래와 같이 화해하기로 한다.

둘째, 항소인은 1942년 당시 전시라는 특수한 상황, 제반의 정세 아래, 형 대신에 어쩔 수 없는 고뇌의 선택으로서 조국에서 일본으로 건너가 피항소인의 가와사키 공장에서 노동하고, 1943년 4월 공장 내에서 발생한 폭행 사건으로 중상을 입고 중대한 후유증을 남겼다고 주장한다. 이에 대해 피항소인은 일부 자료에 의해 피항소인 구내에서 같은 해 어떠한 소동사건이 발생한 것은 짐작할 수 있지만, 해당 사건과 항소인과의 관련성은 분명치 않아 항소인의 주장을 확인할 방법은 없다고 주장했다. 당시부터 50년 이상 경과한 지금에 와서는 해당 사건의 가해자를 특정하기란 매우 곤란하므로, 항소인은 본건에 대해서는 피항소인에 책임을 묻는 것은 법적으로 어려움이 크다는 인식을 전제로 한다 해도 어쩔 수 없다. 한편 피항소인은 해당 사건에 휘말려서 부상당해 장애가 남았다는 항소인의 주장을 무겁게 받아들이고 항소인이 장애로 오랜 세월 고생한 것에 진정한 마음을 표하는 것이며, 그 뜻을 표하기 위해 410만 엔을 지불한다.

셋째, 항소인과 피항소인 사이에는 전항에 정하는 것 외에 아무런 채권채무가 없음을 서로 확인한다.

협상의 최대 쟁점은 법적 책임을 화해 합의서에서 어떻게 처리하는가였다. 회사 측은 법적 책임이 없다는 것을 명기하는 것이었다. 재판과는 달리 화해에서는 법적 책임에 대해 언급할 필요가 없음에도 회사 측은 '법적 책임이 없다'고 명기할 것을 강력히 주장했다. 그러나 1심 판결이 명쾌하게 폭행상해의 사실과 회사 종업원의 관여를 인정하고 있는 이상 원고 측도 물러설 수 없는 상황이었다.[19]

일본강관이 그렇게 주장하는 것에 대해 다니가와 도오루[谷川透]는 다음과 같은 이유가 있다고 한다. 첫째, 타 기업과 보조를 맞추기 위해 선행의 신일본제철 화해 사례를 답습했을 가능성이 많다. 둘째, 배후에서 일본 정부가 '지도'를 하고 있지 않나 하는 의심이 있다. 정부는 일본국이 피고로 되어 있는 재판에서 국가가 불리하지 않도록 기업을 감시하고, 법적 책임이 없다는 것을 명기하도록 했을 가능성이 있다는 것이다.[20]

그리고 다니가와는 항소심에서 화해를 실현시킨 최대의 요인에 대해서도 다음과 같이 분석했다.[21] 첫째, 일본강관 종업원을 포함한 사람들의 폭행을 인정한 원심 판결의 사실 인정이었다. 이 판단은 성공적인 화해를 가져온 큰 요인이다. 둘째, 양심적인 일본 사람들과 지원운동의 존재이다. 이 재판은 처음에 원고 본인재판으로 시작했으나 이 사실을 안 일본 사람들이 지원모임을 결성해 조직적으로 도왔다. 셋째, 기업 집행부의 결단이다. 그렇지 않으면 아시아

19 梓澤和幸, 2014, 「韓国人朝鮮人強制連行日本鋼管訴訟」, 瑞慶山茂編, 『法廷で裁かれる日本の戦争責任』, 284쪽.

20 谷川透, 1998, 앞의 글, 51쪽.

21 谷川透, 1998, 위의 글, 56쪽.

에서 기업으로서 성공을 거둘 수 없다는 경영적 판단이었다.

결국 회사의 법적 책임에 관해서는 피해자가 회사에 책임을 물을 수 없다는 내용을 '화해조항'에 기술할 수밖에 없었다. 적어도 전후보상재판 근거 자체를 부정해 다른 재판에 악영향을 주는 것은 피하려 한 것으로 보인다. 회사의 폭행상해에 관한 법적 책임을 인정한 것은 아니라고 하면서 원고가 "장애를 가지면서 고생한 것에 대해 진지한 마음을 표한다"라는 미묘한 타협적 표현은 마음을 씁쓸하게 한다.

3) 제1차 후지코시 재판과 화해

기계공작 업체인 후지코시에서 강제노동에 시달린 한국인 3명이 회사와 일본국을 상대로 체불임금 지급, 손해배상 청구, 사죄광고 게재 등을 요구하는 소송을 1992년 9월 30일 도야마지방재판소에 제기했다. 1심 판결(1996년 7월), 2심 판결(1998년 12월) 모두 시효 등을 이유로 원고의 청구를 기각했다. 이 판결은 강제동원·강제노동에 관한 손해배상 사건 중에서 최초로 내려진 것이다.[22]

원고들은 "후지코시에 가면 중학교에 진학할 수 있다", "많은 급료를 받을 수 있다", "꽃꽂이 등도 배울 수 있다"라는 등의 꼬임에 빠져 연행된 사람들이 대부분이다. 주야 2교대의 하루 12시간 노동을 강제하는 등 혹사시켜 매출액과 순이익을 함께 늘렸으면서 임금은 지불하지 않았다. 원고 측은 취로의 유무, 연행과 노동의 실태, 임금액과 지불 내지 공탁의 유무 등을 입증하기 위해 근로수첩(사원수첩), 초등학교 학적부, 도야마 사회보험 사무소의 증명서 등을 제출했다. 또 국제인권법 위반, 즉 국제관습법으로서의 노예제 금지 위반, 인

22 후지코시 재판은 1차와 2차가 있다. 1차 소송에 대해서는 국사편찬위원회가 2005년에 발간한 『후지코시 강제동원 소송기록』(전 4권)이 있다.

도에 반하는 죄에 해당, 강제노동에 관한 ILO29호 조약 위반 등에 의한 효과적인 구제를 받을 권리의 실현, 국내법상의 불법행위에 의한 손해배상, 채무불이행으로 인한 체불임금과 손해배상을 요구했다.

이에 대해 피고 후지코시는 체불 임금은 공탁에 의해 소멸했다고 했으며, 손해배상 청구권은 시효·제척기간, 한일협정 등으로 해결되었다고 주장했다. 1심과 2심은 이를 받아들여 원고 기각 판결을 내렸다. 그러나 중요한 점에서는 원고의 주장대로 기업의 사기적 모집, 가혹한 노동실태, 그리고 임금의 체불 등 기업의 가해성 등의 사실을 인정했다.

화해는 최고재판소의 권고로 2000년 7월 11일 성립했다. 합의 내용은 후지코시가 원고 3명 외에 재판 당사자가 아니었지만 미국에서 별도 재판을 준비 중인 4명 등 총 7명과 지원단체인 태평양전쟁한국인희생자유족회에 '해결금'으로서 약 3,500만 엔을 지불하고, 원고가 일했던 것을 기념하기 위해 회사 안에 '근로의 비'를 설립하는 것이었다.

재판소의 사실인정은 기업에는 원고에 대한 도의적, 인도적 책임이 있다는 것으로 이해되었을 것이며,[23] 이것은 후지코시에 큰 부담이 되어 당시로서는 화해하지 않으면 안 되는 상황으로 몰고 가는 요인 중 하나가 되었을 것이다.

또 원고 등과 지원자가 후지코시의 주주가 되어 매년 주주총회에 출석해 직접 사장에게 해결을 촉구하고 도야마 본사 정문 앞에서 단식농성, 시내 데모, 회사 대표의 교대 등도 화해의 요인이었을 것이다.[24] 그리고 2000년 3월 캘리포니아주 재판소에 제소하기 위해 준비하고 있다는 원고 등의 기자회견은 결정적 역할을 했음에 틀림없다.[25]

---

23 山田博, 1997,「富山不二越強制連行訴訟判決について」,『季刊 戰爭責任硏究』16, 27쪽.
24 山田博, 2000,「不二越強制連行訴訟の解決と意義」,『季刊 労働者の権利』237, 96쪽.
25 大村敦志, 2011,「不二越訴訟」,『法学教室』365, 117~118쪽.

1999년 7월 27일 미국 캘리포니아 주의 민사소송법 개정에 따라 제2차 세계대전 노예강제노동소송의 시효를 2010년 12월 31일까지 연장했기 때문에 후지코시 소송과 같은 사례는 캘리포니아 법원에 제소할 수 있게 됐다. 일본기업이 패소하면 고액의 배상을 해야 하기 때문에 일본에서 화해해 캘리포니아 법원에 대한 제소를 막고 싶었기 때문일 것이다.

화해가 최고재판소의 권고로 성립되었기 때문에 이후 전후보상 문제의 해결에도 긍정적인 영향을 미칠 수 있을 것으로 판단했으나, 일본의 법은 벽이 높아 그렇지 못했다.

후지코시 측은 '강제'의 사실을 부정하고 사죄도 없이 "금세기 중에 일어난 것은 금세기 중에 해결한다고 하는 취지로 해결했다"라는 코멘트를 공표했다. 이것에 대해 이무라 겐스케[井村健輔] 사장은 사죄할 의향도 죄악감도 없다고 하면서도 새로운 세기가 되었는데 소모적인 싸움이 계속되는 것을 피했다고 설명했다.[26]

2. 원고가 중국인인 경우

제2차 세계대전 말기 일본은 노동력 부족을 보충하기 위해 1942년 각의 결정 '화인노무자(華人勞務者) 이입(移入)에 관한 건'을 근거로 약 4만 명의 중국인 근로자를 일본 국내로 강제동원해 광산, 댐 건설 현장 등에서 가혹한 노동을 시켰다. 교전국의 민중을 동원해 강제노동을 하게 하는 것은 국제법상 허용되지 않는다. 그래서 일본 정부는 '화북노공협회(華北勞工協會)'를 만들어 강제동원된 중국인이 거기를 통해 자유의사로 일본에 일하러 온 것처럼 했다. 이렇게

26 『朝日新聞』 2000. 7. 12.

해서 끌려온 중국인은 전국 35개 사, 135개 사업소에 배치됐다.[27] 일본의 패전까지 약 1년간 제대로 된 식사도 옷도 제공하지 않고 무보수로 휴가도 없이 노예나 다름없는 장시간의 가혹한 노동으로 6,830명이 사망했다. 17.5%의 높은 사망률이다.[28]

1) 가지마건설 하나오카 재판과 화해

제2차 세계대전 중 아키타[秋田] 현 가지마건설[鹿島建設] 하나오카[花岡]광산에서 강제노동을 한 중국인 피해자와 유족 대표 11명이 가지마건설을 피고로 1995년 6월 국제조약 위반, 채무불이행(안전배려의무 위반)을 이유로 도쿄지방재판소에 손해배상청구 소송을 제기했다. 이것은 중국인 피해자에 의해 처음으로 제기된 재판이다. 1997년 12월 1심은 실질심사도 하지 않고 제척기간의 경과를 이유로 기각했다. 원고 측은 즉시 항소해 도쿄고등재판소에서 안전배려의무를 중심으로 다퉜다. 그러나 피고 측은 불성실한 태도로 일관했다. 화해는 고등재판소의 권고로 2000년 11월 29일 성립했다.

1944년 8월~1945년 6월까지 총 986명의 중국인이 강제동원됐다. 이곳에서의 강제노동은 가지마건설의 전 사업소 중에서도 특히 열악했으며, 패전 후에 그들이 귀국할 때까지의 1년간 419명이 목숨을 잃었다. 42.4%의 사망률로서 전국 평균보다 2.5배가 넘었다.[29] 특히 1945년 5월부터는 식사 사정이 나쁜 상태에서 장시간 중노동에 시달렸으며 감시원에게 맞기도 했다.

일본 패전 후 40여 년이 지난 1989년 12월 피해자와 유족 40여 명이 북경에

---

27 内田雅敏, 2010, 「花岡和解から西松和解へ 中国人強制連行·強制労働「受難之碑」を「友好之碑」へ」, 『立命館法学』 333~334, 173쪽.

28 松岡肇, 2010, 「中国人強制連行強制労働事件と西松建設信濃川和解について」, 『季刊 戰爭責任研究』 70, 46쪽.

29 坪田典子, 2010, 「過去への責任—花岡「和解」を事例として—」, 『理論と動態』 3, 109쪽.

서 가지마에 대한 '공개서한'을 발표했다.[30] 내용은 가지마건설에 대한 요구로서 첫째, 피해자와 유족에 대해 정중히 사죄할 것, 둘째, 후세에 대한 교육을 위해 중국 및 일본의 적절한 장소에 적합한 규모의 하나오카 희생자 기념관을 건립할 것, 셋째, 피해자가 겪었던 육체적·정신적 고통, 또 그에 따른 가족들의 재난과 손실에 대해 경제적 배상을 할 것 등이다.

주저하고 있었던 가지마건설과 피해자 측이 직접 교섭한 결과, 양측은 1990년 7월 5일 '공동발표'를 했다. 가지마는 '공개서한'의 첫 번째 요구에 대해 "각의 결정에 따른 강제동원·강제노동에 기인하는 역사적 사실이며, 가지마건설은 이를 사실로서 인정하고 기업으로서도 책임이 있다는 것을 인식하고 생존자와 유족에 대해 깊은 사죄의 의를 표명한다"라고 했다. 그리고 두 번째, 세 번째 요구에 대해서는 앞으로 피해자 측과 협의해 조기 해결하기로 했다.

그러나 '공동발표' 직후 가지마의 자세가 변해 '공동발표'에서 표명한 가해의 '사실인정', '책임', '사죄'를 부정하고 기념관 건립과 배상금도 거부했다. '공동발표'의 첫 번째에서 '각의결정에 따른'이라는 문구를 넣을 정도로 가지마를 비롯한 다수의 기업은 스스로 자신들의 책임을 인정할 자세가 되어 있지 않았다. 결국 교섭이 결렬되어 원고 측은 소송을 제기했다.

2000년 4월 2일 도쿄고등재판소로부터 '화해권고서'가 제시됐다. 원고가 요구한 내용과 비교해 만족스러운 내용은 아니었지만 "공동발표를 재확인하라"고 했기 때문에 '사실인정', '책임', '사죄'를 얻어 낼 수 있으므로 원고들은 동의했다. 그러나 가지마는 '책임'이 도의적 책임이지 법적 책임이 아니라고 주장해 난항을 거듭한 끝에[31] 11월 29일 고등재판소에서 화해가 성립됐다.

30 坪田典子, 위의 글, 112쪽.

31 新美隆, 2001, 「花岡事件 和解の経緯と意義」, 『季刊 戰爭責任研究』 31, 40쪽.

화해는 피고 가지마 측이 5억 엔을 '하나오카평화우호기금'으로 적립, 구제하는 선에서 마무리됐다. 구체적인 내용은 다음과 같다. 첫째, 당사자 양측은 1990년 7월 5일의 '공동발표'를 재확인한다. 다만, 피고 가시마는 '공동발표'는 가지마의 법적 책임을 인정하는 취지의 것은 아니라고 주장하였고 피해자들은 이것을 승낙했다. 둘째, 가지마는 문제 해결을 위해 이해관계인 중국적십자사에 5억 엔을 신탁하며, 중국적십자사는 이해관계인으로서 화해에 참가한다. 셋째, 신탁금은 중일 우호의 관점에서 하나오카 광산 피해자 위령 및 추모, 피해자 및 유족의 자립, 개호 및 교육 등의 경비에 충당한다. 이 신탁금은 피고가 원고에게 직접 지불하는 것이 아니라 중국적십자사에 지불하고 적십자사는 책임을 갖고 이를 피해자에게 지불한다는 것이다. 넷째, 화해는 하나오카 사건에 관한 모든 현안의 해결을 도모하는 것이다. 따라서 피해자와 유족들은 앞으로 국내외에서 일체의 청구권을 포기한다는 것이다. 소송에서는 원고가 11명이었지만 화해의 대상, 신탁금의 지급 대상자는 피해자 986명 전원이 해당된다.

이 화해는 성립 직후부터 일본의 전후보상을 실현해 가는 데 있어서 획기적인 것이라는 보도가 많았지만, 이 화해는 변호인단 측의 독단에 의한 것으로, 원고의 본의가 아니었다는 의견도 있다. 원고들은 가지마의 사과를 절대 조건으로 하고 있었다는 것이다. 원고·유족의 일부는 굴욕적 화해에 반대하는 성명을 냈다. 이들에게 이 결과는 전면 패소나 다름없고, 게다가 사과 없는 돈을 받는 것은 모욕에 지나지 않았던 것이다.[32]

그럼에도 불구하고 변호인단과 지원단은 패소할 경우 받을 수 있는 것은 아무것도 없기 때문에 피해자가 고령인 점을 고려해 분하지만 화해에 돌입했을

32 田中宏, 2008. 5,「花岡和解の事実と経過を贈る」,『世界』, 275~276쪽.

것이라고 생각된다. 그리고 기업 측은 스스로 조사해 사실인정을 하는 등 약간의 성의를 보이긴 했지만, 화해의 실현에 간접적인 요인으로 작용한 것은 미국에서의 일본 기업을 상대로 한 소송 움직임과 독일의 강제노동 보상기금 설립의 움직임이었을 것으로 추측해 본다.

하나오카 화해의 특징은 가해 기업의 진실규명이 화해의 첫걸음이라는 교훈을 준 점, 자주교섭에 의해 이루어진 화해의 첫 사례인 점, 중일 양국의 적십자사가 참가한 점 등이다. 또 가해 기업이 피해자에게 화해금을 직접 지불하지 않고 별도의 기금을 만들어 중국적십자사가 피해자에게 직접 지불한 점이다. 배상과 보상의 성격을 갖지 않는 기금 설립은 일본의 전쟁책임 문제의 해결을 위한 첫 시도였는데 많은 문제점을 노출시켰다.

현지의 오다테[大館]에서는 1989년부터 매년 6월 30일에 오다테시 주최로 중국에서 온 생존자 유족, 주일 중국 대사관 등 관계자의 참가하에, 하나오카에 있는 '중국순난열사위령지비(中国殉難烈士慰霊之碑)' 앞에서 추모식이 열리고 있다. 2010년에는 NPO 하나오카기념회에 의해서 하나오카평화기념관이 건립됐다. 시민의 손에 의해 건설된 가해와 피해의 역사를 기억하기 위한 기념관이다.

2) 일본야금공업 오에야마 재판과 화해

제2차 세계대전 중에 200명의 중국인이 강제동원되어[33] 교토(京都)부 오에야마[大江山] 니켈광산에서 가혹한 노동을 강요받았다며 1998년 8월 중국인 원고 6명이 일본국과 일본야금공업(日本冶金工業)을 피고로 해서 한 명당 2,200만 엔의 손해배상의 지불과 사죄 광고를 요구하고 교토지방재판소에 제소했다.

33 桐畑米蔵, 2003, 「中国人強制連行問題を見つめる―河南省から大江山へ」, 『季刊中国』 73, 11~20쪽.

2003년 1월 15일 1심 판결은 일본국과 기업의 공동 불법행위로 인한 무도한 강제동원·강제노동의 사실, 일본야금공업의 안전배려의무 위반과 부당이득 반환의무 등을 인정한 후, 일본제국 헌법하에서는 국가의 권력 작용에 대해 손해배상 청구를 인정한 법제도가 없었다는 국가무답책의 원칙을 전후보상 재판에서 처음으로 부정했다.[34] 그러나 시효 소멸과 제척기간의 경과를 이유로 원고의 청구를 기각했다.[35] 이 사건은 "가해행위의 악질성, 피해의 심대성, 제소의 곤란성, 국가의 증거인멸에 의한 제소 방해" 등의 사정을 고려하면 명백히 제척기간의 적용을 제한해야 할 사안이었다.[36] 원고 측은 즉시 오사카고등재판소에 항소했다.

원고와 회사 측과의 화해는 2004년 9월 29일 성립됐다. 1심 과정에서 재판소는 여러 차례 일본야금공업과 국가에 대해 화해를 권고했지만 양측은 이를 거부했다. 항소심에서도 재판소는 "항소인도 고령이어서 조기 해결이 무엇보다 바람직하다"고 양측에 화해를 권고했다. 결국 회사 측은 "화해에 의한 해결이 강제노동 문제의 전면적인 해결이 된다"고 했으며, 원고 측도 "강제동원·노동의 사실 및 위법성이 밝혀지면서 국가가 화해에 동의하지 않는 가운데 회사 측의 성의를 평가"하는 등의 태도를 보였다. 화해 내용은 원고 한 명당 약 350만 엔, 총 2,100만 엔의 위로금을 회사가 지불하기로 한 것이다.

화해를 거부한 일본국과의 재판은 계속됐다. 2006년 9월 27일 오사카고등

34 "국가의 행위가 공무를 위한 권력작용인 경우에 당해 공무를 보호하기 위한 것이지, 당해 행위가 공무를 위한 권력작용에 해당되지 않는 경우에는 국가의 행위에 대해서도 민법상의 불법행위책임이 성립하는 것을 당연한 것이라고 하고 있습니다."라고 판시하고 있다. 永山茂樹, 2003, 「戦時中の中国人強制連行に国家無答責の法理の適用が認められなかった事例—大江山訴訟一審判決—」, 『判例研究』 70(3), 700쪽.

35 穂積剛, 2003, 「'国家無答責'を突破した京都大江山事件判決」, 『中帰連』 24, 42쪽.

36 小林保生, 2014, 「京都·大江山中国人強制連行·強制労働」, 瑞慶山茂編, 『法廷で裁かれる日本の戦争責任』, 232쪽.

재판소는 원고의 청구를 기각하는 판결을 내렸다. 가해행위와 피해에 대한 사실관계는 전면적으로 인정했으나 국가무답책의 원칙을 인용했던 것이다. 1심에서의 기각이유였던 시효소멸과 제척기간의 사유는 그대로 따랐다. 재판소는 원고의 주장에 대해 구체적으로 검토하지 않고 증거를 무시하는 자의적인 판단을 한 결과, 국가가 원고들에 대해 직접적으로 지배관리를 하지 않았다고 했다. 이런 고등재판소의 판단은 인권감각과 역사인식이 결여된 것이었다.

그렇다고 원고와 피고 기업과의 화해가 순조롭게 이루어진 것은 아니다. 양측의 의견이 너무 달라 여러 차례 협의가 중단되는 위기에 직면하기도 했다. 피고 기업에 강제동원·강제노동 사실을 어떻게 인정하게 하느냐가 가장 큰 문제였다. 결국 오사카고등재판소가 피해자들의 강제동원·강제노동의 사실과 그 위법성을 인정한 교토지방재판소 판결을 참고해 심리의 장기화와 피해자들의 고령화에 비추어 화해를 권고하고, 피고 기업이 이에 동참하는 형태를 취하게 된 것이다.

또 하나의 큰 문제가 대두됐다. 기업은 이 화해를 통해 강제노동 문제의 전면적 해결로 하고, 향후 동종의 분쟁이 야기될 것은 없다는 이해하에 본건 화해에 응한다는 자세를 바꾸지 않았던 것이다. 이 재판과 관련이 없는 피해자의 권리를 봉쇄하려는 기업의 태도는 변호인단의 분노를 불러일으켰다. 하지만 이 문제점도 기업이 갑자기 마음을 바꾸어 동종의 분쟁이 야기되지 않을 것을 기대하며 양보해 화해에 이르게 됐다. 여기에는 피고기업이 당시 실적 회복을 위해 중국 시장을 확대하려는 방침을 세우고 있었기 때문에 중국 간의 문제는 해결해야 했으며, 기업에 대해 화해에 응하도록 요구하는 400개 이상의 시민단체의 서명 등 재판 외의 여러 요인의 작용이 있었다고 생각된다.[37]

37 畑中和夫, 「最新ニュース 中国人強制連行·強制労働京都大江山訴訟の和解！」, http://www.

변호인단은 성명에서 화해 권고에 응한 이유로 중국인 강제동원·강제노동의 사실과 그 위법성을 인정한 교토지방재판소의 판결을 감안한 고등재판소의 권고에 따랐고 살아 있는 피고도 고령이기 때문이라고 했다. 그리고 일본의 가해 기업이 과거를 극복하지 않고 중국에 진출하고 있는 상황이 중일의 신뢰 관계 구축을 막고 있는 것, 성의 있는 사죄와 보상의 필요성, 두 번 다시 잘못을 반복시키지 않기 위한 기금 설립 등 향후 과제를 제시했다.[38]

3) 니시마츠 야스노 재판과 화해

제2차 세계대전 말기, 히로시마 현 북부에서는 니시마츠건설이 실시한 야스노발전소 건설공사에서 360명의 중국인이 가혹한 노역에 종사했으며, 그 중 원폭에 의해 죽은 5명도 포함해 29명이 생명을 잃었다.

1993년 이후 중국인 피해자는 피해 회복과 인간 존엄의 복권을 위해 니시마츠건설에 대해 사실 인정과 사과, 후세의 교육을 위한 기념비 건립, 적절한 보상의 세 항목을 요구했다. 그러나 교섭이 결렬되어 1998년 1월 피해자와 유족 5명이 피해자 360명과 유족을 대표해 니시마츠건설에 대해 강제동원·강제노동이라는 불법행위를 이유로 손해배상청구 재판을 히로시마지방재판소에 제기했다. 이 소송은 특이하게 다음에 논하는 시나노가와[信濃川] 재판과 달리 일본국은 피고가 아니다.

2002년 7월 9일 재판부는 중국인 원고의 피해 사실을 상세하게 인정했다. 그러나 시효와 제척기간 경과를 적용해 원고의 청구를 기각했다. 2004년 7월 9일 항소심인 히로시마고등재판소는 히로시마지방재판소가 인정한 피해 사

kyotolaw.jp/jiken/ooeyama.html(검색일 : 2019. 9. 23).

38 『しんぶん赤旗』, 2004. 9. 30.

실을 그대로 인정하고, 회사 측의 시효 적용은 권리의 남용으로서 허용될 수 없다고 하며 니시마츠건설이 피해자들에게 각 550만 엔을 지급해야 한다고 판결했다.

항소심의 쟁점 중 하나가 1952년에 일본이 중화민국과 체결한 조약과 1972년 중일공동성명에 의해 중국 국민의 청구권이 소멸됐는지에 관한 문제였다. 니시마츠건설 측은 항소인 등에게 손해배상청구권이 인정된다고 하더라도 동 권리는 중일공동성명에서 중화인민공화국 정부가 전쟁배상 관련 청구를 포기했으므로 일본 및 일본 국민은 중국 국민에 의한 손해배상청구권에 응할 법률상의 의무가 소멸했다고 주장했다.

이에 대해 재판소는 대체로 다음과 같은 이유 등으로 니시마츠건설 측의 주장을 받아들이지 않고 원고의 개인청구권을 인정했다. ① 중일공동성명 5항은 대일강화조약 14조(b)의 규정과 명백히 다르며 중국 국민이 청구권을 포기했다고 명시되어 있지 않아 중국 정부가 포기했다고 하는 것은 전쟁배상의 청구만이다. ② 국민의 청구권은 국민 고유의 권리로서 국가는 이것을 포기할 수 없다.

항소심 판결에 대해 니시마츠건설 측은 상고했다. 2007년 4월 27일 최고재판소는 "1972년의 일중공동성명에 따라 중국인 개인은 일본에 대해 전쟁피해에 관한 재판상 배상을 청구할 수 없게 되었다"라고 판단하고 기업 측에 전액 배상을 명령한 2심 히로시마고등재판소의 판결을 파기했다. 또한 판결은 대일강화조약에 관해 "개인의 배상청구권을 포함해 전쟁 중의 행위에 관한 모든 청구권을 서로 포기한다는 전제하에 일본과 각국의 전쟁배상처리의 틀을 정한 것"이라고 지적했다. 덧붙여 "일중공동성명도 대일강화조약과 같은 틀에서 체결되었다"고 하고 개인의 배상청구권은 소멸했다는 결론을 내렸다.

그런데 다음의 내용도 덧붙였다. '청구권소멸'의 의미에 대해 "재판상 청구는 할 수 없게 되었으나 완전히 소멸된 것은 아니다"라고 하면서 사법에 의하지 않은 구제의 가능성을 시사했다. 그리고 "원고 등 피해자가 입은 정신적·육체적 고통은 매우 큰 반면, 기업은 강제노동으로 이윤을 얻었다"고 볼 수 있으므로 "상고인을 포함한 관계자는 원고 등 피해자의 구제를 위해 노력할 것을 기대한다"라고 했다.

이 최고재판소 판결의 부언을 살려 해결을 도모하기 위해 '니시마츠건설·최고재판소 권고의 실현을 요구하는 모임'을 만들어 니시마츠건설에 대해 압박을 가하기로 했다.[39] 이상과 같은 장기간에 걸친 교섭, 재판과 지원단체의 니시마츠건설에 대한 요청과 주주총회에서의 질문 등의 시민행동, 오자와 이치로[小沢一郎] 당시 민주당 대표의 불법 정치자금 의혹 문제와 맞물려 2009년 10월 23일 360명에 대해 화해가 성립됐다.[40] 판결의 부언을 근거로 기업으로서의 역사적 책임을 인식하고 사죄함으로써 새로운 기업으로서 거듭나는 자세를 보여주고 화해한 점에 대해서는 평가받아 마땅하나 니시마츠건설이 자신의 법적 책임을 부정한 점에 대해서는 비판을 받아야 한다.

화해 내용은 다음과 같이 요약할 수 있다. 첫째, 강제동원된 중국인 360명이 피해를 입은 것은 역사적 사실로서 니시마츠는 이를 인정하며, 기업으로서도 그 역사적 책임을 인식하고, 당해 중국인 피해자 및 그 유족에 대해 심심한 사죄의 뜻을 표명한다.

둘째, 후세의 교육을 위해 야스노 안건의 사실을 기념하는 비를 건립한다. 셋째, 피해자 360명과 그 유족 등에게 일괄로 화해금 2억 5,000만 엔을 지불

39 内田雅敏, 앞의 글, 177~198쪽.

40 内田雅敏, 2010. 1, 「西松建設との「和解」が示す可能性」, 『世界』, 219쪽.

한다.

위의 화해 내용에 대해 간략하게 설명을 덧붙이기로 한다. 니시마츠는 정부의 정책에 따라 자신들은 '어쩔 수 없이' 강제노동을 시킨 것이기 때문에 법적 책임은 없고 역사적 책임만 있다는 것이다. 물론 피해자와 유족이 니시마츠의 주장에 찬동하는 것은 아니다. 기념비는 2010년 10월 23일 가해와 수난(受難)의 역사를 기억하기 위해 양측의 연명으로 세운 '야스노중국인수난지비(安野中国人受難之碑)'라는 비는 화해의 상징이 됐다. 비문도 가해자인 니시마츠건설이 중국인 강제동원·강제노동이라는 가혹한 사실을 토대로 그 역사적 책임을 인식하고, 미래를 위해 책임 있는 행동을 한다는 미래지향적인 내용으로 되어 있다. 기념비의 앞에서 열리는 추도식은 참가자의 마음에 역사를 새기고 국가와 민족을 떠나 서로 교류하는 계기가 된다. 화해금은 자유인권협회에 신탁하며 사업의 구체적 수행을 위해 '니시마츠·야스노우호기금'과 '니시마츠·야스노우호기금운영위원회'를 설치해 운영한다.

4) 니시마츠 시나노가와 재판과 화해

1944년 니가타[新潟] 현의 시나노가와[信濃川] 수력발전소에서 강제로 기초공사와 수로 터널공사 등을 했던 중국인 5명이 일본국과 니시마츠건설 등 10개사를 공동 피고로 하여 1997년 9월 18일 도쿄지방재판소에 제소했다. 청구 내용은 사실에 대해 중일 양국의 언론에 사죄할 것과 원고 1명당 2천만 엔의 배상을 요구했다.

2003년 3월 11일 1심 판결은 사실인정 없이 시효·제척을 이유로 기각했다. 원고는 즉시 항소했다. 2006년 6월 16일 도쿄고등재판소도 강제동원·강제노동의 사실을 인정하고 일본국과 기업의 불법행위를 인정하기는 했지만, 시효 성립과 제척기간 경과를 이유로 역시 청구를 기각했다. 다시 원고 측이 상고했으나 2007년 6월 15일 최고재판소는 기각했다. 그런데 최고재판소는 기각 이유에 대해서는 특별한 언급이 없었으며 원고의 배상청구권에 대해서도 마찬가지였다. 바로 전 니시마츠건설 야스노 소송의 4월 27일 판결에 있었던 '재판상 청구할 수 있는 권능은 소멸했다'는 내용도 없었다. 이렇게 해서 2심 판결이 그대로 확정됐다.

화해 교섭은 2009년 5월 니시마츠건설 측의 제안으로 시작됐다. 니시마츠 측은 4월 27일 '야스노 판결'의 "재판상 청구할 수 있는 권능은 소멸했다"는 내용을 화해조항에 넣어 피해자와 화해를 성립시킬 때 전제로 삼아야 한다고 주장했다. 니시마츠건설의 이런 태도에 대해 마츠오카 하지메[松岡肇]는 당시 니시마츠는 불법 정치자금 문제로 기업의 이미지가 실추되고 있는 상태였으므로 이를 만회할 의도였던 것으로 파악하고 그 의도가 의심된다고 했다.[41] 중국인 변호사 캉젠[康健]도 "중국인의 손해배상 청구권은 이미 '재판상 청구할 수 있는 권능은 소멸했다'는 것을 전제로 하는 화해 모델을 만들어 국제법에 위반하는 중대한 인권침해의 법적 책임을 일본 측이 회피하려는 데 있다"고 비판했다. 또 그는 이와 같은 화해 모델은 중국 국민에게 개인청구권이 있음에도 원고들이 "재판상 청구할 수 있는 권능은 소멸했다"는 판결을 받아들임으로써 앞으로의 전쟁책임 문제를 해결하는 데 반드시 심각한 영향을 끼치는 것이 되며, 화해는 피해자에 대한 시혜가 되고 모욕적이라고도 했다.[42]

피해자 측은 최고재판소가 중일공동성명의 일방적인 해석에 근거해 잘못 내린 판단이므로 넣지 말거나, 쌍방이 양보한다 하더라도 피해자 원고는 "재판

41 松岡肇, 앞의 글, 48쪽.

42 康健, 2010, 「戰爭賠償請求の訴求權能喪失を前提とする西松建設信濃川「和解」について」, 『季刊 戰爭責任硏究』 69, 26~27쪽.

상 청구할 수 있는 권능은 소멸했다"는 판결에 동의하지 않는다는 내용을 넣거나, 양측 의견의 병기 등을 주장했다. 원고 측의 기본적인 생각은 잘못된 판단으로 내려진 판결이므로 "재판상 청구할 수 있는 권능은 소멸했다"는 내용을 넣을 수 없다는 것이다. 이런 내용의 화해를 받아들일 경우에 이후 다른 피해자나 유족이 니시마츠에 대한 책임을 추궁하지 못하게 되기 때문이다.

니시마츠 측은 강경하게 거부했다. 이에 대해 원고 5명은 2010년 3월 22일 니시마츠의 성의 없는 '화해조항' 안을 거부하는 성명을 냈다. 성명에는 니시마츠가 이 '화해조항'으로 화해하려 한다면 화해 대상서 자신들은 포함되어 있지 않다는 것을 명확히 해달라는 내용이 들어 있었다. 그럼에도 불구하고 2010년 4월 26일 성립한 화해의 대상에는 원고 5명이 그대로 화해 대상에 들어 있었다.[43]

결국 이 화해는 원고 5명이 반대했으나, 다른 다수의 피해자가 찬성해 성립했다. 화해 내용은 전문에서 니시마츠건설 야스노 재판의 최고재판소 판결과 부언을 언급한 후, 니시마츠건설은 중국인 노동자 183명이 고역(苦役)한 것은 "각의 결정에 근거하는 역사적 사실"이며, 동 회사는 "이들을 사실로서 인정", "기업으로서 피해자 및 그 유족에 대해서 역사적 책임이 있는 것을 인정하고, 깊게 반성해 사죄의 뜻을 표명"했다.[44] 니시마츠는 법적 책임을 부정하고 배상금 대신에 지급된 위로금 1억 2,800만 엔은 중국 인권발전기금회에 신탁하고 강제노역 피해자 183명에 대한 보상, 미확인자 조사비용, 기념비 건립 등에 쓰였다.

시나노가와 화해에 대해 마츠오카는 "이상적이지는 않지만 이에 찬성한 피

43 康健, 위의 글, 27~28쪽.

44 松岡肇, 앞의 글, 51쪽.

해자들은 이 화해가 중일 양국과 양 국민의 우호와 평화를 증진시키는 중요한 계기가 될 것이며, 비난을 반복한다면 중일관계의 개선에 있어 불행한 일"이라고 하며, 이번 화해는 여기서 그치는 것이 아니라 한 단계 더 나아간 해결책을 찾기 위한 것이 되어야 한다고 했다.[45] 이번 화해는 10년 이상의 긴 소송이었다는 점과 같은 사안에서는 승소가 거의 불가능한 상황에서 법률적 문제와는 별도로 정치적 해결을 모색했다는 점에서 어쩔 수 없는 선택이었다고 할 수 있겠다.

Ⅳ. 맺음말

전후보상에 대해 다무라 미츠아키[田村光彰] 교수는 다음과 같이 말하고 있다. "전후보상은 역사적 사실을 인정하고 피해자들의 고뇌를 인지해 그 책임소재를 인정하고 사죄하는 것, 그리고 원상회복을 목표로 한 금전적 지불을 하는 것이다. 하지만 이것만으로는 끝나지 않는다. 역사의 기억을 의도적으로 말살시키지 않도록 자료 공개, 역사적 시설의 보존과 공개, 해설사 양성 등 시민이 배울 자리를 유지하는 것도 포함돼야 할 것이다. 전후보상이란 반복되지 않기 위한 노력까지 포함시켜야 하는 것이 아닌가."[46] 이것은 적절한 지적이라고 생각한다.

일본 정부와 기업은 제2차 세계대전 당시 약 100만 명의 한국인과 약 4만 명의 중국인을 일본 본토로 강제동원해 강제로 노동을 시켰다. 따라서 당연히 그

---

45 松岡肇, 위의 글, 51쪽.

46 田村光彰, 2005, 『ナチス·ドイツの強制労働と戦後処理—国際関係における真相の解明と「記憶·責任·未来」基金』, 社會評論社, 227~228쪽.

책임을 져야 한다. 궁극적으로는 다무라 교수가 제시한 보상 내용이 되어야 한다. 그러나 아직 이루어진 것이 전혀 없다고 보아도 무방할 정도다. 일본 정부와 기업은 기본적인 역사적 사실조차도 인정하지 않고 있다.[47]

이런 상황 속에서 7개의 기업이 피해자와 화해한 것은 그나마 고무적인 일이었다. 전후보상재판은 원고, 전국의 지지자와 함께 일본 정부와 기업의 부당한 태도를 추궁해 원고의 요구를 실현하기 위해 유족, 그 관계자와 지원단체 간의 연대감과 신뢰관계를 형성하고 양국 간의 우호 실현의 방향성을 구체화하면서 진행됐다.

기업이 소극적이나마 화해를 위한 노력을 한 것은 사회적 책임을 담당한다고 하는 자세의 표현이라고 생각한다. 또 화해 협의 속 사죄는 일본 군국주의에 의한 침략과 식민지 지배 사실을 인정한 것으로, 법이라는 형식으로 일본인들에게 여실히 역사교육을 실시했다는 점은 중요하다. 그리고 재판에 의한 승패가 아니라 화해에 의한 해결이었기 때문에 가능한 기업 및 기업이 있는 지역과 원고단 및 지원단체와의 교류가 이어지고 있는 현상은 양자 간의 역사 문제에 있는 인식의 차이를 좁히고, 점차 '화해'하는 데 있어서 중대한 토양분이 될 것이다.

재판도 화해도 인간관계 속에서 나타나는 한 국면이며, 화해 실현에는 다음 세 가지의 공통된 중요한 점이 있었다. 첫째, 법적 주장의 내용 등에는 원고와 피고 쌍방의 입장에 큰 차이가 있음에도 그 안에서 서로 지혜를 짜내어 화해를 했다. 둘째, 화해의 핵심은 법적 책임, 도의적 책임 등의 논리를 초월한 인

47 피고 일본 정부는 후지코시 제2차 소송에서 사실인정에 대해서는 언급 없이 "법적 근거가 없어 주장 자체가 부당하므로 기각을 면할 수 없다"고만 했다(제4준비서면 2007. 3. 15). 또한 피고 후지코시는 "강제연행·강제노동, 임금 미지불의 사실이 없는 것은 물론, 당시로서 부당한 처우나 차별적인 처우를 한 사실이 없다"고 했다(준비서면(3) 2007. 3. 20).

도적 견지라는 차원에 있었다. 셋째, 당사자가 아니면 알 수 없는 화해의 과정이 있다. 원고 피해자 측에 대해 피고 가해자 측의 태도가 인간적이며 성실했다.[48]

다만 한 가지 아쉬운 점은 원고, 지지자, 변호인단 사이의 입장 차이에서 오는 불가피한 약간의 대립은 있었다는 것이다. 그러나 상호의 신뢰감과 우정의 바탕 위에서 논의를 계속하고 현장을 공유함으로써 점진적으로 극복해 화해를 마무리한 점은 다행스러운 일이다.

화해가 식민지 지배나 전쟁의 책임 문제를 해결하는 하나의 방법으로 다소의 타협을 동반하는 측면을 부정하지 않지만 타협이라는 것은 기본원칙의 포기를 의미하는 것은 아니라고 생각한다. 화해에서 타협할 수 없는 기본원칙은 가해자인 일본 정부와 관련기업이 역사적 사실을 직시하고 책임을 인정, 피해자에게 사죄, 그리고 배상하는 것이지만,[49] 그때그때의 정치상황 등 여러 제약 속에서 당사자의 의향을 헤아리면서 임해 온 것으로 어느 것도 백 퍼센트 만족스러운 것은 없었다고 생각한다.[50] 따라서 일본국이나 많은 기업이 전후보상 문제를 해결하려고 하지 않는 가운데 화해가 실현된 것은 의미가 있다고 본다.

그렇다고 기업이 자신들의 사료를 공개해 그 전쟁범죄의 핵심에 파고들어 실태를 조사하고 진지한 반성을 한 다음 화해한 것도 아니었다고 본다. 기업이 재판을 제기당해 기업의 이미지가 실추되어 시장상실 우려가 나타났기 때문이다. 즉 원고단과 재판지원단체가 주주총회에서의 범죄 추궁, 기업 이미지 실추와 제품 불매, 보이콧 운동을 널리 확산시켜 기업에 시장상실에 대한 위기

48 戸塚悦朗, 1997,「日本が知らない戦争責任ー強制連行, 初の「和解」成立」,『法学セミナ』515, 24쪽.

49 康健, 앞의 글, 31쪽.

50 内田雅敏, 2010,「西松広島安野和解の現在」,『季刊 戰爭責任研究』70, 43~44쪽.

감을 안겨주고 이들이 화해로 가는 길을 선택하게 했다.

일본 군국주의와 깊은 관계가 있었던 기업이 그 책임을 먼저 져야 할 텐데도 화해기금을 조성함으로써 식민지 지배와 전쟁에 관한 책임을 애매모호하게 하고, 동시에 이 문제를 조기에 매듭짓겠다는 의도가 엿보이는 화해도 있다. 실제로 화해 사례를 보면 첫째, 책임 주체를 명확히 하지 않은 채 성격이 애매모호한 금전으로 무리해서 해결하려고 한 점, 둘째, 사죄를 하지 않은 점, 셋째, 일본 측은 화해를 선전하지만 피해자 측은 처리방식에 불만이 많다는 것이 공통점이다.[51]

일반적으로 자신의 행위를 돌아보고 양심에 따라 반성할 때 그것을 사죄라고 한다. 금전적 보상도 사죄를 근거로 이루어져야 진정한 '화해'로 이어진다. 그러나 전후보상재판과 관련된 7건의 화해에 의한 구제는 인도적인 의미를 많이 내포한 '원조'라고 보지 않을 수 없다. 기업 스스로가 과거에 무엇을 했는가 하는 사실은 지적해도, 진정한 반성 없이, 피해자의 생활이 곤란하기 때문에 원조를 한다는 의식이 강하게 표출된 화해였다고 본다. 이것이 현재 대다수 일본인의 역사인식이다.

51 張宏波, 1998, 「化岡訴訟「和解」の問題點」, 『季刊 戰爭責任研究』 34, 48쪽.

참고문헌

이원덕, 1996,『한일 과거사 처리의 원점』, 서울대학교출판부.

장기영, 2017,「안보위협이 과거사 인식에 미치는 영향」,『국제정치논총』57(4).

梓澤和幸, 2014,「韓国人朝鮮人強制連行日本鋼管訴訟」, 瑞慶山茂編,『法廷で裁かれる日本の戦争責任』.

新美隆, 2001,「花岡事件 和解の経緯と意義」,『季刊 戰爭責任研究』31.

田中宏, 2008. 5,「花岡和解の事実と経過を贈る」,『世界』.

谷川透, 1998,「日本鋼管訴訟和解とその意味するもの」,『季刊 戰爭責任研究』25.

田村光彰, 2005,『ナチス·ドイツの強制労働と戦後処理—国際関係における真相の解明と「記憶·責任·未来」基金』, 社會評論社.

戸塚悦朗, 1997,「日本が知らない戦争責任ー強制連行､初の「和解」成立」,『法学セミナ』515.

阿部浩己·김창록 역, 2007,「전후책임과 화해의 모색-전후보상재판이 비추어 내는 지평」,『法學論攷』26.

山田博, 1997,「富山不二越強制連行訴訟判決について」,『季刊 戰爭責任研究』16.

______, 2000,「不二越強制連行訴訟の解決と意義」,『季刊 労働者の権利』237.

エイブラハム·クーパー, 2000,「「記憶」が持つ普遍の力を信じて」,『季刊 戰爭責任研究』28.

大口昭彦, 1998,「日本製鉄元徵用工問題と新日本製鉄(株)との和解について」,『季刊 戰爭責任研究』20.

大村敦志, 2011,「不二越訴訟」,『法学教室』365.

大蔵省印刷局, 1966,『日本條約と国内法の解説』.

小畑郁, 2006,「請求権放棄条項の解釈の変遷」芹田健太郎, 棟居快行, 薬師寺公夫, 坂元茂樹 編集代表,『国際人権法と憲法』.

太田修, 2013. 10,「もはや'日韓請求権協定で解決済み'ではすまされない」,『世界』.

内田雅敏, 2010. 1,「西松建設との「和解」が示す可能性」,『世界』.

________, 2010a,「花岡和解から西松和解へ 中国人強制連行·強制労働「受難之碑」を「友好之碑」へ」,『立命館法学』333·334.

________, 2010b,「西松広島安野和解の現在」,『季刊 戰爭責任研究』70.

松岡肇, 2010, 「中国人強制連行強制労働事件と西松建設信濃川和解について」, 『季刊 戰爭責任研究』 70.

坪田典子, 2010, 「過去への責任-花岡「和解」を事例として-」, 『理論と動態』 3.

藤田久一, 2006, 「国際法における個人請求権の理論的基礎」, 『グローバル化する世界と法の課題』, 東新堂.

吉澤文寿, 2012, 「日韓請求權協定と戦後補償問題の現在-第2条条文化過程の検証を通して-」, 『平和研究』 38.

吉澤文寿, 2006, 「植民地支配の「清算」とは何か」, 『歴史評論』 677.

桐畑米蔵, 2003, 「中国人強制連行問題を見つめる-河南省から大江山へ」, 『季刊中国』 73.

康　健, 2010, 「戰爭賠償請求の訴求權能喪失を前提とする西松建設信濃川「和解」について」, 『季刊 戰爭責任研究』 69.

張宏波, 1998, 「化岡訴訟「和解」の問題點」, 『季刊 戰爭責任研究』 34.

국무조정실 보도자료 2005. 8. 26.

2
재판정에 선 역사들
: 다카시마[高嶋] 교과서 소송을 중심으로

유불란
서강대학교 글로컬한국정치사상연구소 전임연구원

Ⅰ. 머리말: 동아시아사(史) 시대의 국사문제?

2005년 12월, 일본에서는 유명한 '이에나가[家永] 교과서 재판(1965~1997)'[1]에 뒤이은 또 한 번의 교과서 재판인 '다카시마[高嶋·요코하마] 교과서 소송'이 13년 만에 막을 내렸다. 그런데 일본의 역사교육 및 그 역사관에 대한 그간의 높은 관심에도 불구하고, 한국에서는 어떤 이유에서인지 몇몇 시민단체들을 제외하면 국가(일본) 측의 전면승소로 끝난 본 재판[2]에 대해 별다른 반향 없이 넘어

---

1 『신일본사』(고등학교 사회과 교과서)의 검정 불합격에 맞서 집필자인 이에나가 사부로[家永三郎]가 1965~1997년까지 세 차례에 걸쳐 교과서 검정 제도가 교육기본법 및 헌법에 위배됨을 지적해 제기한 국가배상청구소송(1, 3차) 및 검정처분취소청구소송(2차)의 오랜 법적 공방을 거쳐, 마지막 3차 소송에서 원고 측에 일부 승소 판결이 내려졌다. 비록 원고인 이에나가와 그를 지원한 시민단체 측의 주장이 온전히 받아들여진 것은 아니었지만, 이를 계기로 일본 내에서 역사 교과서에 대한 국가의 통제가 반드시 필요한가에 대한 근본적인 문제제기가 이루어진 것으로 평가받는다.

2 "본 건은, 교과서 출판회사인 一橋출판주식회사가 종전 발행한 고등학교 공민과 현대 사회 교과서 『고교현대사회』를 헤이세이 5년(1993)부터 사용하고자 이를 전면 개정한 『新고교현대사회』의 원고본을 신청도서로서 문부대신에게 교과서 검정심사를 요청했으나, 헤이세이 4년(1992) 10월 1일, 원고(다카시마)가 집필한 '현재의 매스미디어와 우리들' 및 '아시아 속의 일본'이라 제

갔다. 하지만 이 재판은 근대 일본의 역사적인 궤적에 대한 반성적인 역사관을 두고 벌어진 가장 최근의 논쟁 중 하나라는 점에서 중요성을 갖는다. 원고인 다카시마 노부요시[高嶋伸欣]는 자신이 집필한 『고교 현대사회』(고등학교 공민과 현대사회 교과서) 중 근현대사 부분의 집필 의도를 다음과 같이 밝히고 있다.

> 첫째, 메이지(明治) 시대 이후 일본사회의 저류에 뿌리 내리고 있는 "아시아 멸시의 민족적 차별관의 문제성"을 밝히고,
> 둘째, 이것이 "전전 침략행위의 배경"에 있었음을 깨닫게 해주며,
> 셋째, 전후에도 이와 같은 "잘못된 아시아관이 일본사회에서 불식되지 않았다는 것",
> 넷째, 현재까지도 일본이 이웃나라들로부터 "신뢰받지 못하는 이유"가 여기에 있음을 알리는 데 있다.

요컨대, 근대 일본의 사상적인 뿌리 그 자체가 문제시된 셈이었다. 이런 와중에 대(對) 아시아관 문제와 불가분의 관계에 놓여 있는 '탈아입구(脱亜入欧)'론을 "일반적인 상식적 이해"에 맞춰 어찌 해석할 것인가가 논쟁거리로 떠올랐다는 점, 나아가 그로부터 이번에는 후쿠자와 유키치[福沢諭吉]와 마루야마 마사오[丸山真男]라는 두 상징적인 인물과 관련된 사상 논쟁으로까지 번져가게 되었다는 점에서 해당 법정 공방은 지극히 흥미로운 양상을 띠었다. 그러나 이와 같은 독특한 전개과정 이상으로 주의를 기울여야 할 점은 해당 논쟁이 '재판'이란 형태로 벌어졌다는 사실에 있다.

과연 이러한 국가정체성의 확립과 그 정당성을 둘러싼 논쟁이 오늘날의 일

목 붙인 테마 학습용 컬럼의 각 기술에 대해 복수의 검정의견이 통지된 데 대해, 원고(다카시마)가 교과서 검정제도는 위헌이고 그 제도의 운용 및 수속은 위헌 내지는 위법이며, 또한 복수의 검정의견 통지가 위법이라는 데 대해, 피고인 국가에 대해 위자료 100만 엔의 지불을 요구한 국가배상청구 사건이다."(高嶋教科書訴訟を支援する会(編), 2006, 「高嶋教科書訴訟横浜地裁判決要旨」, 『高嶋教科書 裁判が問うたもの』, 高文研, 211쪽.)

본에만 걸려 있는 문제일까? 단적인 사례로 한국에서의 경우, 2013년 소위 교학사 한국사 교과서 사태에 즈음해 한국 역사 학계의 원로들은 다음과 같은 성명서를 발표한 바 있다.

> 야당 국회의원까지 나서서 교학사 교과서의 필자들을 표적 감사하는 기이한 사태까지 벌어졌다. 필자들의 역사관이 지난 10여 년간, 우리 역사 교과서 집필을 거의 독점하다시피 해 온 사람들과 다르다는 것을 문제삼기 때문에 일어나는 일임이 분명하다. …… 우리들은 역사 교과서가 정쟁의 도구가 되고 있는 오늘의 이 사태에 대해 심각한 우려를 표명한다.
> 강화되는 역사교육의 목적이, 우리 현대사는 기회주의가 득세한 실패한 역사였다고 믿는 불행한 새 세대를 다시 양산하는 것일 수는 없기 때문이다. …… 다만 국민이면 반드시 갖추어야 할 기본적 역사지식은 대한민국은 우리 민족이 항일 독립운동을 거쳐 자유 민주주의 진영의 도움을 받아 …… 힘들게 세우고 지키고 발전시킨 나라라는 사실이다. 반독재 투쟁과 통일의 중요성만을 특별히 강조하는 그간의 역사 교과서들은 이 점을 매우 소홀히 해왔다는 게 우리들의 생각이다.[3]

조국에 대한 자긍심 확립, 그리고 이를 위해 국민 모두가 숙지해야만 할 기본적인 역사관의 요구. 사실 역사 교과서 문제를 둘러싸고 심각한 내홍을 겪고 있는 한국과 일본의 사정은 어느 경우에서든 이러한 극점에서 크게 벗어나지 않을 터이다. 문제는 우여곡절이 많았던 근현대 동아시아 안팎의 실제 역사적 궤적과 오늘날 부각시키고자 하는 특정한 방향에서의 당위성이 그리 잘 들어맞지 않는다는 데 있다. 이런 와중에서 국사는 또 이를 떠받치고 있는 역사관은 국내적으로나 대외적으로나 갈등을 초래할 소지가 다분하다. 이에 밖으로는 상호간의 화해와 공존, 그리고 상호이해를 표방하고 있지만, 실제로는 이런

3 「'역사교육을 걱정하는 사람들'의 성명서」, 2013.

갈등의 와중에서 서로를 이용하기 위해 사실상 "적대적 공범관계"[4]를 맺은 바 '국사'란 바로 이 지점을 "헤게모니적 역할"을 통해 뒷받침하고 있는 셈이다.

이런 '부(負)의 상호연계'는 2001년의 이른바 일본발 새 역사교과서(『新しい歴史教科書』) 사태 이래, 교과서 문제가 양국 간의 현안으로 자리 잡게 되면서 더 한층 강화되고 있는 추세다. 일례로, 앞서 인용한 교학사 한국사 교과서 사태에 대해 일본의 산케이 신문은 다음과 같이 논평하였다.

> 일본에서 일어난 일은 한국에서도 반드시 일어나나? …… (한국의) 보수파는 좌파 주도의 기존 교과서를 "자학사관"이라고 비판하고 있는데, 이것도 일본에서의 논쟁과 빼닮았다. 새 교과서에 대한 좌파의 압력이나 협박에 대해 보수파 주요 매체는 "다양한 역사기술"이나 "교과서의 자율적 선택"을 주장하며 특정 교과서에 대한 압력이나 배제를 엄중하게 비판하고 있으나, 실은 지금까지 한국은 관민일치로 일본의 새 교과서에 대해 이러한 압력을 가해왔다. 한국에 있어 이번 "새 교과서 소동"은 지금까지의 일본 교과서 문제에 대한 한국 측의 도를 넘은 개입을 반성할 기회이기도 하다.[5]

한때 동아시아 각국에서 자국의 '국사'와 이웃 나라의 '국사'는 별개의 차원으로 존재할 수 있었다. 그러나 오늘날 한국과 일본은 상대를 비판하는 논리가 곧바로 스스로에 대한 비판의 논리로 되돌아오는, 요컨대 자국의 역사 논쟁이 타국의 국사 논쟁과 긴밀하게 맞물려 돌아가는 탓에 그것이 어느 나라를 배경으로 하든 궁극적으로 '우리 문제'로서 접근해야 하는 새로운 단계로 접어들게 된 것이다. 덕분에 역사 교과서 문제, 그 중에서도 특히 각 나라의 자국사와 동

---

4 임지현, 2004, 「'국사'의 안과 밖 - 헤게모니와 '국사'의 대연쇄」, 이성시外(편), 『국사의 신화를 넘어서』, 휴머니스트, 30쪽.

5 「「韓国版·新歴史教科書」に圧力」, 『産経新聞』 2013. 9. 20.

아시아사 사이에 끼어 있는 '탈아론'과 같은 공통의 논쟁거리는 그 어느 때보다도 긴급한 현안으로서 부상하고 있다.

한 연구자의 지적대로 특히 2000년대에 접어들면서 한국에서의 역사교육을 둘러싼 정치·사회적인 논쟁은 일본과 지극히 유사한 전개양상을 보이고 있다.[6] 양국의 논쟁 유발자들은 공히 기존 역사교과서가 '자학사관'에 물들어 자국사의 어두운 일면만을 강조하고 자랑스런 역사인식을 심어주지 못했다는 식의 강변을 앞세워 학문적 논의보다는 일종의 이데올로기적인 투쟁을 전개하고 있는 중이다. 그리고 이런 와중에 어느 쪽에서나 국가 권력의 적극적 개입을 도모하고 있다는 점이 두드러진다.[7]

이에 다카시마 교과서 소송은 오늘날의 일본이 이 같은 문제를 어찌 다루어 내고 있는지, 또 이 때 학문적인 견해들을 어떻게 동원하고 활용하는지에 대해 들여다 볼 수 있는 흔치 않은 사례라 할 수 있다. 한국 역시 역사 교과서를 둘러싼 재판 시대를 맞이하고 있는 작금의 상황에서 해당 소송에서의 경우를 통해 이러한 해결방식이 기왕의 국사와 그 교과서라는 식의 문제 제기에 어떤 영향을 미쳤는지를 살펴보는 것은 우리 스스로의 역사 (교과서) 문제를 위해서도, 나아가 '상호주관성'에 입각한 공통의 역사 문제를 모색해 보는 데 있어서도 하나의 참고할 만한 사례가 되리라 기대한다.

6 구경남, 2014, 「'2009년 역사교과서 재판'으로 본 역사교육의 정치적 도구화」, 『역사와 담론』 72, 456쪽.

7 권오현, 2014, 「한국과 일본의 닮은 꼴 역사교과서 논쟁」, 『역사와 교육』 9, 2014. 특히 제2장을 참조할 것.

Ⅱ. 통설과 비(非)통설의 사이에서

먼저 후소샤[扶桑社]의 새 역사교과서 사태로부터 촉발된 영향 및 그 연쇄적인 파급 과정부터 살펴보자. 예상과는 달리 일본에서 『새역사교과서』에 검정합격 최종승인이 내려지자, 이에 충격을 받은 한국 정부는 기왕의 "조용한 해결방법"에서 적극적인 문제제기 쪽으로 대응방침을 전환시키기에 이른다. 하지만 이 때의 충격으로 인한 영향은 대외적 측면에만 국한되지 않았다. 상대의 잘못을 지적하기에 앞서 우리 스스로의 경우는 어떠한가. 즉, 기왕의 한국사 교육에 대한 자성의 계기로서도 작용했던 것이다.

> 일본의 역사교과서 왜곡 사건을 계기로 우리의 역사교육 현실에 대한 비판과 자성의 목소리가 높아지고 있다. 일본의 역사 왜곡에 대해 비판하면서 우리 자신이 (중략) 역사를 올바로 가르치지 않는다면 후세와 역사 앞에 어떤 말로 변명할 수 있겠는가? …… [이제까지] 역사교육의 내용이나, 역사적 사실에 대한 해석은 교육당국에 의해 결정되어 왔다. (중략) 이로 인해 학생들에게 획일적인 역사관을 주입시켰으며, 국민들로 하여금 한국사는 마치 정치적 도구의 역할을 하는 과목인 것 같은 인상을 주고 있다.[8]

이런 와중에서 1974년 이래 지속되어 온 국정 『국사』 체제가 검정 『한국근현대사』 체제로 전환되면서 발발한 역사 교과서 논쟁은 교육과학부의 수정 권고와 이에 맞선 집필진의 '교과서 수정명령 취소청구소송'(2008)을 기점으로 결국 법정 공방으로까지 비화되기에 이르렀다. 집필진(원고)들이 교과부(피고)를 상대로 낸 수정명령 취소 소송에서 서울 행정법원은 일단 원고 측 손을 들어 주

---

8 「역사교육 정상화 문제에 관한 역사학 관련 학회 공동 건의」, 2001.

었다. "국가는 검정대상인 교과서가 편향적인 이론, 시각, 표현을 담고 있거나 대한민국의 체제나 정통성을 부정하는 것은 아닌지 등에 대해 심사할 수 있고, 교육 목적에 맞게 교과서를 수정하도록 명령할 수 있"음에 분명하지만, 이번 경우에선 "주관적이고 편향적인 정치적 동기"에서 교과용 도서의 수정에 관한 재량권 행사의 한계를 벗어났다는 지적이었다.[9] 그런데, 이와 더불어 집필진이 출판사 등을 상대로 낸 '저작인격권 침해정지' 소송에서 수정명령에 따르지 않을 경우 교과부 장관이 검정합격을 취소할 수는 있되 그렇다고 임의로 교과서 수정이 가능한 것은 아니라던 저작인격권 1심에서의 침해 판결[10]이 2심에선 뒤집어지게 되면서 논쟁은 더더욱 첨예화되었다.

이후 한국에서의 교과서 논쟁은 2013년의 이른바 "좌편향" 교과서 대(對) "뉴라이트" 교과서 논쟁에서 단적으로 드러나듯 국내적 정치상황의 변화와 밀착된 채 해를 거듭할수록 격화되고 있는 중이다. 요컨대, 기왕의 대외적인 '국사'들 사이의 충돌 위에 이제는 자국사를 둘러싼 내부의 갈등마저 더해지고 있는 셈이다. 하지만 진정한 문제는 이 같은 상황의 복잡성보다도 1980년대 이후 일본과의 역사(교과서) 문제를 둘러싼 오래 지속되어 온 갈등에도 불구하고 정작 대내적으로는 이런 유의 논란을 다룰 기본적인 틀마저 아직 제대로 갖춰지지 않았다는 데 있다. 그 결과 "현재 [한국에서의] 교과서 공방은 교육외적 문제로부터 제기되고 무마되는 경우가 많으며, 시비가 제기될 때마다 대중적으로

9 서울행정법원, '서울행법 2010. 9. 2. 선고 2009구합6940 판결'. "피고는 이 사건 처분 대상 기재 부분이 각 헌법정신에 입각한 대한민국의 정통성을 저해하거나, 학습내용이 고등학교 학생 수준에 적합하지 아니하다는 등의 사유가 있어 수정의 필요성이 있다고 주장하나, 이는 피고의 자의적인 판단에 불과하다. 이 사건 처분은 주관적이고 편향적인 정치적 동기에서 교육의 중립성에 관한 교육기본법 제6조 제1항 및 교과용 도서에 관한 규정의 목적 및 취지에 반하여 이루어진 것으로서 교과용도서의 수정에 관한 재량권 행사의 한계를 벗어나 위법하다."

10 서울중앙지방법원, '2009가합7071 판결 [저작인격권 침해정지]'

처리"[11]되고 있는 실정이다.

이에 비해 상대적으로 오랜 기간에 걸쳐 관련된 판례들 및 경험을 축적해 온 일본의 사정은, 그중에서도 특히 다카시마 교과서 소송의 경우는 어떠할까? 흥미롭게도 해당 교과서에 대한 심의상의 여러 쟁점들[12] 중 특히 논란거리가 된 것은 소위 「탈아론(脱亜論)」의 해석 문제였다. 집필자 다카시마가 약 2쪽 분량의 '아시아 속의 일본'이라는 교과서 내의 한 컬럼에 기술한 본래의 글은 다음과 같다.

> 제2차 세계대전에서 일본군은 '대동아공영권'의 건설을 위해 아시아, 태평양지역에서 싸웠고 패했습니다. 이것이 메이지 이래의 '탈아입구'의 길(②), 서구근대국가에의 길을 취해 아시아의 여러 민족, 여러 국가에 희생을 강요한 근대 일본의 한 결말이었습니다. 전후 일본은 평화주의를 기본으로 하였지만, 1982년의 교과서 문제(③), 1989년의 쇼와 천황의 대상의 예에 대한 대표 파견, 1999년 소해정파견 문제 등에서 안팎의 논란이 일고 있습니다.[13]

그는 ②와 ③처럼 주요 개념 및 사건에 대해선 다시 번호를 매겨 간단한 설명을 보충하고 있다. 즉, '탈아입구'란 "후쿠자와 유키치가 발표한 '탈아론'의 주장을 요약한 표현으로 구미를 모범삼아 근대화를 최우선으로 삼고, 그를 위해서는 구미 여러 나라들과 마찬가지로 아시아 여러 나라들을 처분(식민지화)해야 한다고 한 것", 그리고 '교과서 문제'란 "[교과서에서 쓰고 있는 표현 중] '침략'을 '진출'로 바꿔 쓰도록 지시한 데서 이웃 여러 나라들로부터 항의 및 비판의 목

---

11 이찬희, 유승렬, 2011, 『국사교과서 발행제도와 검정제의 검토』(연구보고서 11 - 02), 미래한국 재단, 117쪽.

12 이밖에도 걸프전 시 미군에 의한 정보조작 및 걸프전 후 함정 파견 문제, 그리고 일황의 "사거(死去) 보도" 관련 기술 문제 등이 주요 쟁점으로 떠올랐다.

13 高嶋教科書訴訟を支援する会(編), 앞의 책, 14~15쪽.

소리가 있었던 것, 동남아시아에 관한 기술 부분 중 이 같은 지시대로 고친 예가 해당 연도에도 있었다"는 것이었다. 그 밖에도 말미의 「생각해 봅시다」란 총괄 코너를 통해 "타이(태국)의 전쟁박물관에는 전시 최후반에 '용서하자. 하지만 잊진 말자'라는 표어가 걸려 있습니다. 이 표어와 앞 페이지의 여론조사에서 아시아 사람들의 전쟁을 받아들이는 방식에 대해 생각해 봅시다"와 같은 문제를 제기한 바, 결국 백 여 군데에 걸친 해당 교과서에 대한 '검정의견' 지적사항 중 무려 15건이 이 짤막한 컬럼에 집중되기에 이른다.

그렇다면, 애초에 문제가 된 「탈아론」의 본래 내용은 어떤 것이었을까?

해당 논설은 본래 갑신정변으로부터 약 3개월여가 지난 1885년 3월 16일, 당시 후쿠자와에 의해 창간되었던 『시사신보』에 게재된 무기명의 사설이었다. 이에 따르면, 일본은 단호히 옛 도쿠가와 정권을 타도하고 신정부를 세웠고 그 일체의 일들을 국중의 조야를 막론하고 이즈음 서양 문명에 준해 처리하고 있다고 주장한다. 뿐만 아니라 스스로의, 즉 일본 자신의 구태에서 벗어나는 데서만 그치지 않고 아시아 전체에 새로이 일대 중심축을 세우는 데까지 이르렀으니, 그 지향하는 바는 오직 '탈아'의 두 글자에 있을 따름이라는 것이었다. 그런데, 이에 비해 이웃한 중국과 조선은 어떤 지경에 처해 있는가.

> 중국과 조선(支韓) 두 나라는 일신에 있어서도, 일국에 있어서도 진보의 길을 알지 못하고, 교통이 지극히 편리해진 바깥 세상의 문명을 듣지도 보지도 못했을 뿐더러 이런 견문이 없어도 마음의 동요를 느낄 줄 모르고, 옛 풍속과 습관에 연연해하기를 백천 년 전 옛날과 조금도 다를 게 없다. (중략) 수년이 지나지 않아 망해버릴 터, 그 국토가 세계 문명국들에게 분할되리라는 데 의심할 여지가 없다. …… [그러니] 작금의 중국과 조선은 우리 일본국을 위해 조금도 도움이 되지 않고, 오히려 삼국이 지리상 인접해 있는 사정상 혹 동일시하여 중국과 조선에 대한 평가를 일본에도 적용시킬지 모른다. …… [따라서] 지금 우리가 도모하는 데서 우리 일본은 이웃 나라들의 개명을

기다려 함께 아시아를 부흥시킬 여유가 없다. 오히려 그 대오로부터 탈피해 서양 문명국들과 진퇴를 같이 해야 한다. 중국 및 조선을 대하는 방법도 이웃나라라 해 특별히 배려할 필요가 없으니, 실로 서양인이 저들을 대하는 식대로 처분하면 그만이다. 질 나쁜 친구를 사귀는 자는 더불어서 오명을 면키 어려운 법이라. 우리는 진정 아시아 동방의 나쁜 친구들을 사절해야 할 것이다.[14]

즉, 집필자 다카시마는 이상으로부터 저 악명 높은 구절, 즉 이웃나라라 특별히 배려할 것 없이 서양인이 침탈하는 대로 우리들 역시 동아시아 제국들을 경략하자고 한 부분이야말로 후쿠자와 탈아론의 요체라 위치지은 셈이었다.

이에 대해 교과서 검정관 측은 "[후쿠자와가] 조선의 민주화가 잘 진행되지 않아 낙담"해 있던지라 당시 그런 특수한 정세하에서 "탈아론을 쓴 배경을 설명해 주었으면 한다"며 이에 대해 문제를 제기하고 나섰다. 검정관 측이 보기에는 「탈아론」 만으론 후쿠자와의 아시아 인식의 전모를 밝히기에 무리가 따른다는 판단에서였다고 한다. 만약 후쿠자와의 아시아론을 소개하려 한다면 『복옹자전(福翁自伝)』을 비롯해 그 자신이 스스로의 사상적 전개를 밝힌 여러 저작들을 아울러서 읽고 분석해 보면 오히려 중국을 높게 평가하고 있었다고 하는 "훌륭한 아시아 이해"가 떠오르리란 것이었다. 이에 비해 집필자의 후쿠자와론은 스스로의 논지에 유리한 부분만을 "단장취의" 해서 뽑아낸 듯한 느낌이 든다는 지적이었다.

양측의 입장이 이처럼 평행선을 달리는 가운데 「탈아론」을 둘러싼 본격적인 변론이 개시되었다. 이 때 상황은 대개 요코하마 지방재판소에서의 다음과 같은 구두변론(제24회)을 통해 엿볼 수 있다.

---

14 福沢諭吉, 1950, 「脱亜論」, 『福沢諭吉全集』 10, 岩波書店, 238~240쪽.

[문] 마루야마(마사오)씨가 '탈아입구'와 「탈아론」을 구별해야 한다고 한 데 대해 어떻게 생각하십니까?

[답] 요컨대, 탈아론이 탈아입구와 연결되어 있다고 하는 것은 마루야마씨도 알고 있다는 걸 전제로 후쿠자와[유키치]의 대외인식이 기본적으로 탈아입구로 일관되어 있는 건 아니라는 마루야마 씨의 파악에 대해 나로서는 다른 견해가 있습니다.

[문] 제가 물어보려는 건 이런 것입니다. 「탈아론」의 주장을 요약하면 탈아입구가 된다고 하는 게 특이한 생각인지요? 아니면 일반적인 생각인지요?

[답] 그야 지극히 일반적인 생각이죠.(중략)

[문] 이 교과서의 기술에 따르면 「탈아론」의 내용에 대해 "구미를 모범으로 한 근대화를 최우선해 이를 위해 구미제국처럼 아시아 여러 나라를 처분(식민지화)해야 한다는 것"이라 요약하고 있는데, 선생님(야스카와 주노스케, 安川壽之輔) 의견으론 이 같은 식의 요약이 적절하다고 생각하십니까?"

[답] 예, 후쿠자와의 대외인식으로서는 매우 자연스런 해석이라 볼 수 있습니다.

[문] 하지만, 「탈아론」을 둘러싸고 마루야마 씨 …… 등은 다른 견해를 표명하고 있습니다만 …….[15]

요컨대, 해석의 '일반성'과 '적절성'이 문제의 핵심으로 떠올랐다고 할 수 있다. 시기적으로 몇 년 후의 일이지만, 일본의 교과용 도서검정조사심의회가 2013년 검정개선에 관해 밝힌 의견에 따르면 "객관적인 학설상황 등에 비추어 아직 '통설적 견해'로서 널리 받아들여지는 학설이 없는 상황에서는 …… 생도가 오해할 위험이 있지는 않은지의 관점에서 판단"[16]할 것을 권고하였다. 물론 이 자체만을 떼어놓고 보면 지극히 당연한 지침일 터이다. 다만 그렇다 하더라도 상기 증언 과정 중, 이것인지 저것인지를 당장 선택하도록 요구하고 있는

15 安川寿之輔, 1998, 『大学教育の革新と実践』, 新評論, 299~300쪽.

16 教科用図書検定調査審議会, 2013, 「教科書検定の改善について」(審議のまとめ), 6쪽.

데서 단적으로 드러나듯, 법정에서 학술적 통설을 판단하는 것이 가능한지에 대한 의문은 여전히 남을 수밖에 없다.

사실, 지금도 가열차게 전개되고 있는 전후 일본 학계 내에서의 관련 논의들을 고려해 본다면, 후쿠자와를 '시민적 자유주의자'로 볼 것인지, 혹은 '침략적 절대주의자'로 볼 것인지는 옳고 그름의 문제라기보다 저 상징적인 인물을 통해 근대 일본과 그 문명화를 조망하는 데 있어서의 상이한 관점에 가깝다고 할 수 있다. 그런 만큼 앞서 법정에서의 문답과 같이 어느 쪽이 통설인지를 배타적으로 판정해 달라는 것은 학문적 관점에서 보자면 어불성설이다. 게다가, 문젯거리는 여기서 그치지 않는다. 이 와중에 문제의 초점으로 부상한 '사설(社說)' 탈아론 역시, 실은 그 자체로서 논쟁의 소지가 다분한 글이었다. 우선 무기명의 해당 사설은 정말 후쿠자와의 글이기는 한 것일까? 설령 후쿠자와 자신의, 혹은 그의 영향이 어떤 식으로든 반영된 글이라 하더라도, 그럼 이후 약 50여 년간 그 스스로가 편집한 『전집』에는 물론, 다른 누구에 의해서도 언급되는 일이 없던 이 사설과 그의, 나아가 일본 내 사상동향과의 연관성을 정합적으로 어찌 설명해 낼 것인가. 이처럼 탈아론은 전후, 즉 1951년의 재발견 이래 1960년대에 이르러서야 "갑자기 유명해진" 글로서 그 배후에는 당시 일본 학계 내에서의 지극히 복잡한 논쟁들이 깔려 있다.[17]

하지만 이런 저간의 사정과는 별도로, 여기에서 보다 중요한 문제는 이같이 억지스러운 '통설 판가름짓기'가 자칫 특정한 견해에 대한 우회적이지만 효과적인 배제의 수단으로 전용될 수 있다는 데 있다. 예를 들어, 법정 측은 「탈아론」 해석 논변상의 세 가지 핵심 논점에 대해 다음과 같은 판결을 내리고 있다.

17 平山洋, 2004, 『福沢諭吉の真実』, 文芸春秋. 특히 제5장을 참조할 것.

첫째, 탈아입구로 「탈아론」을 요약할 수 있나? 학설상 일치하지 않음.

둘째, 탈아입구에 대한 집필자 주석은 올바른가? 학설상 대립 중.

셋째, 후쿠자와에 있어 '탈아론'적 발상은 일관되었는가? 또한 학설상 대립이 있다고 여겨짐.

정리해 보면 "마루야마 마사오씨를 비롯한 유력한 반대론도 존재하는만큼 …… 양 설은 어느 쪽이 통설이라 말하기는 어려운 상황"인 셈이었다. 그런데 여기에서 최고재판소가 판결 중에 강조한, 보통교육의 경우에서는 "생도 측에 아직 수업 내용을 비판할 만한 충분한 능력이 없는 바 …… 교육 내용이 정확하고 중립적이며 공정"해야 한다는 요구가 더해지면, 통설이 아니란 주장만으로도 기왕의 "학계에 소개도 되지 않은 일설"이라는 식의 폄하전략[18] 만큼이나 원고 측의 견해에 대한 효과적인 반대가 가능해질 수 있다는 것을 알 수 있다.

Ⅲ. 교과서 재판이라는 형태의 역사 논쟁

앞서 살펴보았듯, 상호 연계의 심화에 따라 좋든 싫든 동아시아는 이미 공통의 역사를 향해 수렴해 가고 있는 중이다. 그런데 이런 와중에서 한중일 3국공동역사편찬위원회에 따르면 근대 동아시아사의 병목지점이라 할 일본의 대륙진출 문제와 관련해 세 나라가 근대화와의 관계 및 그 일관성 여부를 놓고 제각기 엇갈린 해석을 내린 채 교착상태에 빠져 있음을 지적하고 있다.[19] 과연

18 나카쓰카 아키라, 1998, 『근대일본의 조선인식』, 청어람미디어, 97쪽.
19 한중일3국공동역사편찬위원회, 2012, 『한중일이 함께 쓴 동아시아 근현대사』, 휴머니스트, 87쪽.

무엇이 '우리의' 통론일까? 다시 말해 소송 중에도 누차 강조된 '상식적인 이해'라고 하는 접근방식은 이제 심각한 한계상황에 봉착하게 된 셈이다.

나아가, 본질적으로 같은 문제가 이번에는 각각의 개별사 틀 속에서도 되풀이되고 있다. 앞서 후쿠자와에서의 원리적인 일관성 문제로 돌아가 보자. 이와 관련해, 예를 들어 원고 측의 증인으로도 나섰던 야스카와는 「탈아론」이 나온 1885년을 기점으로 그 이전과 이후 시기에 걸쳐 후쿠자와의 논지가 갖는 일관성 문제에 대해 다음과 같이 주장하고 있다. 우선 이전 시기에 대해 그는 상황에 따라 필요하다면 "수수방관"[20] 할 일이 아니라 일본도 아시아의 근린제국을 "취(押領)"[21] 해야만 한다고 주장한 후쿠자와의 주장을 거론한다. 이를 근거로, "'문명사관'에서 볼 때 '멸시' 하지 않을 수 없는 나라는 '식민지배'도 어쩔 수 없다는 후쿠자와 유키치의 아시아 인식"[22]이 이미 「탈아론」에 앞서 제시되었다고 지적한다. 그에 따르면 「탈아론」에는 무엇 하나 새로운 내용이 없다. "유일하게 새로운 것이 있다면 '탈아'라는 말", 즉 그 표현뿐이라는 것이다.

곧이어 야스카와는 이후 시기에 대해 역으로 후쿠자와가 어떤 지점에서 일관성을 잃고 있는지에 대해 주목한다. 일찍이 마루야마도 인정했듯 『문명론의 개략』은 후쿠자와의 저작 중 "유일한 체계적 원론"으로서 특별한 위치를 점하고 있다. 그런데 이와 관련해, 바로 그 책에서 후쿠자와는 독립의 확보란 "문

---

20 福沢諭吉, 1882, 『兵論』, 慶応義塾出版社, 32쪽. "지나(중국)가 예상대로 자립을 이루지 못하고 역시 외국인들의 손에 떨어진다면, 우리 일본인도 수수방관할 이유가 없다. 우리 역시 분기하여 함께 중원을 차지하기 위해 경쟁할 따름이다. 이 역시 형세의 어쩔 수 없는 바라면 우리 일본의 병력은 소극적인 방어에서 벗어나 적극적인 원략에 나서야 하지 않겠는가."

21 福沢諭吉, 1881, 『時事小言』, 慶応義塾出版社, 228쪽. "[돈과 병사란 있는 도리를 보호하기 위한 게 아니라 없는 도리를 만드는 기계라.] 사정이 급박하게 돌아가게 되면 거리끼지 말고 그 [이웃나라들] 땅을 취해 우리 손으로 새로 [틀을] 구축하는 것도 가능하다. 이는 진실로 옆집을 사랑해서도 아니고 또한 미워해서도 아니다. 다만 우리 집이 함께 불타버리는 것을 두려워해서라."

22 야스카와 쥬노스케, 이향철 역, 2011, 『후쿠자와 유키치의 아시아 침략사상을 묻는다』, 역사 비평사, 178~179쪽.

명론 가운데 사소한 하나의 항목"에 지나지 않는다고 언급하면서 개인의 '자유독립'과 '일신독립'을 아울러 달성하는 "문명의 본지"로의 과제를 "다음의 행보로 남겨두고 훗날 이루게 되리라" 공약한 바 있다. 그렇다면 이에 비추어, 훗날 후쿠자와가 「조선인민을 위해 그 나라의 멸망을 축하함」이라는 글을 통해 조선을 두고 "죽기보다는 오히려 강대 문명국의 보호를 받아, 하다못해 생명과 사유만이라도 안전하게 유지하려는 것은 불행 중 다행"이라 발언한 대목은 말할 것도 없고, 나아가 "중국(支那), 조선도 우리 문명 안으로 포섭"되려 한다며 "망외의 행복"감 운운한 발언을 어찌 이해하면 좋을지 반문하고 있다.

이에 비해 마루야마의 경우는 어떠할까? 그 역시 "근대 일본의 궤적이 후쿠자와의 '탈아론'에 의해 설정되었다는 것"은 오늘날 "유력한 유통 관념"으로 자리잡았음을 인정한다. 하지만, 이에 대한 마루야마의 해석은 "통념"상의 그것과는 좀 다르다.

> 이것(「탈아론」)은 단 한 번 실렸던 사설이며 시사론이라는 것은 분명합니다만, 현재 '탈아입구'란 말이 마치 후쿠자와 사상의 압축적인 표현인 것처럼 받아들여져 유포되어 있[습니다.] (중략) '탈아론'의 배경이 된 당시의 조선을 둘러싼 …… 긴박한 정세에 대해서는 여기서 언급할 바가 아닙니다. (중략) 탈아입구라는－후쿠자와 자신은 그런 성어를 쓰지 않았습니다만－말을 가령 후쿠자와의 원리론과 시사론에 관련시켜 사용한다면 통념과는 현저하게 달라집니다만, 탈아는 어디까지나 시사론인 데 반해 입구 쪽이야 말로 원리론이라는 것이 됩니다. 입구가 원리론이란 의미는 …… [앞서] 말한 '서구적 국가 시스템'에 가입하는 것을 말합니다. 청나라도 조선도 원리론으로서는 '한 번 변함'으로써 일본과 마찬가지로 서구적 국가 시스템에 자주적으로 가입하는 길이 열려 있습니다.[23]

23 마루야마 마사오, 김석근 역, 2007, 『『문명론의 개략』을 읽는다』, 문학동네, 776~777쪽.

그리고 여기서의 "기본 원리"가 후쿠자와의 "독립자존의 모토"와 더불어 최만년에 이르기까지 유지되었다고 주장한다.

이렇게 평행선을 달리는 양측의 입장을 두고 요코하마 지방재판소는 「판결요지」를 통해 "마루야마 마사오 교수는 [탈아론을] 후쿠자와가 관여했던 조선의 갑신정변의 실패에 따른 후쿠자와의 좌절감과 격분의 폭발로서 해석해야 한다는 것이고 …… 야스카와 쥬노스케 씨 공술은 후쿠자와가 초기 계몽기로 불리는 시기부터 이미 힘이 곧 정의라는 국제관계인식을 전제로 한 국권론의 입장에 서 있었음을 지적해 '탈아론'적 사고방식이 국제관계에 대한 인식에서 극히 자연스러운 귀결이라고 보는 학설에 서 있다"라고 결론짓고 있다. 그렇지만, 설령 예의 표현처럼 "이런 식의 요약이 적절"했다 하더라도, 어찌되었든 근대 일본 및 동아시아사를 설명하는데 빼놓기 힘든 저 탈아론 문제를 향후 교육현장에서 어찌 다루면 좋을까? 한 가지 분명한 것은 통설을 둘러싼 학설 간의 대립 끝에 서로의 입장차를 "당사자들만으로는 해소할 수 없어 사법적 판단을 구할 수밖에 없"는 작금의 현실에서 이런 '교과서 재판'은 그 대립을 해소해 주기는커녕 오히려 대립을 재확인시켜주는 계기로서 작용했다는 점이다.

Ⅳ. 협의의 탈아론과 광의의 탈아론의 사이에서

어느 연구자의 지적대로 동아시아 근대사의 맥락 속에서 사실 후쿠자와 만큼 한 인물을 놓고 그 평가가 이토록 내외로, 또한 일국 내에서도 갈리는 경우도 달리 찾아보기 쉽지 않으리라. 관련해서 김영작의 분류에 따르면, 다음에서처럼 대강 묶어 보더라도 무려 일곱 가지 유형의 주요한 대(對) 후쿠자와 해석들이 서로 대치하고 있는 상황이다.

첫째, 시민적 자유주의자로서의 후쿠자와상을 전면에 부각시키거나 그 일관성을 높이 평가한 경우.

둘째, 국제주의자로서의 후쿠자와상을 전면에 부각시키되 특히 근대 일본의 국가발전에 기여한 역할을 높이 평가한 경우.

셋째, 국권주의자로서 보되 그의 사상에서의 절대주의적 측면 및 그 부정적 역할을 비판하는 경우.

넷째, 국내정치론 및 국제정치론을 막론하고, 후쿠자와는 생애를 통틀어 자유주의자로서 일관된 견해를 줄곧 견지했다고 보는 경우.

다섯째, 후쿠자와의 사상은 계속 바뀌어 갔지만 그 변화는 국제정치론 상에서의 변화일 따름으로, 국내정치론에서는 자유주의자로서 일관되었다는 견해.

여섯째, 국제정치론 뿐만 아니라 국내정치론에서도 변화를 인정해 초기의 계몽사상가(자유주의 자)로부터 후기의 내셔널리스트로 변화했다고 보는 견해.

일곱째, 후쿠자와를 국권주의자로 보고 이를 부정적으로 평가하면서 그의 전 생애를 종합적으로 분석해 보면 초기부터 '일국독립, 부국강병'을 본지 삼아 일관되게 그런 방향으로 나아갔다는 견해.[24]

즉, 앞서 마루야마와 야스카와 학설의 공방은 요컨대 다섯 번째의 '자유주의자'로서 보는 해석과 일곱 번째의 일관된 '국권론자'로 보는 해석이 충돌한 셈이었다. 이런 견해는 물론 당대 일본의 지적 경향성에 대한 해석 문제, 더 나아가 근대 일본의 성격규정 문제와도 밀접하게 결부되어 있으니 그 와중에서 「탈아론」에 대한 해석은 각각의 입장이 나뉘어져 가는 분기점으로서의 함의를 가졌던 셈이었다.

이런 상황에서 탈아론에 대한 '일반적인 견해'가 무엇이냐 묻는 것은 사실상 근대 일본의 성향에 대한 단안을 내놓으라는 것과 다를 바 없는 주문이었

24 金栄作, 2005, 「<特別寄稿> 福沢諭吉·ナショナリスト」, 『일본연구논총』 22, 282~285쪽.

다. 그것이 정말 가능하다고 여겨서 물었던 것일까? 혹은 앞에서 지적한 것처럼 특정한 해석에 대한 간접적인 배제의 방식이었던 것일까. 이미 이 자체만으로도 지극히 까다로운 문제로 전화(轉化)했건만 문제는 여기서 그치지 않았다. 애초에 문제가 된 탈아론으로 돌아가 보면, 진정한 어려움은 이 같은 시금석을 둘러싼 격렬한 논쟁 구도가 학계를 넘어서 이제 사회적 차원으로까지 흘러넘치게 되고, 심지어는 대중적인 통속론까지가 새로이 참전케 되는 확대재생산이 벌어지고 있다는 데 있다. 사실「탈아론」이라는 저 짤막한 글은 흔히 근대 일본인의 사상이나 의식에 지대한 영향을 미쳐 왔다고 일컬어져 온 것과는 달리, 앞에서도 언급했지만 실제로는 오랜 기간 전혀 주목받지 못하다 전후에 "재발견" 된 그런 경우다.[25] 이후, 특히 1980년대의 일본 역사교과서 논쟁을 계기로 "일본의 침략논리"의 원점처럼 부각되었고, 그로부터 이제는 '탈아론' 문제라고 하는 작금의 "지명도"에까지 이르게 되었던 것이다. 게다가 최근에는 여기에서 한 걸음 더 나아가, 다음과 같은 새로운 형태의 탈아론까지 등장하고 있는 실정이다. 이와 관련해 아사히신문은 다음과 같이 언급하고 있다.

> 일본어 인터넷에서도 '탈아론'이라는 말은 난무한다. 야스쿠니 참배 등을 계기로 불거진 근린외교에서의 알력을 둘러싸고, 혹은 동아시아 공동체 만들기에 관한 논쟁 과정에서 중국 및 한국에 강경자세를 요구하는 의견들 속에서 거론되는 경우가 눈에 띈다. …… '탈아'라는 말이 후쿠자와에게서 떨어져 나와 제 스스로 움직이고 있다. 아시아와의 관계에서 자신의 생각에 권위를 부여하거나 보강하려 할 때 편의적으로 사용되고 있다.[26]

25 이복임, 2016,「일본 지식인층에 의한 조선 정체론 연구 - 비문명화·비경제화·비합리화를 중심으로」,『일본문화학보』68, 263쪽.

26 아사히신문 취재반, 백영서 외 역, 2008,『동아시아를 만든 열 가지 사건』, 창비, 72쪽.

결국 오늘날 여전히 문제가 되고 있는 탈아론은 앞서 다카시마 교과서 소송 중 문부성 측이 강조하려 했던 역사적으로 1885년의 한 특정 시점, 다시 말해 '협의의' 탈아론 쪽이 아니라 "서양 문명에 본위를 정한 문명론 혹은 문명화론 자체가 지니고 있는 성격"[27] 쪽의, 즉 '광의의' 탈아입구론 쪽이었다고 할 수 있으리라.

이 점에서 「탈아론」과 관련해 그저 무엇이 통설인지(혹은 통설이 아닌지)에 대해서만 초점을 맞춘 다카시마 교과서 소송에서의 접근은 탈아론 문제라는 관점에 서서 보자면 지금 무엇을 문제삼아야 할지 그 논점을 제대로 짚어내지 못했던 셈이었다. 게다가 더 큰 문제는 어떤 나름의 성과조차 거둬내지 못했다는 데 있다. 재판을 거치면서 결론의 애매함은 말할 것도 없고, 당초 대전제로서 삼았던 사회 일반의 소위 '상식적 이해' 그 자체마저 의심스러워지게끔 만든 셈이었기 때문이다.

V. 맺음말

지금으로부터 약 40여 년 전, 한 역사 담당 편수관의 증언에 따르면 당시 국사 교과서를 둘러싼 행정소송에서 재판장과 피고(당시 문교부) 측 소송 수행자는 최종선고에 앞서 다음과 같은 문답을 나누었다고 한다.

"원고(국사찾기협의회) 측의 주장은 우리 고대사를 웅장하고 화려하게 꾸미자는 것이고, 이를 국사교과서에 수록하여 교육함으로써 학생들에게 민족적 자긍심을 심어 줄 수

27 고야스 노부쿠니, 김석근 역, 2007, 『후쿠자와 유키치의 『문명론의 개략』을 정밀하게 읽는다』, 역사비평사, 254쪽.

> 있다고 생각되는데, 이를 못 받아들이는 이유가 무엇입니까?"
>
> "교과서는 학문적인 연구가 미흡한 내용, 즉 학계에서 정설화되지 않은 내용은 수록하지 못하도록 하고 있으며, 이것을 교과서 집필에서 가장 중요한 원칙으로 삼고 있습니다. (중략) 원고 측이 학문적인 연구를 보다 깊게 하여 그 주장을 학계에서 정설로 수용하게 한다면 자연히 교과서에 수록될 수 있을 겁니다."[28]

'민족적 자긍심'의 고양에 도움이 되도록 '국사'를 기술하는 것이 무슨 문제냐는 질문과 학계에서 정설화되지 않은 내용이라면 수록할 수 없다는 답변이다. 대개 작금의 사태에 이르기까지 동아시아에서의 교과서 문제 및 관련 법정투쟁의 핵심을 이토록 압축적으로 드러내 보여주는 장면도 달리 없지 않을까.

사실, 여하한 나라에서도 역사교육 시 스스로의 국가적, 지역적 정체성의 확립이라는 문제를 무시하기란 어려운 일이다. 그리고 이 때, 앞서 살펴본 '자긍심'은 국가 개념의 중심을 이루는 상상의 기반을 구축하는 데 필수적인 요소로서 작용하기 때문에 이를 부각시키는 것은 어느 정도 불가피한 면이 있다. 하지만 문제는 이런 과정에서 제 민족이나 자국에 대해 실제보다 더 낫게 그려내고픈 욕구가 '수정주의', 즉 과거의 이미지에 정치적인 차원에서 의도적으로 조작된 변형들을 가하는 데까지 쉽게 빠져들 수 있다는 데 있다.[29] 그리고 그 궁극적인 귀결점에는 역사교육이 과거에 대한 이해와 그에 입각한 역사 화해 대신 도리어 갈등을 부추기는 방아쇠가 되는 지경, 즉 금일 동아시아에서 나타나고 있는 교과서 재판이 있는 셈이다.

분명 자국에 대한 역사 없이는 한 사회가 어디 서 있는지, 그 사회의 핵심적 가치는 또한 무엇인지, 그리고 과거의 어떤 결정이 지금의 이러한 상황으로 이

---

28 윤종영, 1999, 『국사교과서 파동』, 도서출판 혜안, 17쪽.

29 Farida Shaheed, *Report of the Special Rapporteur in the field of cultural rights*, UN Doc A/68/296 (9 August 2013), para 22.

어졌는지에 대한 '공통의 기억'을 공유하지 못할 터이다. 따라서 역사에 입각하지 않고서는 그 사회 내의 여하한 정치·사회·도덕적인 문제에 대해서도 제대로 탐구해 낼 수 없으리라는 점 역시 명백하다. 하지만 한 방향의 역사를 향한 논쟁이 역사를 배우는 또 하나의 교육적 핵심가치, 즉 "세계에 대한, 그리고 각기 다른 삶의 방식이나 문화에 대한 종합적인 이해를 발전시킬 기회를 제공"[30]하기는커녕 도리어 이상과 같은 불모의 소모전을 불러일으킬 따름이라면 이제 방향 그 자체를 바꿔 봐야 하지 않을까.

이 점에서 '역사교과와 역사교육'에 관한 2013년 유엔총회 보고서의 지적과 제언은 시사적이다.

> 역사 내러티브를 단일화하는 것은 다양한 시각과 논쟁의 공간을 수축시켜 학생들이 자기 나라와 지역, 혹은 세계의 복잡한 사건들의 미묘한 뉘앙스를 볼 수 있는 능력을 배제시키게 된다. 역사 내러티브의 다원적인 목소리를 배제시키면 소위 "평행" 내러티브로 이어질 수 있는데, 즉 학교에서 전달되는 단일한 공식 내러티브로 소수의 사람들만이 사실로 믿거나 다른 출처에서 따온 사적인 내러티브이다.[31]

물론, 그렇다고 해도 '국사'를 비롯해 이런 단일화된 역사 내러티브를 "해체한 다음의 대안"[32]은 여전히 애매하기만 한 것이 사실이다. 하지만 이에 대해 앞에서 살펴보았던 법정 공방의 당사자인 다카시마는 이렇게 제안한다. 이런 입장차에 대한 "최종적인 평가" 쪽은 역사를 배우는 생도들 자신에게 맡겨 보자고.

---

30 National Center for History of US, 1995, "The National Standards for United States History and World History", *The History Teacher*, Vol.28, No.3, p.301.

31 Shaheed, *op.cit.*, para 29.

32 임지현, 2004, 앞의 글, 32~33쪽.

> 무엇보다 중요한 것은 학생들이 편협한 민족주의적, 인종적, 혹은 미시적 정체성을 극복할 수 있도록 돕는 초국가적 관점을 인식하도록 하고, 역사가 다양한 관점에서 해석될 수 있으며, 또 그렇게 되어야 한다는 것을 깨닫게 하는 일이다. 교사와 학생들은 기존의 내러티브를 비판적으로 평가해야 한다. 따라서 단 하나의 교과서만을 사용하는 모델을 넘어서 …… 역사 자료들에 대한 자유로운 접근을 가능하도록 하는 것이 중요하다. 공동체에는 언제나 내적으로 다양한 세력이 존재하고, 이는 공동체에 역사기술이 획일적으로 한 종류만 존재하는 것이 지양되어야 함을 역설한다.[33]

결국 역사화해란 '우리들의' 역사를 둘러싼 국내외의 다양한 관점과 의견들의 차이를 관용하되 동시에 초국가적 관점에서 이를 비판적으로 사고할 수 있음을 의미하는 것 아닐까? 이런 점에서 이상은 비단 일본에 대해서 뿐만이 아니라 작금의 한국에 대해서도 음미할 만한 제언일 것이다.

33 Farida Shaheed, *op.cit.*, para 54.

참고문헌

양호환 편, 2011, 『한국 역사교육의 연구동향』, 책과 함께.
윤종영, 1999, 『국사교과서 파동』, 도서출판 혜안.
이성시 외 편, 2004, 『국사의 신화를 넘어서』, 휴머니스트.
이찬희·박진동 편, 2010, 『한·일 역사과 교육과정 비교연구』, 경인문화사.
이찬희·유승렬, 2011, 『국사교과서 발행제도와 검정제의 검토』, 미래한국재단.
한일관계사연구논집 편찬위원회 편, 2010, 『해방 후 한일간 상호인식과 역사교과서 편찬의 변화』, 경인문화사.
한중일 3국 공동역사편찬위원회, 2012, 『한중일이 함께 쓴 동아시아 근현대사』, 휴머니스트.
고야스 노부쿠니·김석근 역, 2007, 『후쿠자와 유키치의 『문명론의 개략』을 정밀하게 읽는다』, 역사비평사.
나카쓰카 아키라, 1998, 『근대일본의 조선인식』, 청어람미디어.
마루야마 마사오·김석근 역, 2007, 『『문명론의 개략』을 읽는다』, 문학동네.
아사히신문 취재반·백영서 외 역, 2008, 『동아시아를 만든 열 가지 사건』, 창비.
야스카와 쥬노스케·이향철 역, 2011, 『후쿠자와 유키치의 아시아 침략사상을 묻는다』, 역사비평사.
高嶋教科書訴訟を支援する会(編), 2006, 『高嶋教科書裁判が問うたもの』, 高文研.
平山洋, 2004, 『福沢諭吉の真実』, 文芸春秋.
福沢諭吉, 1881, 『時事小言』, 慶応義塾出版社.
________, 1882, 『兵論』, 慶応義塾出版社.
安川寿之輔, 1998, 『大学教育の革新と実践』, 新評論.

권오현, 2014, 「한국과 일본의 닮은 꼴 역사교과서 논쟁」, 『역사와 교육』 9.
구경남, 2014, 「'2009년 역사교과서 재판'으로 본 역사교육의 정치적 도구화」, 『역사와 담론』 72.
金栄作, 2005, 「〈特別寄稿〉福沢諭吉·ナショナリスト」, 『일본연구논총』 22.
이복임, 2016, 「일본 지식인층에 의한 조선 정체론 연구-비문명화·비경제화·비합리화를 중심으로」, 『일본문화학보』 68.
教科用図書検定調査審議会, 2013, 「教科書検定の改善について」

福沢諭吉, 1950,「脱亜論」,『福沢諭吉全集』10, 岩波書店.
丸山真男, 2001,「『福沢諭吉選集』第四巻解題」,『福沢諭吉の哲学他六篇』, 岩波書店.
National Center for History of US, 1995, "The National Standards for United States History and World History", *The History Teacher* 28(3).

제3부

동아시아 국제질서와 조선의 정체성

1
역사화해 관점에서 본 조선 후기 변무사건
: 영조 47년(1771년) 고세양 사건을 중심으로

이하경
서울대학교 자유전공학부 전문위원

Ⅰ. 머리말

조선시대에는 명과 청에서 편찬한 서적 가운데 조선과 관련된 기록이 잘못된 경우가 종종 발생하였다. 주로 두 가지 기록이 문제가 되었다. 태조(太祖, 재위 1392~1398) 이성계(李成桂)의 종계(宗系)를 잘못 표기하고 태조의 행적을 부정적으로 묘사한 기록과, 인조반정과 관련하여 인조(仁祖, 재위 1623~1649)의 행적을 부정적으로 서술한 기록이다.[1] 조선에서는 중국의 그러한 서술을 그대로

* 이 글은 2018년 11월에 개최된 (사)정치평론학회 연례학술회의에서 발표한 바 있으며, 이후 『한국정치연구』 28집 1호 (2019년)에 실렸던 글을 수정, 보완한 것이다.

1 태조에 관한 기록은 이하 본문 내용 참조. 인조에 대한 기록은 광해군(光海君, 재위 1608~1623)이 병이 들자 광해군의 조카인 인조가 반역을 일으켜 궁중을 공격하고 광해군을 극악무도하게 살해한 것으로 묘사하는 등 인조를 무도한 반역자로 기술한 것을 말한다. 인조 기록과 관련한 논의는 한명기, 2002, 「17, 8세기 한중관계와 인조반정 - 조선 후기의 '인조반정 변무' 문제」, 『한국사학보』 13집 참조. 두 기록 이외에도 1598년 조선에 파견된 명나라 병부주사 정응태(丁應泰, ?~?)의 조선에 대한 무고도 논란이 된 바 있다. 정응태가 명나라 장수인 양호(楊鎬, ?~?)를 탄핵하면서 임

용인할 수 없을 정도로 잘못된 것으로 판단했다. 따라서 이러한 왜곡이 발견되면 즉각 조정에서 중대한 사안으로 논의하였고, 잘못된 기록을 바로 잡기 위해서 다양한 노력 즉, 변무(辨誣)정책을 펼친 바 있다.

이 글에서는 이와 같은 변무사건 가운데 하나인 영조(英祖, 재위 1724~1776) 47년(1771년)의 고세양 사건을 분석하고자 한다. 고세양 사건은 역관(譯官) 고세양(高世讓, 1713~?)이 태조에 대해서 왜곡된 기록을 포함하고 있던 중국의 서적을 수년 전에 보았음에도 불구하고 조정에 알리지 않았다는 이유로 추국장에 서게 된 사건을 말한다. 기존 연구에서는 고세양 사건을 분석하면서 역사왜곡에 대한 조선의 변무노력에 주목하기보다는 영조가 고세양 등 역관에게 취했던 정책의 의미 분석에 중점을 두었다. 외국서적 유통과 관련된 자를 영조가 탄압한 것으로 간주하거나 혹은 당쟁사관의 논리에 따라 특정 정당세력을 억압하기 위한 정책의 일환으로 이 사건을 해석해 왔다. 그러나 본 연구에서는 고세양 사건을 역사화해의 관점에서 재조명하고자 한다.

특정한 사건을 역사화해의 관점에서 재조명한다고 했을 때, 우선, '역사'화해라는 용어는 다음과 같은 두 차원의 함의를 갖는 용어라고 할 수 있다. 침략전쟁이나 식민지 경험과 같은 역사적인 사건을 겪고 난 후, 해당 사건으로 인한 갈등을 어떻게 조정해 나갈 것인가의 문제를 지칭하는 경우다. 주로 근대의 분쟁, 즉 민족국가 개념이 등장하는 과정에서 발생한 여러 부정적인 역사 경험을 오늘날 어떻게 받아들여야 하는 것인가 하는 논쟁이 수반된다. 대부분의 그러한 경험은 폭력, 잔학 행위, 학대, 착취 등을 수반하면서 이를 당한 사람들에게 치유되기 어려운 상처를 남긴다. 이로 인해 피해자와 가해자 간의 문제

진왜란 막바지에 조선이 일본을 끌어들여 모반을 꾀하려 한다고 보고하였다. 『선조수정실록』 31년 9월 1일 계미. 임진왜란 기록과 관련한 논의는 허지은, 2004, 「정응태의 '조선무고사건'을 통해 본 조명관계」, 『사학연구』 76집 참조.

해결이나 피해자의 상처를 치유하는 문제는 쉽지 않다. 오늘날 한국과 일본사이에 일어나고 있는 일본군'위안부' 문제나 역사교과서 문세 등이 바로 한국의 식민지배 경험에 대한 양 국가 간의 역사문제라고 할 수 있다.

반면, 명시적인 폭력이나 잔학 행위를 수반한 역사적인 경험에 따른 분쟁은 아니지만, 과거의 역사적인 사실이나 기록에 대한 왜곡 문제를 어떻게 해결해 나갈 것인가의 문제도 있다. 중국의 동북공정, 일본의 독도 영유권 주장 혹은 동해 표기 등이 대표적인 사례다. 문제가 된 기록은 단순히 과거의 사건이나 사안의 사실관계를 어떻게 파악할 것인가의 문제뿐만 아니라 국가의 정체성이나 국가이익과 밀접하게 관련이 있는 경우도 있기에 중요한 외교 분쟁으로 비화하기도 한다. 그리고 이러한 역사 기록에 관한 갈등의 문제가 오늘날만의 문제가 아니라 이미 수백년 전 조선시대에도 중국의 명나라와 청나라와 오랜 분쟁을 이어온 바 있는데, 바로 이 글에서 주목하고자 하는 변무사건도 이러한 맥락에서 분석할 필요가 있는 것이다.

또한, '화해'란 국가들이 문제가 된 사항에 대해서 서로 완전한 합의에 이른 특정한 정태적인 순간을 지칭하는 것이라기보다는 그러한 합의에 이르기까지의 동태적인 과정을 모두 아우르는 말이다. 최근 동아시아 지역 내의 역사분쟁에 대한 관심이 높아지면서 그 해결방안의 하나로 화해라는 용어가 활용되고, 화해는 피해자와 가해자 모두의 갈망으로 자주 표현된다.[2] 그러나 화해의 개념 정의가 명확하지 않기 때문에 학자들마다 서로 다른 화해의 개념을 활용하기도 한다. 이 글에서 화해의 용어 자체를 엄밀하게 해야 할 필요성을 인식하면서도 이에 대한 논의는 차후의 연구과제로 남겨 두고자 한다. 다만 이 글에서

2 역사화해에 관한 개념적 분석에 관해서는 멜리사 노블리스, 2010, 「비교의 시각에서 본 역사적 부정의와 화해」, 『아세아연구』 53집 1호 참고.

역사화해의 관점에서 변무사건을 재조명한다는 것은 이 사건을 단순히 국내 정치적인 문제로 국한하지 않고, 보다 거시적인 관점에서 타국과의 역사 기록에 관한 분쟁을 해결하는 동태적인 과정으로 해당 사건을 분석한다는 의미다.

Ⅱ. 조선 후기 변무사건의 의의

최근 조선시대 변무사건의 정치적 함의에 대해서 새롭게 해석하고자 하는 경향이 있다. 변무사건에 대한 초기 연구자인 이성규는 명과 청에서 편찬한 서적들에서 나타나는 '곡필(曲筆)' 문제를 조선이 발견한 후, 이를 해결하기 위해서 조선이 어떠한 조치들을 취해왔는지에 대해서 상세하게 논구하였다.[3] 그러나 이성규는 조선의 변무정책에 대해서 왕의 '명분확보용 정책'으로 평가절하하거나 '공허한 정치의 낭비' 또는 '정치놀음'이라고 비판하였다. 다시 말하면, 조선의 변무노력이 갖는 역사적 의의를 폄하하고 있다. 이성규가 이러한 판단을 내리면서 밝히고 있는 근거는 다음과 같다. 첫째, 역사기록의 변무를 위해 조선이 과도한 경비를 지출했다는 점,[4] 둘째, 그 과정에서 조선이 중국에 불필요하게 저자세를 보였다는 점,[5] 셋째, 변무가 성공적으로 이뤄졌다고 판단한 뒤 '전례 없는 대경사'를 강조하며 대대적인 자축행사를 개최하였는데 이 역시

---

3 이성규, 1993, 「명청사서의 곡필과 조선의 변무」, 『오송이공범교수정년기념동양사논총』, 지식산업사.

4 이성규의 분석에 의하면, 변무사의 파견에 따른 사행의 공식 경비는 왕래에 필요한 역마(驛馬), 조공품 및 기타 휴대품 수송을 위한 쇄마(刷馬), 기타 지방에서의 공여품과 이 이외에도 노자 비용만 한 사행에게 1만 3천 냥이 지급되었다고 한다. 또한, 각 처 및 관계 관원 약 600여 명에게 증여하는 30여 종의 예물 또한 막대하였다고 한다(이성규, 위의 글, 541~542쪽).

5 예를 들면, 『선조실록』 권22, 21년 5월 갑신의 기사 가운데 다음 부분 참조. "원본[대명회전 수정본]을 하루라도 빨리 입수하기 위하여 조선의 사신이 무릎을 꿇고 피눈물을 흘리며 간청하였고", "수정본을 마침내 입수한 조선이 '부모도 군왕도 모르는 금수, 이적의 나라가 인륜이 행해지는 예의의 나라'로 다시 태어난 것처럼 감격하였다."

실질적인 의미가 없었다는 점 등이다.[6]

그러나 최근의 연구들은 중국의 역사왜곡과 이를 시정하기 위한 조선의 변무노력을 당시 양국의 외교관계 향방을 결정짓는 주요한 변수의 하나로 분석하고 있다. 김경록의 경우는 태조 이성계의 출신 및 행적에 대한 왜곡을 변무한, 이른바 종계(宗系)변무를 조선시대 외교사안 가운데 가장 어려운 문제라고 규정하고 있고, 변무활동을 조선의 대명 외교 관점에서 분석하고 있다. 특히 변무활동을 벌였던 역관 홍순언(洪純彦, 1530~1598)을 중심으로 조선과 명나라 간의 외교관계를 분석하고 있다. 이를 통해 한편으로는 조선이 중국의 역사왜곡 문제를 얼마나 중요하게 간주하고 있는지를 보였다. 다른 한편으로는 조선의 변무노력에 대해서 중국의 전략적인 태도 변화를 설명함으로써 변무사건의 외교적 중요성을 분명히 하고 있다.[7]

또한, 전세영의 경우는 중국이 조선에 대해서 가졌던 통제적 외교전략 가운데 하나로 종계변무 사건을 분석하고 있다.[8] 전세영에 의하면, 명은 태조에 대한 왜곡된 기록을 수정하지 않음으로써 이를 조선에 대한 압박수단으로 활용

6 이성규는 광해군 8년 변무를 성공시킨 공적을 찬양하는 존호를 올리는 일이 거의 3개월 이상 거의 매일 일어났던 일을 지적하고 있다(이성규, 앞의 글, 565쪽). 이러한 비판 이외에도, 조선과 명 혹은 청의 관계가 오늘날의 근대 국제관계인 대등한 주권국가 간의 관계와 상이했다는 지적도 가능하다. 당시에는 조공국인 조선이 중국에 사신을 계속해서 파견하여 관련 기록 수정을 '요청'하고, 이에 대해 중국은 시혜의 의미로서 수정요청을 '허가'하는 양태를 띠고 있기 때문이다. 더구나 이성규가 지적한 바와 같이 그러한 외교 절차에 막대한 비용이 들어가면서도 명확한 해결이 되지 않은 채, 조선왕조 내내 역사왜곡의 문제가 계속되었다는 점은 비판의 소지가 있기 때문이다.

7 김경록, 2007, 「조선 후기 대중국 변무 연구」, 『(공군사관학교) 논문집』 58집 1호; 김경록, 2014, 「선조대 홍순언의 외교활동과 조명관계」, 『명청사연구』 41집. 명청 교체기에 조선의 대외정책적인 측면에서 변무사건을 분석한 연구로는 이헌미를 들 수 있다. 이헌미는 당시 이정구의 두 차례 변무 사행을 분석하여 중국과 한국의 조공체제가 구체적으로 어떻게 작동할 수 있는지를 분석하고 있다. 양국의 관계가 비대칭 동맹이라는 점에 착안하여 동맹 내의 신뢰성 문제를 바탕으로 특정 시점에 변무외교가 성공적일 수 있었음을 밝혔다(이헌미, 2015, 「명청교체기 한중관계와 비대칭동맹의 신뢰성 문제 - 월사 이정구의 변무사행 분석」, 『국제정치논총』 55집 3호).

8 전세영, 2011, 「명대 중국의 조선관 연구」, 『21세기 정치학회보』 21집 1호. 이외에도 명이 조선에 대해 표전문제를 제기한 점, 군사적 위협을 보인 점, 책봉 및 승습(承襲)을 지연시킨 점 등을 전세영은 지적하고 있다.

해 왔다고 주장한다. 나아가 정병설의 경우는 태조 이성계의 왜곡된 기록이 갖는 정치적 함의를 더욱 적극적으로 분석한다.[9] 예를 들어 정병설은 조선 전기 명의 역사왜곡이 명의 창업주의 유훈으로 남겨졌기 때문에 조선은 긴장감을 가질 수밖에 없었다고 한다. 즉, 태조에 대한 기록을 바로잡는 일이 곧 기록을 수정하는 차원에 머물지 않고 명의 조선에 대한 판단을 바꾸려는 일이라고 한다. 명의 이와 같은 왜곡을 수정하지 않을 경우 조선이 받게 될 부정적인 처우를 고려해 볼 때 왜곡된 기록을 변무하는 것이 조선 혹은 조선의 왕에게 '사활적'인 이해관계를 가질 수밖에 없었다고 정병설은 주장한다.[10]

변무사건에 대한 새로운 연구 흐름에도 불구하고, 고세양 사건은 학계의 관심을 크게 받지는 못하고 있다. 대부분 다른 사건 분석의 일환으로 간략하게 고세양 사건을 다루는 정도에 머물고 있다.[11] 정치사 연구에서는 조선 후기의 정국이 붕당으로 인해 혼란스러웠다는 점에 착안하여 특정 정당에 대한 탄압 정책의 하나로 영조의 조치를 분석하거나,[12] 당시 문제가 된 역관들의 사행 무역에 대한 제제의 일환으로 사건을 해석하기도 하였다.[13] 이러한 관점에 서게 될 경우, 고세양 사건은 중국과의 역사기록에 관한 분쟁의 일환으로 나타난 사건이 아니라, 국내에서 특정한 서적의 유통과 관련된 사건으로 의미가 축소되는 한계가 있다.

---

9 정병설, 2016a, 「조선시대 대중국 역사변무의 의미」, 『역사비평』 116집.

10 정병설, 2016a, 위의 글, 256~258쪽.

11 국문학, 서지학 분야의 연구에서는 고세양 사건에서 문제가 된 중국서적인 『명기집략(明記輯略)』이 어떻게 국내에 유통하게 되었는지를 분석한 바 있다. 그러므로 고세양 사건이 직접 다뤄지기보다는 중국 서적의 국내 유통과정에 대한 내용이나, 서적 중개상인인 책쾌(冊儈)에 관한 분석에 집중하고 있다(강명관, 1996, 「조선 후기 서적의 수입 유통과 장서가의 출현」, 『민족문화사연구』 9집 1호).

12 이민희, 2008, 「조선과 중국의 서적중개상과 서적 유통문화 연구」, 『동방학지』 41집.

13 김경록, 2007, 앞의 글.

또한, 고세양 사건에서 영조가 펼쳤던 정책을 문화정책의 일환으로 해석하고자 하는 연구도 있다.[14] 책을 유통하였던 역관들뿐만 아니라 서울 사대부 전체의 독서 성향에 대한 영조의 정책으로 간주한 것이다. 당시 중국의 서적 유통에 따라 조선에서는 새로운 사상이 계속해서 유입되고 기존의 성리학 이념이 흔들리게 되었는데, 영조가 고세양 사건을 계기로 이념을 재정비하고 문풍을 쇄신하려 하였다고 보았다. 그 결과 이 사건은 이후 정조대에 발생한 문체반정에 일정한 시사점을 주었다고 장민영은 보고 있다.[15] 그런데 이러한 연구에 대해 정병설이 적절하게 비판하는 바와 같이, 장민영의 주장은 변무사건의 성격과 당대의 역사를 잘 이해하지 못한 해석이라고 할 수 있다. 기존 연구들은 종계변무 사건을 단순히 이성계의 선조를 바로잡는 일 정도로만 여겼지만, 사건의 핵심은 명의 조선에 대한 판단 자체를 바꾸려는 것일 수 있기 때문이다.[16]

이 글에서는 고세양 사건을 이해하는 데에 변무사건의 성격과 당대의 역사적인 맥락을 중시해야 한다는 정병설의 주장에 동의한다. 다만 고세양 사건에서 영조가 취한 정책을 평가하는 데에 있어서는 새로운 접근이 필요하다고 본다. 장민영의 경우는 이 사건에서 영조의 조치가 과도하다는 점에 주목하여, 영조가 단순히 문제가 된 서적의 유통을 탄압하는 것을 넘어서서 사대부에 대한 문화정책을 펼친 것으로 간주하였다. 반면, 정병설은 영조의 조치가 과도했다고 보면서도, 그러한 조치의 특성은 영조 개인적인 성향에서 비롯된 것이

14 장민영, 2011, 「조선 영조대 '명기집략사건'의 정치적 성격」, 서강대학교 석사학위논문.

15 장민영, 위의 글, 39~40쪽. 이 사건을 명시적으로 문화정책의 일환으로 분석한 것은 아니지만, 영조의 대대적인 탄압정책에 대한 비판적인 판단이나 이 사건이 결국 이후에 서적의 유통이나 사대부의 자유로운 문화를 억압하는 정책으로 이어졌다는 해석은 이성규에게서도 찾아볼 수 있다(이성규, 1993, 앞의 글, 566~567쪽).

16 정병설, 2016a, 앞의 글, 268쪽.

기 때문에 이번 사안에서 특별한 의미를 부여할 수 없다고 한다.[17] 나아가 정병설은 다른 책에서 고세양과 관련된 사건을 언급하면서 영조의 자의적이고 전제적인 권력행사 방식을 더욱 상세하게 묘사하고 있다. 그리고 이러한 영조의 권력행사는 당시 조선이 '군주의 전제적 독재가 이루어진 국가'이기에 가능했던 것으로 분석하기도 한다.[18]

그러나 고세양 사건에서 영조가 취한 정책의 의미 역시 국내의 정치적인 문제로 국한하지 않고, 타국과의 역사기록에 관해 분쟁을 해결하는 과정으로 해석해 볼 필요가 있다. 이를 위해서 이 연구에서는 다음과 같은 세 가지 접근법을 취한다. 첫째, 역사적인 접근법이다. 이 사안에서 문제가 된 역사기록은 영조 47년에 갑작스럽게 발생한 사건이 아니라, 조선 초기부터 논란이 되었다. 그러므로 고세양 사건을 장기적인 맥락에서 살펴볼 필요가 있다. 둘째, 비교적인 접근법이다. 고세양 사건의 특징은 문제가 된 서적이 중국의 관찬서가 아니라 사찬서라는 점에 있다. 따라서 중국 사찬서의 역사왜곡이 문제가 되었으나 전혀 다른 방식으로 전개된 숙종(肅宗, 재위 1674~1720) 때 사건과 비교함으로써, 영조대의 사건 해결방식의 의미를 분석할 수 있다. 셋째, 고세양 사건을 분석할 때, 이 연구에서는 기존의 연구에서 본격적으로 다뤄지지 않은『추안급국안(推案及鞫案)』의 기록 중「1771년 고세양 등 죄인 추안」을 살펴보고자 한

17 정병설, 2016a, 위의 글, 116쪽.

18 정병설, 2016b,『조선시대 소설의 생산과 유통』, 서울대학교출판문화원, 76~84쪽. 오늘날의 기준으로 보았을 때, 영조의 조치가 과도한 부분이 있다는 점에는 이 연구도 동의하지만, 이러한 가치판단이 조선 후기 왕의 권력행사 방식이나 국가체제의 특성을 결정짓는 주요한 근거가 되어서는 안 된다고 본다. 정병설 연구에서 왕 권력의 자의성을 판단하는 대부분의 사례가 판결의 번복과 관련된 것인데, 조선시대 법은 재판의 확정력(確定力) 면에서 오늘날과 상당히 다르다. 조선시대에는 한번 내려진 판결이라도 그 집행이 완료되었는지 여부를 막론하고서 일정한 법적 사유가 있을 때는 언제든지 이를 취소, 변경할 수 있는 것이 당연한 것으로 이해되었다(서일교, 1968,『조선왕조 형사제도의 연구』, 한국법령편찬회, 414~415쪽). 따라서 영조가 행한 행위는 당시 법 집행의 방식이 오늘날과 달랐기에 가능했던 것이다. 그리고 조선 후기 국가를 과연 군주의 전제적 독재가 이루어진 국가로 볼 수 있느냐의 논의는 최근 김영민, 2018,「국문학 논쟁을 통해서 본 조선 후기의 국가, 사회, 행위자」,『일본비평』 19집의 논문을 통해 구체적으로 반박하였다.

다.[19] 관련자들의 심문 내용을 요약하거나 개괄적으로 추국의 진행 상황을 적시하고 있는 『실록』이나 『승정원일기』의 기록과 달리 『추안급국안』은 죄인을 압송해 오라는 왕의 명령부터, 구체적인 심문과정과 최종적으로 관련자들에 대한 처벌의 집행에 이르는 추국의 전 과정을 포괄하고 있다.[20] 따라서 추국을 하는 과정에서 영조가 이 사건을 어떻게 이해하고 있는지, 그리고 왜 고세양을 비롯한 관련자들이 추국을 받아야 하는가 하는 여부를 논하는 구체적인 논점들은 다른 편년체 기록에서는 찾아보기 어렵다. 따라서 추안에서 나타나는 영조의 태도를 중심으로 고세양 사건의 영조 정책의 정치적 함의에 대해서 재평가해 볼 수 있다.

Ⅲ. 영조 47년 고세양 사건

1. 태조기록 왜곡문제의 역사적 맥락

이 사건은 영조 47년 5월 10일 박필순의 상소로부터 시작되었다.[21] 박필순은 연경에서 들여온 『강감회찬(綱鑑會纂)』을 자신이 우연히 보았는데, 이 책에 부록되어 있는 『명기집략』, 즉 명나라의 역사부분에 조선의 선왕에 대한 망극한 말이 있다고 하였다. "지난날 선왕조(先王朝)에서 여러 번 이것을 가지고 명

19 『추안급국안』은 조선시대 모반(謀反)이나 대역죄(大逆罪)와 같은 중대 범죄에 대해, 왕명에 따라 추국청(推鞫廳)을 세우고 죄인을 심문한 기록인 추안(推案)과 국안(鞫案)을 모은 사료다. 『추안급국안』 사료의 특징과 죄인을 심문하는 추국장의 정치적 의미에 대해서는 이하경, 2018a, 「조선 후기 추국장의 정치적 의미: 영조 13년 김성탁 사건을 중심으로」, 『한국학연구』 50집 참조.

20 편년체 기록으로는 『영조실록』 116권, 영조 47년 6월 5일 갑술에서 11일 경진 사이의 기사와 『승정원일기』 1318책, 영조 47년 6월 5일에서 11일의 기사 참고.

21 『영조실록』 116권, 영조 47년 5월 20일 경신.

나라에 보내어 분변하여 심지어 『명조회전(明朝會典)』의 누명을 씻은 일이 있었습니다"라고 말하는 것으로 보아, 이 사안에서 주로 문제가 된 것은 태조에 관한 기록이라고 할 수 있다.[22]

잘 알려진 바와 같이, 태조에 대한 역사왜곡의 문제는 조선 초기부터 논란이 될 만큼 오랜 역사를 갖고 있다. 명시적으로 논란이 된 기록으로는 세 가지를 꼽을 수 있다. 첫째는 태조 3년 명 사신 황영기(黃永奇)가 가져온 축문이다.[23] 여기서는 이성계를 고려의 이인임(李仁任, ?~1388)의 아들로 표기하고 있고, 이성계가 변방 지역을 탐정하고 약탈한다고 묘사하고 있다. 기존 연구에서 지적하는 바와 같이, 이인임은 고려 말의 권신으로 공민왕이 죽자 우왕을 세우고 권력을 천단한 것으로 알려진 사람이기에 이성계가 이인임의 아들로 본 것은 곧 조선 정권을 반역집단으로 본 것이다.

명에서 이성계에 대해 이렇게 기록하게 된 이유는 현재로서 확언할 수는 없다. 다만, 기존 연구에서는 두 입장이 있는 것으로 보인다. 우선, 고려시대 윤이(尹彝)·이초(李初)가 이성계를 무고한 데에서 비롯하여 명에서 이성계를 부정적으로 인식하게 되었다는 주장이 있다.[24] 반면, 박성주는 14세기 동북아의 어수선한 정세 속에서 명이 의도적으로 곡해했을 가능성을 제기하고 있다.[25] 정

---

22 『명기집략』은 명의 진건(陳建, 1497~1567)이 쓴 『황명통기(皇明通紀)』를 저본으로 하여 청의 주린(朱璘, ?~?)이 1696년에 작성한 것으로 알려져 있다. 그러나 현재 『명기집략』이 전해지지 않기 때문에 문제가 된 내용을 구체적으로 확인할 수는 없다. 다만, 중국에 변무를 요청하는 채제공의 주문(奏文)을 보면, 『명기집략』에서 인조에 대한 기록도 잘못되어 있음을 추정할 수는 있다. 그러나 이성규나 안소라의 경우, 인조에 대한 기록 문제는 『명사』 조선열전의 반급으로 이미 일단락되었다고 보고 있다(이성규, 앞의 글, 526쪽; 안소라 2018, 「英祖代 史冊辨誣에 관한 硏究: 『明史』의 朝鮮記事를 中心으로」, 성균관대학교 박사학위논문, 158~159쪽). 또한 『명기집략』의 저본이 된 『황명통기』의 경우, 저자의 사후에 발생한 1623년 인조반정에 대한 논의가 원 저서에는 포함되어 있지 않았을 것으로 볼 수 있다(이성규, 위의 글, 512~521쪽).

23 『태조실록』 6권, 태조 3년 6월 16일 갑신.

24 예를 들면, 『영조실록』 116권, 영조 47년 6월 6일 을해 기사에서도 이러한 인식을 엿볼 수 있다. 윤이와 이초에 대한 내용은 『고려사』 45권, 세가, 제45, 공양왕 2년 5월 계사 참조.

25 박성주, 2003, 「조선 전기 조명 관계에서의 종계 문제」, 『경주사학』 22집, 203쪽. 그러나 박성주의

병설도 당시 명나라가 조선이 요동의 친원 세력 또는 여진을 포섭하여 명을 위협하려고 한다는 의심을 품었음을 지적하고 있다.[26] 이렇게 보면, 특정인물의 무고와 같은 정황에 따른 것이든 혹은 인위적인 왜곡에 의한 것이든, 태조에 대한 기록은 결국 조선의 성립에 대한 명의 부정적인 인식을 반영하고 있다고 생각할 수 있다.

이러한 역사왜곡에 대해서 이성계는 곧바로 자신이 이인임의 아들이 아니며, 변방지역을 정탐한 적도 없다고 주본(奏本)을 작성하여 중국에 수정을 요구했다.[27] 그럼에도 불구하고 조선의 수정요구는 제대로 반영되지 않았다. 두 번째로 문제가 된 태조 4년에 명에서 간행, 반포한『황명조훈(皇命祖訓)』에서 이 논의가 반복된다.[28]『황명조훈』에서는 다음과 같이 이성계를 고려의 이인임의 아들로 표기하고 있고, 이성계가 고려의 왕 네 명을 시해했다고 기록하고 있다.

> 조선국. 곧 고려라. 이인인과 아들 이성계 곧 지금 이름을 단이라고 하는 자는 홍무 6년부터 28년에 이르기까지 처음부터 끝까지 고려 왕씨의 네 임금을 시해했으니, 잠시 기다리라.[29]

여기서는 앞선 축문에 비해 이성계의 행적을 더 부정적으로 기술하고 있다. 그런데『황명조훈』의 인용한 마지막 부분과 관련하여, 정병설은 '잠시 기다리

견해는 추정에 불과하고, 명이 의도적으로 곡해했다는 증거를 확인할 수 있는 것은 아니다.

26 정병설, 2016a, 앞의 글, 253~254쪽.

27『태조실록』6권, 태조 3년 6월 16일 갑신.

28 이혜순에 따르면, 명에서『조훈록(祖訓錄)』을 홍무 2년(고려 공민왕 18년, 1369년)에 편찬 시작하여 6년에 완성하였고, 이를 홍무 9년에 수정, 28년(조선 태조 4년, 1395년)에 증보하여『황명조훈』으로 편찬하였다고 한다(이혜순, 2017,「종계변무(宗系辨誣)와 조선 사신들의 명나라 인식」,『국문학연구』36집).

29 "朝鮮國. 即高麗. 其李仁人, 及子李成桂今名旦者, 自洪武六年至洪武二十八年, 首尾凡弑王氏四王, 故待之." 정병설, 2016a, 앞의 글, 254쪽에 따르면, 여기서 이인인은 이인임의 오기.

라'는 의미가 이성계 부자가 고려의 왕들을 시해할 정도의 불의를 저지르는 자들이니 '반드시 자멸할 것이므로 두고 보라'는 뜻이라고 분석하고 있다.[30] 명 태조가 보기에 조선은 부도덕한 정권이기에 반드시 망할 것이므로, 이러한 내용을 명의 후대 임금이 명확하게 인지하라고 전했던 것이고, 조선도 그 적대적인 의미를 알고 있었기에 불안해했다고 한다. 정병설의 해석에 따를 경우『황명조훈』의 기록은 조선에 정치적으로 큰 압박으로 작용했을 가능성이 있다.

조선에서는 태종(太宗, 재위 1400~1418) 2년에 와서야 중국에 다녀온 사신을 통해『황명조훈』의 기사가 알려졌다.[31] 이에 해당 기사 내용 수정을 요청하는 주문을 태종 3년에 보냈으며, 영락제의 수정 허락도 받았다.[32] 그러나 이러한 수정 약속에도 불구하고 후대에 편찬된 책들에서 수정된 내용이 제대로 반영되지 않았다.『황명조훈』의 기록은 이혜순이 지적하는 바와 같이,[33] 서(序)에서 이 책의 내용을 "한 글자도 바꿀 수 없다(一字不可改易)"고 명기하고 있어 이후 역사 왜곡 문제가 고착화되는 데에 결정적인 역할을 한 것으로 보인다. 즉, 조선의 변무요청을 중국이 받아들인 경우에도 해당 기록을 직접 수정하지 않고, 조선의 수정요구를 하단에 병기하는 형태로 수정하게 되는 근거가 되기 때문이다.

이로부터 100여 년이 더 지나 중종(中宗, 재위 1506~1544) 13년(1518년)에 다시 문제가 발생하였다. 태조기록과 관련하여 세 번째로 문제가 된 서적인『대명회전(大明會典)』(박필순이 상소문에서 말하는『명조회전』)에서 상기『황명조훈』의 내용이 그대로 담겨 있음을 조선에서 알게 되었다.[34]『대명회전』은 명의 공식적인

---

30 정병설, 2016a, 위의 글, 254~257쪽.

31『태종실록』7권, 태종 3년 11월 기축. 그러나 정병설은『황명조훈』의 중요성을 고려해 볼 때, 태종 2년에 가서야 이 책의 문제를 알았을 리가 없다고 주장하기도 한다(정병설, 2016a, 위의 글, 258~259쪽).

32『태종실록』7권, 태종 4년 3월 무진.

33 이혜순, 2017, 앞의 글, 96~97쪽.

34『중종실록』33권, 중종 13년 4월 기축 기사에 의하면, 중종 시기에도 계속해서 변무사를 파견하

행정 법전에 해당하는 것으로 해당 기록의 오류를 바로잡는 일을 조선이 상당히 중요하게 여겼던 것으로 보인다. 조선에서 명으로 수십 차례의 변무사를 파견하여 계속해서 수정 요구한 끝에 선조(宣祖, 재위 1567~1608) 22년(1589년)에 가서야 수정된 『대명회전』의 전질을 받을 수 있었다.[35] 처음 변무노력이 시작된 이래로 거의 200여 년 만에 중국으로부터 공식적으로 수정된 기록을 조선이 받아본 것이다.[36]

그런데 박필순이 문제를 제기하고 있는 바와 같이, 200여 년이 지난 영조 47년(1771년)에 『명기집략』에서 다시 태조 기록의 문제가 대두되었다. 이렇게 본다면, 태조에 대한 역사왜곡의 문제는 조선왕조 400여 년간 계속해서 해결되지 않고 반복되어 온 것이라고 할 수 있다. 특정한 시기에 한 개인의 악의적인 동기에 의해서 이러한 문제가 촉발되기보다는 구조적으로 해당 문제가 해결되지 않고 지속된 것으로 보인다. 조선의 태조 이성계에 관하여 중국이 부정적으로 인식하게 된 직접적인 이유가 무엇이든지 간에 일단 왜곡된 판단을 하게 된 이상 중국에서 이를 적극적으로 변경해야 할 필요를 거의 느끼지 못하였을 가능성이 있다. 또한 태조에 대한 판단이 명 황제의 '조훈'으로 남게 된 이상, 해당 왜곡에 대한 완벽한 수정이 형식적으로도 불가능한 측면이 있다. 선조 22년에 조선에 들여온 『대명회전』의 수정본에서도 조선이 수정을 요구한 부분을 완벽히 삭제하고 새롭게 서술한 것이 아니다. 문제가 되는 부분을 그대

였고, 중종 35년 1월에 '종계 개정을 허락한다'는 명 황제의 칙서를 받아왔다. 중종은 주청사 권벌(權橃, 1478~1548)과 역관 이응성(李應星, 1574~1634)에게까지 상을 내리고 가자(加資)한 바 있으나, 종계는 결국 수정되지 않았다. 『중종실록』 92권, 중종 35년 1월 무술 참고.

35 『선조수정실록』 23권, 선조 22년 10월 1일 을해.

36 실록의 기사를 보면, 선조는 개정된 『대명회전』을 받아들고는 매우 기뻐한 것으로 보인다. 심지어 선조는 종계변무를 위해 노력한 20여 명의 신하를 광국공신(光國功臣)으로 녹권(錄卷)을 반사하고 고유제(告由祭)와 회맹(會盟)을 의례대로 한 뒤 물품을 등급별로 하사하고 나라에 대사령(大赦令)을 내렸다(『선조수정실록』 24권, 선조 23년 8월 1일 경오). 광국공신의 명단과 관련 내용은 박성주, 2003, 앞의 글, 211~215쪽 참조.

로 남겨 두고서 '조선의 요청'과 그에 대한 '허가'로서 수정된 내용을 부기(附記)하고 있을 뿐이다. 그러므로 이후에 『대명회전』을 저본으로 하여 명의 역사를 기술할 때 잘못된 기록을 반복할 가능성이 얼마든지 있다.

2. 조선 변무사 파견 결정과정에서의 논란

태조에 대한 중국의 역사왜곡이 구조적인 차원에서 반복되는 문제라고 할 때, 고세양 사건이 갖는 첫 번째 특징은 조선이 대응전략을 취하는 과정에서 찾을 수 있다. 문제가 된 기록에 대해 청에 변무하기로 결정하는 부분을 보자. 영조 47년 5월 20일에 박필순은 선조대에 태조 기록에 대한 수정본을 받고 난 이후로 더 이상 이와 유사한 왜곡이 없어야 함에도 이러한 일이 반복된 것에 대해 우려를 표하였다.[37] 무엇보다 『명기집략』의 저자나 서문 작성자의 지위를 고려해 볼 때, 일반적인 역사서와 달리 『명기집략』은 상당한 권위를 갖고 있기에 반드시 변무해야 할 일이라고 다음과 같이 주장한다.

> 이번에 이 한 권의 책이 태학사(太學士) 주린의 손에서 나왔으며, 예부 상서(尙書) 장영(張英, ?~?)이 서문(序文)을 지어 믿을 만한 역사책으로 만들었으니, 초야(草野)의 책과는 다른데도 국계(國系)에 대한 무어(誣語)가 아직도 이와 같으니 적극적으로 분변하여 분명히 하는 도리를 결코 일각이라도 더디게 하거나 늦출 수 없습니다.[38]

반면, 좌의정 한익모(韓翼謨, 1703~1781)는 다음과 같이 『명기집략』 내용의 변무에 대해 반대했다.

37 『영조실록』 116권, 영조 47년 5월 20일 경신.
38 『영조실록』 116권, 영조 47년 5월 20일 경신.

비록 이미 변무하였다고 하더라도 초야의 경우에는 아직도 헤아리기 어려운 말들이 전해지기 때문에 역사책을 짓는 자가 그러한 것들을 모아서 찬집(纂輯)한 것이며, 결단코 금궤(金櫃)에 넣어 둘 만한 글은 아닙니다.[39]

한익모는『명기집략』은 공식적인 문서가 아니고, 앞선 변무사건에서와 달리 개인의 역사서에 불과하다는 점을 강조하고 있다. 이에 대해 박필순은 정사(正史)는 아니라 하더라도 믿을 만한 역사책이기 때문에, 계속해서 다른 역사기록에 영향력을 갖게 될 것이 두렵다는 식으로 주장하였다.[40] 결국, 영조는 본 사건을 본격적으로 변무하기로 결정하고 5월 22일 체제공이 주문서를 짓도록 하고, 27일 진주사(陳奏使)를 청으로 파견하였다.[41]

앞선 다른 변무사건들과 달리 변무하기로 결정하는 과정에서 나타나는 이와 같은 논란은 고세양 사건의 특징을 보여준다.『대명회전』과 같이 중국의 공식 문건에서 왜곡이 발생하였을 때 곧바로 변무를 결정하였던 앞선 사건들처럼 이 사건에서도 문제가 된 서적이 개인의 역사서가 아니었다면 이와 같은 논란이 불필요했을 것이다. 특히, 청이 명의 역사를 정리하면서 조선을 어떻게 기록하는지에 대해 영조는 즉위 초부터 많은 관심을 보였다.[42] 아직 공식화되지

39 『영조실록』 116권, 영조 47년 5월 20일 경신.

40 『영조실록』 116권, 영조 47년 5월 20일 경신.

41 『영조실록』 116권, 영조 47년 5월 22일 임술;『영조실록』 116권, 영조 47년 5월 27일 정묘.『명기집략』의 내용을 변무하기 위해 청으로 보낸 사신단의 일정과 변무과정은 김경록, 2007, 앞의 글 참조.

42 『명사(明史)』는 청에서 강희 18년(1679년)부터 본격적인 편찬이 시작되어 강희 53년(1714년)에 완성하였다.『명사』 가운데 조선에 관한 내용을 싣고 있는 조선열전의 등본을 영조 8년(1732년)에 공식적으로 입수하였고, 영조 15년(1739년) 2월에『명사』의 인쇄본을 중국으로부터 반사(頒賜)받았다. 그러나 아직 완성하지 않은 중국의 공식 역사기록에서 조선이 어떻게 기술될지에 대해 영조가 관심을 보이는 부분은 실록에서 쉽게 찾을 수 있다. 예를 들면,『영조실록』 6권, 영조 1년 5월 11일 무신 기사에는 아직 편찬중인『명사』의 내용에 대해서 좌의정 민진원(閔鎭遠, 1664~1736)이 보고하는 부분이 나온다. 아울러『영조실록』 29권, 영조 7년 4월 1일 계사 기사에서는 사은사(謝恩使)로 중국에 다녀온 서평군(西平君) 이요(李橈, ?~?) 등에게 중국의 사정을 묻는 내용도 나온다. 영조대『명사』와 관련된 논의는 안소라, 2018, 앞의 글 참조.

않은 기록에서조차 조선을 부정으로 기술할 것에 대해 영조가 계속해서 걱정하였다는 점을 고려해 볼 때, 『명기집략』이 『대명회전』과 같은 지위에 있을 법한 청의 법률서에 해당했다면 상황이 완전히 달랐을지도 모른다.

3. 국내 관련자 처벌 조치의 의미

고세양 사건의 두 번째 특징은 영조가 국내 관련자들을 처벌하는 정책을 실시하였다는 점에서 찾을 수 있다. 앞선 변무사건의 경우, 중국 서적에서 역사왜곡이 발견되면 조선에서는 주로 대외적인 경로를 통해서 해당 문제를 해결하고자 하였다. 변무사를 파견하여 중국에 왜곡된 기록 부분의 수정을 요구하거나 중국에서 온 사신을 접대하면서 변무의 필요성을 역설하는 조치를 해왔던 것이다. 그런데 고세양 사건에서는 영조가 문제가 된 『명기집략』을 보유하거나 혹은 유통한 자들을 조사하라고 명령하였다.[43] 고세양은 바로 이러한 국내 조사과정에서 해당 서적을 보고도 고발하지 않았다는 죄명으로 추국장에 서게 된 인물이다.

이와 같은 영조의 국내 관련자 조사 및 처벌 조치는 어떠한 의미를 갖는 것인가? 기존 연구에서는 역관이나 사대부에 대한 문화 탄압정책의 차원이나 왕의 자의적인 권력행사의 하나로 해석하고 있을 뿐이다. 그러나 이 글에서는 영조가 국내에서 서적을 유통한 자들에게 펼쳤던 조치의 의미를 국내정치 차원에 한정하지 않고, 역사왜곡 문제를 해결하기 위한 대외정책과의 연계 속에서 분석하고자 한다. 이를 통해 다음과 같이 크게 세 차원의 의미를 추론해 볼 수 있다.

---

43 영조는 박필순이 상소문을 올렸을 때, 이에 대해 동조하지 않았던 사신들과 입시한 삼사의 관원들도 처벌하였다.

1) 변무사를 파견하기 위한 선결과제

영조는 대외정책을 실시하기 위한 하나의 신결과제로 국내 관련자들에 대한 조사 및 처벌 조치를 내세웠다. 예를 들어, 변무정책을 결정하면서 영조는 "[중국에서 해당 책을] 사서 갖고 온 사신을 이곳에서 먼저 처벌한 연후라야 중국에 대하여 요청할 말이 있게 될 것이다"라고 말하며, 국내 관련자들에 대한 조사를 시작하였다.[44] 영조는 5월 22일에 중국으로 보낼 주문이 완성되었다는 소식을 듣고서 국내에서 자수하는 자를 본 연후에 해당 주문을 확인할 것이라고 하교를 내렸다.[45] 그리고 자수하는 자들이 여전히 없다는 보고에 영조는 화를 내면서 "[문제가 되는] 책 한 부가 [여전히] 우리나라에 있다면, 어찌 진주(陳奏)하는 뜻이 있겠는가"라고 말하며, 서둘러 관련자들 처벌해야 함을 강조하였다.[46] 이어 23일에 영조가 당일 자수하는 이들은 참작하겠다는 조처를 내렸더니 서적을 소지한 많은 이들의 자수가 잇달았다.[47] 그 과정에서 선비 이희천(李羲天, ?~1771), 책장수 배경도(裵景度, ?~1771)를 처형한 뒤 효시하였다. 이희천은 책을 바치라고 했을 때 바치지 않았는데, 책장수를 심문하는 과정에서 이희천에게 팔았다는 진술이 나왔기 때문이다. 이희천은 조정의 명령을 듣고 바로 책을 불태웠다고 했지만 결국 처형당하고 말았다.[48]

숙종 2년(1676년)에도 중국에서 개인이 편찬한 『십육조기(十六朝記)』의 인조반

44 『영조실록』 116권, 영조 47년 5월 21일 신유.

45 『영조실록』 116권, 영조 47년 5월 22일 임술.

46 『영조실록』 116권, 영조 47년 5월 23일 계해.

47 『영조실록』 116권, 영조 47년 5월 23일 계해.

48 『영조실록』 116권, 영조 47년 5월 26일 병인. 장민영의 연구 결과에 따르면, 고세양 이외에도 이번 사건으로 처벌받은 사람은 확인된 것만 양반은 19명, 역관과 책쾌 15명이라고 한다. 그러나 장민영은 신분이나 처벌이 명확하지 않은 부분을 통계에서 누락하고 있고(해당 통계에서 고세양은 제외되나 고세양의 아들이 포함됨), 이후 주린의 책으로 잘못 알려진 『청암집』을 색출하는 과정에서 역관 50여 명도 조사를 받은 바 있다. 따라서 본 사건과 관련하여 처벌을 받은 전체 사람의 수는 상당할 것으로 추론할 수 있다. 대내조치의 자세한 내용은 장민영, 2011, 앞의 글; 이성규, 1993, 앞의 글 참조.

정 기록이 문제가 된 적 있는데, 숙종은 대외정책을 통해서 해당 기록을 수정하고자 하였다.[49] 즉, 조선에서 변무사를 파견하여 인조반정에 대해 왜곡된 기록을 포함하고 있는 중국 서적의 변무를 시도했다.[50] 그런데 당시 청에서는 개인이 편찬한 『십육조기』를 조선에서 입수한 사실 자체를 문제삼았다.[51] 당해 책은 청 내에서 금서(禁書)로 고시된 책일 뿐만 아니라, 조선에서 해당 책이 금서임을 알지 못했다 하더라도 이 책을 조선에 들여갔다는 사실이 당시의 '사서(史書) 금수(禁輸)'정책에 위배된다는 것이다.[52] 따라서 조선이 요청한 변무에 대해서 청이 응답해 주는 것이 아니라, 오히려 조선 스스로 문제의 서적을 구입한 자를 체포하여 조사하고 그 결과를 청에 보고하라고 요청하였다.[53] 청이 조사관을 조선에 파견해야 하는 사안이지만, 이를 면제해 주고 조선이 나서서 관련자를 처벌하고 해당 서적을 중국으로 반송하라고 요구하였다. 그리고 이후 조선이 보고한 보고서가 무성의하다는 이유로 청은 벌금으로 은 5천 냥을 조선에서 지급하라고 요청했다.[54]

이와 같은 선례를 고려해 볼 때, 영조는 청에 변무사를 파견하는 대외정책의 효과를 담보하기 위하여 조선에서 책을 소유하거나 유통한 자를 조사하고 처벌하라고 한 것으로 보인다. 숙종 2년의 사건과 마찬가지로 고세양 사건에서 문제가 된 『명기집략』의 경우도 청의 한 역사가가 편찬한 개인의 역사서이며, 영조 47년에도 여전히 청에서 사서 금수정책은 유지되고 있었다. 즉, 『명기집

49 숙종 2년 변무사건의 구체적인 전개과정에 대해서는 이성규, 1993, 위의 글, 512~521쪽; 정병설, 2016a, 앞의 글, 263~264쪽 참조.

50 『십육조기』의 문제가 된 내용과 관련하여서는 이성규, 1993, 위의 글, 512~521쪽 참조.

51 『숙종실록』 5권, 숙종 2년 7월 28일 무신.

52 구체적인 논의는 이성규, 1993, 위의 글, 546~547쪽 참조.

53 『숙종실록』 권5, 숙종 2년 12월 15일 계해.

54 이성규, 1993, 앞의 글, 548쪽.

략』을 조선에서 유통한 것 자체가 문제가 될 수 있는 상황에서 곧바로 『명기집략』에 대한 변무활동을 펼친다면 숙종 때와 마찬가지로 중국으로부터 오히려 비판을 받을 소지가 있던 것이다.

2) 대외정책과의 연계

또한, 조선 내에서 관련자들에 대한 조사 및 처벌을 하는 과정에서 해당 조치의 결과가 조선의 대외정책에 직접 영향을 주고 있음을 알 수 있다. 예를 들면, 조선에서 역관 고세양을 심문하면서 『명기집략』의 저본인 『황명통기』에도 태조에 관한 왜곡문제가 있다는 사실이 새롭게 쟁점이 되었다.

> 사신을 보내어 변무를 행하는 것이 이미 『명기집략』에 있는 무설(誣說) 때문인데, 지금 『황명통기』의 무설을 보니 『명기집략』과 다름이 없다. 그런데 『명기집략』만 분변하게 하고 『황명통기』를 분변하지 않는다면 어찌 사리로 보아 옳은 것이겠는가?[55]

『명기집략』을 변무하기로 한 상황에서 해당 책의 바탕이 된 『황명통기』에도 동일한 왜곡이 발견된 경우 두 책을 모두 변무해야 한다는 영조의 발언이다. 문제는 『명기집략』은 청대의 저서이지만 『황명통기』는 명대의 저서라는 점이었다. 영중추부사(領中樞府事) 김상복(金相福, 1714~1782)은 명대의 책을 청에 변무하는 것이 사리에 맞지 않다고 주장하였다. 그러나 영조는 다음과 같이 『황명통기』의 변무도 포함해야 한다고 결정하였다.

> (중략) 만약 진건의 무서(誣書)가 없었다면 어찌 주린의 무서가 있었겠는가? 그러므로 『황명통기』는 바로 『명기집략』의 근본이니 어찌 그 끝부분은 분변하면서 그 근본을

55 『영조실록』 116권, 영조 47년 6월 6일 을해.

분변하지 않는단 말인가? (중략) 『명기집략』이나 『황명통기』는 바로 사기(史記)이니 만국(萬國)에서 모두 보는 것인데, 어찌 몹시 절박하지 않겠는가? 주문(奏聞)하는 가운데 『황명통기』도 함께 바로잡아 주도록 청함을 첨입시키지 않을 수 없으니, 나의 뜻이 결정되었다.[56]

그리고 영조는 중국에 파견한 변무사 일행을 의주에서 멈추게 하고 주문의 내용을 수정하여 보낼 때까지 기다리라고 명령하였다. 결국 조선의 대외정책, 즉 청에 대해서 무엇을 요청할 것인가 하는 부분이 조선의 대내 조치, 즉 고세양의 심문과정에서 밝혀진 사실에 따라 변화되고 있음을 알 수 있다.

3) 대외협상력을 제고하기 위한 대내정책: 변무사건에서 추국장의 정치적 의미

영조가 고세양을 추국하는 추국 과정을 살펴보면, 영조는 청에 대한 대외협상력을 제고하기 위해 추국장을 활용하고 있음을 알 수 있다. 「1771년 고세양 등 죄인 추안」에 따르면, 영조 47년 6월 10일에 영조는 역관 고세양을 직접 심문하겠다는 하교를 내린다.[57] 달리 말하면, 영조가 선택한 것은 친국으로서 왕이 직접 죄인의 심문하는 장소에 전좌(殿座)하여 모든 과정을 주관하는 것을 말한다. 영조가 그만큼 이번 사건을 중요하게 간주한다는 의미다.[58] 심지어 영조는 고세양을 추국하기에 앞서서, 차대(次對)를 중지하고 친국을 준비하도록 하

56 『영조실록』 116권, 영조 47년 6월 6일 을해.

57 이하 「1771년 고세양 등 죄인 추안」의 내용은 김우철이 역주를 단 국역본 『추안급국안』 제66권의 223~250쪽을 바탕으로 작성하였다. 번역은 필요에 따라 수정을 하였고, 원문은 『추안급국안』의 영인본 22책 739~757쪽에서 발췌하여 주석으로 달았다.

58 반역죄인과 같은 중대한 범죄를 저지른 죄인을 심문하는 추국의 종류는 왕의 참여 정도와 추국 진행 절차, 참여 인원 등에 따라서 친국(親鞫), 정국(庭鞫), 의금부 추국, 삼성추국(三省推鞫)으로 구별할 수 있다. 추국의 종류는 원칙적으로 왕명에 따라 결정되지만, 어떠한 종류의 추국을 선택하는가 하는 것은 곧 해당 문제를 얼마나 중대하고 시급한 사안으로 간주하는가 하는 것과 관련이 높다. 추국의 종류 및 그에 따른 특징은 이하경, 2018b, 「추국장에서 만난 조선 후기 국가: 영조와 정조 시대 『추안급국안(推案及鞫案)』을 중심으로」, 서울대학교 박사학위논문, 43~45쪽 참조.

교하고, 또한 고세양을 먼저 올려 보내라는 별도의 명령을 내린다.[59] 다른 추국 기록과 비교해 보면, 추국에 앞서서 왕이 이렇게 서두르는 모습은 이례적이다.

또한, 추국의 심문내용 가운데 심문자의 모두발언에 주목해 볼 필요가 있다. 6월 10일부터 고세양은 두 차례의 심문을 받게 되는데, 영조는 본격적으로 고세양에 대한 죄를 묻기에 앞서서 다음과 같이 말한다.

> 이번의 일은 만고에 없었던 것이니, 만약 조금이라도 타고난 천성을 지키는 마음이 있는 사람이라면 누군들 피를 뿌리며 분통을 터뜨리지 않겠는가? 아 역적 주린의 『명기집략』의 경우, 그 고기를 씹어 먹고 그 가죽을 깔고 자고 싶다. 더구나 진건의 『황명통기』 가운데 망측한 부분의 경우는 주린의 할아버지뻘이라고 할만하다.[60] (영조 47년 6월 10일 고세양 1차 심문)

> 아아! 이번 일은 만고에 없던 망측한 일이라고 할 만하다. 비록 그렇다고는 하더라도 이는 조선 사람이 반역을 꾀한 것이 아니라, 그 근본은 바로 진건, 주린이다. 진건이 앞에서 먼저 이끌고 주린이 뒤에서 거두어 모은 것이니, 이 음흉하여 헤아릴 수 없는 장본인이다. 우리나라 사람으로서 비록 사거나 또한 판 사람이 있다고 하더라도, 아! 음흉하여 헤아릴 수 없는 점이 비록 한 가지라고 하더라도 사안은 다르다.[61] (영조 47년 6월 10일 고세양 2차 심문)

---

59 『추안급국안』 가운데 변무사건과 관련한 사건에 대한 기록은 고세양에 관한 추안 뿐이다. 『추안급국안』의 기록이 모든 사건의 심문기록을 담고 있는 것은 아니기 때문에 특정한 사건의 기록만이 존재한다는 것이 그 자체로 어떠한 의미를 함의하고 있는 것인지 현 단계로서는 판단하기 어렵다. 다만, 앞선 장민영의 연구에서 고세양 사건과 관련된 처벌자의 수가 34명에 이르는 것을 고려해 볼 때(장민영, 2011, 앞의 글), 다른 추국기록이 존재하지만 『추안급국안』의 편재에서 누락되었을 가능성이 있다.

60 밑줄은 필자 강조. "等今者之事, 萬古所無, 若有一分秉彛之心都, 孰不沫血駭憤而. 噫, 逆璘輯略, 其欲食肉寢皮, 況陳建通記中, 罔測處可謂璘之祖者也."

61 밑줄은 필자 강조. "嗚呼, 今番事, 可謂萬古所無罔測者. 雖然, 此非朝鮮人不軌, 其本卽陳建朱璘. 建之於前, 璘掇拾於後, 此陰慘叵測之張本也. 我國之人, 雖有買亦有賣者爲, 呼, 陰慘叵測雖一也, 事件異焉."

여기서 영조는 논란이 된 서적의 저자에 대해 '피를 뿌리며 분통을 터뜨리고', '그 고기를 씹어 먹고 그 가죽을 깔고 자고 싶다'와 같이 강한 어조로 비판하고 있다. 이는 박필순이 『명기집략』의 문제를 제기했을 때, 해당 기록을 보고 '놀랍고 가슴이 아프며 박절한 마음'이었다고 말하고, '적극적으로 분변하여 분명히 하는 도리를 다하자'는 식으로 논했던 것과 크게 대조적이다.[62] 또한, 영조는 이번 사건이 '만고에 없던 망측한 일'이라고 하면서도 해당 서적을 지은 진건과 주린이 반역자이고, 이들이 이번 사건의 근본 원인이라고 말한다.

반면, 고세양에 대한 심문 내용을 보면 처음에 대내조치를 취해야겠다고 결정한 부분의 논리와 달리, '중국에서 역사책을 들여오면 안 되는데, 국내에서 왜 들여와서 돌려보았는지'를 문제 삼지 않고 있다. 다만, 역관인 고세양에게 문제 삼는 것은 ① 조선의 역관으로서 문제가 된 서적에서 망측한 구절이 있었음을 알아본 것으로 보이는데, 만일 해당 구절이 문제라는 것을 알았다면 왜 그 당시 바로 조정에 알리지 않았는지, ② 서적을 보았을 당시 문제가 된 사항을 깨닫지 못하였다고 하더라도, 이렇게 중국에 변무사를 보내는 마당에 조선의 역관으로서 왜 직접 와서 고발하지 않았는지, 그리고 ③ 왜 장전(帳殿)에서 왕이 직접 심문할 때에는 제대로 답하지 않다가 뒤늦게 곤장을 때리면서 물어보았더니 대답을 하였는지에 대한 것이었다.

이러한 심문에 대해서 고세양은 지금 논란이 되고 있는 『명기집략』의 저본인 『황명통기』를 계덕해(桂德海, 1708~1775)의 아들에게 빌려와서 보았지만, 자신은 무식해서 대수롭지 않게 여겼다고 한다. 그리고 지금 『명기집략』이 문제가 되는 것을 보고 이제야 고발하게 되었다고 말한다. 6월 10일 2차 심문에서 고세양은 계덕해의 아들에게 문제가 된 서적을 수년 전에 빌려보았을 뿐, 계덕해와

62 『영조실록』 116권, 영조 47년 5월 20일 경신.

는 직접 대화한 적은 없다고 진술했다. 그리고 6월 11일 고세양은 자신이 6월 2일에는 제대로 알리지 않고 있다가 6월 5일에 곤장을 맞은 뒤에야 비로소 자백하게 된 사실을 지만(遲晩)했다. 그리고 곧 결안을 받았다.

결국, 중국에서 해당 책을 들여오는 것이 금지되어 있는데 왜 혹은 어떻게 이 책을 들여왔는지, 나아가 이 책을 왜 돌려 보았는지를 영조는 고세양에게 전혀 묻지 않았다. 영조가 고세양에게 요구하는 것은 조선의 역관 즉 신하로서의 책무 이행이다. 조선의 역관으로서 중국의 특정 서적에 왜곡이 있음을 알았다면, 그 즉시 적절한 조치를 취했어야 한다고 말하고 있다. 고세양 역시 해당 서적을 들여오는 것이 문제가 된다는 것을 몰랐다거나, 문제의 서적을 돌려보게 된 이유를 변명하지 않는다. 단순히 자신이 조정에 제대로 알리지 못하게 된 경위만을 진술할 뿐이었다.

이러한 영조의 심문전략은 이후의 추국과정에서도 반복된다. 고세양에 대한 결안을 받은 후, 고세양의 진술에서 언급되고 있는 계덕해 등의 관련자들을 계속해서 잡아 와서 심문하였다. 6월 13일 계덕해를 잡아 와서 두 차례의 심문을 하였다. 첫 번째 심문에서 계덕해는 『황명통기』를 서울의 정(鄭)씨에게서 구입했다고 주장하였고, 자신은 고세양이 아니라 부사(府使) 이응혁(李應爀, 1735~?)에게 빌려주었다고 진술하였다.[63] 2차 심문에서도 자신은 『황명통기』를 전혀 읽지 않았으며, 이응혁에게 빌려주었음을 재차 주장하였다. 6월 14일에는 계덕해의 두 아들이 잡혀 왔는데, 계희문(桂希文, 1729~?)은 자신이 고세양에게 『황명통기』를 빌려주었음을 자백하였지만, 그 내용은 전혀 모르는 일이라고 하였다. 동생 계현문(桂現文, 1733~?)은 자신은 누가 『황명통기』를 고세양에게 빌려주었는지는 모르지만, 집에 『황명통기』가 있는 것은 사실이었다고 진

63 이응혁에 대한 심문은 『영조실록』 116권, 영조 47년 6월 21일 경인 참조.

술했다. 6월 21일 3차 심문에서 계덕해가 계속해서 자신은『황명통기』의 내용을 모른다고 주장하여 이응혁을 잡아와서 대질심문하였다. 결국 책을 구입한 사람, 빌려준 사람은 처벌하지 않고 풀어주었으나 빌려서 본 고세양만 형벌을 받고 고세양의 아들은 귀양을 가게 되었다.[64] 그런데 영조는 6월 21일 고세양과 관련된 자에 대한 추국을 마친 후, 불과 6일 만에 관련 처벌을 받은 고세양을 비롯한 여러 역관을 특별히 용서하도록 하교한다.[65]

이상과 같은 추국과정을 살펴보면, 영조는 추국장에서 고세양에 대해 직접 치죄를 하여 그 죄를 밝히고 국내에 더 이상 청의 역사서가 유통되지 않도록 하고자 하는 의도를 찾기 힘들다. 오히려 추국의 장을 여는 것으로써 일정한 정치적인 함의를 얻고자 한 것으로 보인다. 궁궐의 한가운데서 주요 대신들이 모두 참석하는 추국을 열어 놓고, 왕이 전좌하여 문제가 되고 있는 중국의 서적을 지은 자들에 대한 성토를 거하게 하고자 한 의식행위였을 수 있다. 이렇게 본다면, 실제로 영조가 고세양을 비롯한 국내의 관련자들을 조사하고 처벌하는 조치는 청에 대한 대외 협상력을 높이기 위한 하나의 전략적인 조치로 이해될 수 있다.

영조의 이러한 노력 끝에 중국에서는 조선이 수정을 요청하는 해당 부분을 해결해주겠다고 다음과 같이 약속하였다.

> 건륭 36년(1771년) 8월, 이금(李昑)이 주린의『명기집략』과 진건의『황명통기』에 기재된 그의 선조에 대한 기록이 와전되어 오류를 답습하였으므로, 무망(誣妄)을 당한 억울함이 맺혀 있으니 이를 삭제하여 간행해 주도록 상주하였다. (중략) 예부에 의정하기를, 주린의『집략』은 절강(浙江) 순무(巡撫) 양정장(楊廷璋, ?~?)이 판매하는 것을 불태웠으

64『영조실록』116권, 영조 47년 6월 11일 경진.
65『영조실록』116권, 영조 47년 6월 27일 병신.

며, 진건의『통기』는 경성의 서점에서 판매하는 곳이 없지만, 만약 이 두 가지 책이 그 나라에 흘러 들어갈 경우에는 자신들이 조사하여 금지시키고 불태워 없애도록 명령하라고 하였다.[66]

이는 앞서 언급한 숙종의 사례와 대조적이다.[67] 동일하게 청에서는 금수정책을 펴고 있었던 시기임에도 불구하고, 숙종 2년의 사건에서는 변무를 시도하였다가 오히려 조선에서 원하지 않는 방식으로 벌금을 물어야 했다. 반면, 영조는 적절하게 대내 조치를 활용함으로써, 영조가 의도하였던 바, 즉 문제가 되었던 서적의 정정 약속을 청으로부터 받아낸 것이다.[68] 또한, 영조 47년 10월 13일에 청으로 변무사행을 떠났던 김상철이 청에서 문제가 된『명기집략』과『황명통기』의 금서조치를 더욱 강력하게 취했다고 보고하였다. 이에, 영조는 변무 사건이 성공적으로 해결되었음을 선언하고 관련 신하들에게 벼슬자리를 주는 등 포상하였다.[69]

Ⅳ. 맺음말

이 글에서는 고세양 사건에서 영조가 취한 정책을 평가하는 데에 있어서 새로운 접근이 필요함을 주장하였다. 먼저, 고세양 사건을 국내정치의 문제로

66『청실록: 고종순황제실록(高宗純皇帝實錄)』891권, 건륭 36년 8월 18일.

67 이 연구의 범위 제약상, 중국에서 조선의 변무를 어떻게 이해하고 대응해 나갔는지에 대해서 본격적으로 다루지 못하였는데, 이는 후속 연구과제로 삼고자 한다.

68 그러나 철종(哲宗, 재위 1849~1863) 14년에 가서 또다시 태조의 종계를 잘못 기록하고 있는『이십일사약편(二十一史約編)』이 청에서 유통되고 있는 것이 알려지면서, 한차례 변무활동을 더 진행한 바 있다.『철종실록』15권, 철종 14년 1월 8일 을묘, 5월 29일 갑술, 11월 23일 병인 기사 참조.

69『영조실록』117권, 영조 47년 10월 13일 경진.

국한하지 않고, 역사왜곡에 대한 조선의 변무노력이라는 장기적인 맥락 속에서 분석할 필요가 있다. 이를 통해서, 영조 47년의 태조기록 왜곡의 문제가 영조 47년에 갑작스럽게 발생한 것이 아니라 거의 400여 년에 걸쳐서 계속해서 반복되고 있음을 알 수 있다. 처음 이성계에 관한 기록이 왜곡된 이유를 명확하게 밝히기는 어렵다. 다만, 중국의 입장에서 볼 때, 일단 해당 기록이 남게 된 이상 이를 적극적으로 수정해야 할 필요를 거의 느끼지 못했을 가능성이 크다. 선행연구에서 밝히고 있는 바와 같이, 태조에 대한 왜곡은 조선에 일종의 압박처럼 작용했을 수 있기 때문에 중국에서 전략적으로 이를 활용했을 가능성도 있다. 또한, 그러한 왜곡된 기록이 명 황제의 '조훈'으로 남게 된 이상, 중국에서 이를 수정하고자 하였더라도 완벽한 수정이 형식적으로도 불가능하였던 측면도 있다. 이로 인해 태조에 관한 역사왜곡은 조선시대에 구조적인 차원에서 지속되고 있었다.

태조에 관한 역사왜곡이 구조적인 차원에서 반복되는 문제라고 했을 때 고세양 사건의 특징은 조선의 해결노력에서 찾을 수 있다. 고세양 사건에서 문제가 된 서적은 앞선 변무사건에서 논란이 되었던 『황명조훈』이나 『대명회전』과는 달리, 개인이 편찬한 역사서였다. 이로 인해서 사찬 역사서에 대해서도 공식적인 변무가 필요한 일인지에 대한 논란이 조선의 조정에서 있었다.

또한, 앞선 변무사건과 달리, 고세양 사건에서는 조선 내에서 관련 서적을 소지하거나 유통한 자를 조사하고 처벌하는 조치를 대외 변무활동과 전략적으로 연계하였다는 점에 유의해야 한다. 이전 시기에는 중국 서적 가운데 왜곡된 기록을 발견하면 주로 외교적인 차원에서 이를 수정하도록 요구하는 변무사를 중국에 파견하거나 중국에서 온 사신을 통해 기록의 수정을 요청하는 정책을 취할 뿐이었다. 반면, 영조는 청에 변무사절단을 파견하기에 앞서서 하나의 선결조건으로 조선 내에서의 조사를 시행하였다. 그리고 고세양을 심문하는 과정에서 밝혀진 내용을 바탕으로 변무사의 주문을 수정하기도 하였다. 다시 말하면, 대내조치의 결과가 곧 대외정책의 내용에 영향을 주었다. 나아가 추국과정에서 영조가 추국해야 하는 이유를 설명하는 부분, 관련자들을 심문하는 내용, 그리고 이후 죄인을 풀어주는 과정을 고려하면 영조는 추국장을 일정한 극적인 효과를 얻기 위한 장치로 활용하고 있는 것으로 보인다. 결국, 고세양 사건에서 영조가 취한 대내조치는 대외정책과의 연관성 속에서 정치적 의미를 갖는 것이다.

그렇다면, 고세양 사건에 대한 분석이 오늘날 동북아의 역사기록을 둘러싼 갈등을 해결해 나가는 데에 어떠한 함의를 줄 수 있는가? 태조의 행적이나 종계에 관한 왜곡의 문제가 400여 년간 지속되어 온 부분에서 알 수 있듯이, 역사왜곡 문제는 구조적으로 반복되기 쉽다. 처음 왜곡의 연유가 어디서 비롯된 것이든지 간에 일단 한 번 잘못 기록되기 시작되면 해당 기록은 후세에 하나의 증거자료로 활용됨으로써 계속해서 반복될 수 있는 계기를 제공하기 때문이다. 나아가 해당 기록이 국가의 경제적, 국제법적 이해관계와 맞물리게 되면 기록의 왜곡을 유지함으로써 이익을 얻게 되는 국가는 쉽게 해당 기록을 수정하려 들지 않게 된다. 따라서 역사왜곡 문제를 효과적으로 해결하기 위해서는 당해 문제가 구조적인 차원에서 고착화 될 가능성을 사전에 제거해야 한다.

또한, 오늘날 동북아 역사왜곡 문제는 대내정책과 대외정책을 구별함으로써 해당 문제가 국가 사이의 분쟁으로 확대되는 것을 제지하고 있는 형국이다. 예를 들어, 중국에서 2002~2007년까지 추진한 '동북변경지대와 그 상황에 관한 연구시리즈 프로젝트'인 동북공정 문제를 생각해 볼 수 있다.[70] 처음 중

70 동북공정과 관련하여 송기호, 2011, 「중국의 동북공정, 그 후」, 『한국사론』 57집; 정문상, 2008,

국의 동북공정에 내용이 국내 언론을 통해 알려지면서 이 문제는 자칫 중국과 한국 간 외교 분쟁으로 비화될 위기에 처했다.[71] 그러나 중국에서는 동북공정이 정부와 관련이 없는 민간 학술차원의 문제임을 계속해서 강조하였고, 한국도 동북공정 문제가 '비정치적이고 비정부적인 방법'으로 이루어져야 한다고 합의한 바 있다. 이로 인해 동북공정은 더 이상 정치쟁점으로 부상하지는 않고 있다.[72]

그러나 고세양 사건의 분석에 따르면, '민간 학술차원의 논의'라는 점도 여전히 문제의 소지가 있다. 뿐만 아니라 역사 기록과 관련된 분쟁의 해결을 위해서는 대외정책과 대내정책의 전략적인 연계가 필요할 수도 있다. 대외적인 협상력을 높이기 위해서 사전에 문제가 될 수 있는 사항들을 대내적으로 해결한다든지, 혹은 대내적으로 강력한 정책을 시행함으로써 자국이 얻고자 하는 방향으로 대외 분쟁해결을 도모할 수도 있기 때문이다.

「'역사전쟁'에서 '역사외교'로: 동북공정에 대한 한국인의 대응양상」, 『아시아문화연구』 15집 참고.

71 김태완, 2008, 「국제정치 시각으로 본 중국의 동북공정」, 『국제관계연구』 13집 2호, 6쪽.

72 동북공정은 결코 단순히 민간차원의 논쟁에 그칠 수 없다는 견해에 대해서는 김태완, 2018, 위의 글 참고.

참고문헌

『고려사(高麗史)』, 『대명회전(大明會典)』, 『승정원일기(承政院日記)』, 『조선왕조실록(朝鮮王朝實錄)』, 『청실록(清實錄)』

『추안급국안(推案及鞫案)』, 1978~1980, 규장각 영인본 40책, 한국학문헌연구소 편, 아세아문화사.

『추안급국안(推案及鞫案)』, 2014, 김우철 역, 흐름.

『황명조훈(皇明祖訓)』

정병설, 2016b, 『조선시대 소설의 생산과 유통』, 서울대학교출판문화원.

강명관, 1996, 「조선 후기 서적의 수입 유통과 장서가의 출현」, 『민족문화사연구』 9집 1호.

김경록, 2007, 「조선 후기 대중국 변무 연구」, 『(공군사관학교)논문집』 58집 1호.

______, 2014, 「선조대 홍순언의 외교활동과 조명관계」, 『명청사연구』 41집.

김영민, 2018, 「국문학 논쟁을 통해서 본 조선 후기의 국가, 사회, 행위자」, 『일본비평』 19집.

김태완, 2008, 「국제정치 시각으로 본 중국의 동북공정」, 『국제관계연구』 13집 2호.

노블리스, 멜리사(Nobles, Melissa), 2010, 「비교의 시각에서 본 역사적 부정의와 화해」, 『아세아연구』 53집 1호.

박성주, 2003, 「조선 전기 조명 관계에서의 종계 문제」, 『경주사학』 22집.

서일교, 1968, 『조선왕조 형사제도의 연구』, 한국법령편찬회.

송기호, 2011, 「중국의 동북공정, 그 후」, 『한국사론』 57집.

안소라, 2018, 「英祖代 史冊辨誣에 관한 硏究: 『明史』의 朝鮮記事를 中心으로」, 성균관대학교 박사학위논문.

이민희, 2008, 「조선과 중국의 서적중개상과 서적 유통문화 연구」, 『동방학지』 41집.

이성규, 1993, 「명청사서의 곡필과 조선의 변무」, 『오송이공범교수정년기념동양사논총』, 지식산업사.

이하경, 2018a, 「조선 후기 추국장의 정치적 의미: 영조 13년 김성탁 사건을 중심으로」, 『한국학연구』 50집.

______, 2018b, 「추국장에서 만난 조선 후기 국가: 영조와 정조 시대 『추안급국안(推案及鞫案)』을 중심으로」, 서울대학교 박사학위논문.

이헌미, 2015, 「명청교체기 한중관계와 비대칭동맹의 신뢰성 문제-월사 이정구의 변무사행 분석」, 『국제정치논총』 55집 3호.
이혜순, 2017, 「종계변무(宗系辨誣)와 조선 사신들의 명나라 인식」, 『국문학연구』 36집.
장민영, 2011, 「조선 영조대 '명기집략사건'의 정치적 성격」, 서강대학교 석사논문.
전세영, 2011, 「명대 중국의 조선관 연구」, 『21세기 정치학회보』 21집 1호.
정병설, 2016a, 「조선시대 대중국 역사변무의 의미」, 『역사비평』 116집.
정문상, 2008, 「'역사전쟁'에서 '역사외교'로: 동북공정에 대한 한국인의 대응양상」, 『아시아문화연구』 15집.
한명기, 2002, 「17, 8세기 한중관계와 인조반정-조선 후기의 '인조반정 변무'문제」, 『한국사학보』 13집.
허지은, 2004, 「정응태의 '조선무고사건'을 통해 본 조명관계」, 『사학연구』 76집.

2
호란(胡亂) 이후 조선의 역사화해

방상근
고려대학교 법학연구원 정답법연구센터 선임연구원

Ⅰ. 머리말

병자호란은 조선의 역사에서 가장 치욕적인 사건 중 하나로 기억된다. 문화적으로 열등하다고 여겨왔던 야만족(여진족)에게 인조가 삼전도에서 머리를 조아려야 했던 굴욕은 조선 후기 내내 지식인들에게 정신적 상처와 사상적 과제를 안겨주었다. 중화(中華)와 이적(夷狄)이 뒤바뀌고 이적인 오랑캐에게 굴복했던 일을 어떻게 받아들여야 할 것인가, 전란을 통해 받은 상처와 치욕을 어떻게 치유할 것인가 하는 문제가 제기되었다. 구범진의 지적처럼 "17세기 중엽 이후 조선의 역사가 곧 병자호란의 트라우마를 치유하고 극복하는 과정"[1]이었다고 해도 과언이 아닐 것이다.[2]

1 구범진, 2019, 『병자호란, 홍타이지의 전쟁』, 까치, 27쪽.

2 이 글은 병자호란 이후에 전개된 사상적 과제를 검토하고, 조선의 관점에서 어떻게 호란이 남긴 상처를 치유해 가는가를 설명하는 것을 목표로 한다. 병자호란이라는 전쟁 자체의 실상을 파악하

기존의 연구에서는 이 문제를 17세기 이후 화이관(華夷觀)의 변화, 즉 소중화 의식이나 조선중화사상의 대두라는 측면에서 설명한다.[3] 하지만 이 글에서는 호란 이후 조선이 직면한 국제질서의 현실 속에서 그 이전까지 유지해 온 '중화공동체 전략'이 어떻게 수정 혹은 변형되는지를 중심으로 논의하고자 한다.[4] 이를 통해서 조선 후기 역사화해의 방식을 찾아내고자 한다. 여기서 말하는 '역사화해'란 청조와의 역사적인 화해가 아니라, 조선의 지식인들이 심리적·논리적으로 자기를 치유해가는 자기화해와 이적인 청(淸)과 공존할 수 있는 길을 모색하는 것을 의미한다. 논의의 범위는 청조가 등장한 17세기부터 서양세력의 등장으로 청조의 지배체제가 흔들리는 19세기까지다. 그 과정에서 시간의 변화에 따른 청조에 대한 조선 지식인들의 인식 변화와 함께 청과의 공존 가능성에 대한 태도 혹은 입장의 변화를 살펴보고자 한다.

'공존의 길 모색'과 관련하여 유의할 점은 병자호란으로 중화와 이적이 뒤바뀌는 상황에서 조선은 창업 이후 지속해 왔던 국가전략을 수정해야 했다는 점이다. 조선은 태조 이래로 명나라와의 사대관계를 가져왔다. 하지만 그것은 다른 이적들이 명나라와 맺은 사대관계와는 성질이 다른 것이었다. 조선왕조의 설계자라고 불리는 정도전은 이적 중의 하나인 조선을 중화로 간주하여 다른 이적과의 차별성을 설정했다. 조선은 중국과 동일한 도(道), 즉 유교를 국가이념으로 채택하여 동질적인 유교문화를 실현하면서도 정치적으로는 자립을

기 위해서는 특히 청나라(홍타이지)의 관점에서 그 전쟁을 어떻게 이해할 수 있는가와 관해서는 구범진의 위의 저서를 참조할 것.

3 정옥자의 연구(1998, 『조선후기 조선중화사상연구』, 일지사)와 우경섭의 연구(2013, 『조선중화주의의 성립과 동아시아』, 유니스토리)가 대표적이다.

4 '중화공동체 전략' 혹은 '중화공동체론'은 기존의 역사 학계에서 논의되어 온 조선 후기의 사상적 특징인 '소중화론' 혹은 '조선중화주의론'과 구별되는 정치 학계의 최근 연구 성과(박홍규, 2016, 『삼봉 정도전 생애와 사상』, 선비)이다. 이와 관련해서는 본문에서 상술하고자 한다.

유지해 왔던 것이다.[5] 비록 호란 이후 전개된 국제관계의 현실 속에서 청과 사대관계를 맺었지만 조선 지식인들이 보기에 청은 조선과 동질적인 유교문화를 가지고 있지 않았고 유교의 도(道)를 실현하고 있다고 생각되지 않았다. 따라서 그러한 청과 어떻게 이념적으로 혹은 문화적으로 공존할 수 있을 것인가 하는 의문이 제기되었다. 조선 후기 사상사는 이 질문에 대한 해답을 모색하는 과정이었다고 필자는 판단한다.

이 글에서는 먼저 역사화해의 개념과 방식에 관한 일반적 논의를 제시(Ⅱ)하고, 그 논의를 바탕으로 17세기 이후 조선에서 나타난 대청복수론과 역사화해의 과정을 '질서의 공존'의 측면(Ⅲ), '문화의 동질성'의 측면(Ⅳ), 그리고 '동도(同道)의 모색'이라는 관점(Ⅴ)에서 살펴보고자 한다. 맺음말에서는 조선이 19세기 이후에 비록 불완전했지만 청과 역사화해를 할 수 있었던 이유 혹은 조건에 대해서 살펴보고자 한다.

Ⅱ. 역사화해의 개념과 방식

천자현[6]은 국제정치 학계에서 논의되고 있는 화해 이론을 국가이익론, 제도론, 상호인식론, 국제정의론, 용서이론 등 다섯 가지로 구분하여 기존의 화해 연구 동향을 설명하고, 각각의 접근에 따른 장점과 단점, 함의 등을 분석하였다.[7] 필자는 이들 이론 가운데 전통시대 조선과 여진의 화해를 설명하는 데 있어서 제도론적 접근과 상호인식론적 접근이 상대적으로 유용한 분석틀이라고

5 박홍규, 2016, 위의 책.

6 천자현, 2013, 「화해의 국제정치: 화해 이론의 발전과 중일관계에 대한 비판적 적용」, 『국제정치논총』 제53집 2호, 14~28쪽.

7 천자현은 국제정치학계의 화해 이론의 분류와 특성을 다음 표와 같이 분류하고 있다(2013, 28).

판단한다. 국가이익론적 접근은 전통시대 국가 간 관계가 국익(國益)으로는 설명할 수 없는 요소가 많다는 점에서 적용되기 어렵고, 국제정의론적 접근은 가해자와 피해자의 구분이 명확하지 않고 사대관계에서 징벌적 정의와 보상이 잘 이루어지지 않는다는 점에서 적용되기 어렵다. 또한 용서론적 접근은 가해자(강대국)의 과오를 '무조건적으로' 정당화시켜 줄 수 있으며 무조건적 용서의 요구가 피해자(피해국)에게 또 다른 폭력이 될 수 있다는 점에서 적용되기 어렵다. 따라서 제도론적 접근의 대표자라고 할 수 있는 가드너-펠드만(L.Gardner-Feldman)의 논의와 상호인식론적 접근이라고 할 수 있는 보리스(B. Borries)의 논의에 따른 설명을 시도한다. 물론 이들의 이론을 전통시대에 적용하는 데 따른 한계도 있음을 인정한다.[8]

'화해'는 공존으로부터 태도 및 신념의 변화, 그리고 과거에 적대적이던 당사자 간의 파트너십 관계의 발전에 이르기까지 다양하다. 펠드만은 국가 내부 집단 간의 화해와는 구별되는 개념으로서 국가 간, 사회 간의 국제적 화해에 초점을 맞추어서 화해를 "각국 정부와 사회를 넘어서 쌍방 간의 제도를 통하여 과거 적대적 관계에 놓여 있던 국가 간에 장기적 평화를 구축해 가는 과정"

특성 / 접근 이론	핵심 개념	국가 간 화해에 대한 입장	취약점
국가이익론적 접근	안보, 경제 등 국가 이익에 직결	회의적	이익 외의 역사, 관념적인 요소에 대한 설명 부족
제도론적 접근	국가와 사회의 제도	화해 원인보다는 과정에 초점	아래로부터의 변화 (bottom-up 방식), 시민 사회에 대한 이해 부족
상호인식론적 접근	정체성의 변화	심리적, 관념적	역사적 관점에서 사례별 연구가 주를 이루어 일반화, 이론화 부족
국제정의론적 접근	처벌	처벌 이후에 실현 가능/가해자와 피해자의 명확한 구분	국내정치와 국내법의 논리와 영향을 받아 불공정 사례들 존재
용서론적 접근	상처의 치유	가해자와 피해자의 관계 회복	무조건적 용서의 요구도 하나의 폭력/처벌의 미비

8 현대의 국제관계이론은 (적어도 이론상으로는) 상호 평등한 주권국가를 전제로 한 것에 반해서, 전통시대의 국제관계는 (적어도 원리상으로는) 천자를 정점으로 하는 수직적·위계적 국가관계를 전제로 한 것이라는 점에서 차이가 있다. 따라서 제도론적 접근과 상호인식론적 접근이 전통시대 사대적 국제관계를 온전히 설명할 수는 없다는 점은 사실이다.

으로 정의하였다. 이러한 화해의 개념에는 "조화롭고 갈등이 없는 공존의 비전을 평화에 포섭하는 것은 물론 서로의 차이를 포용하는 것까지 의미"한다.[9]

보리스(Borries)는 화해를 '역사적인 적대감과 증오'를 경감시키는 일인 동시에 '성가시고 고통스러운 역사'의 중요성과 기억을 인정하는 일로 정의한다. 그는 이러한 화해를 위해서는 정치경제적 조건 및 마음의 전제조건이 중요함을 강조한다. 즉 냉전·러시아/소비에트의 위협·NATO·미국과의 이해관계와 같은 정치적 조건이 없었다면, 프랑스와 독일은 제2차 세계대전 후 동맹국이 되는 일을 배우지 못했을 것이다. 또한 경제적 협력(유럽연합)이 정치적인 제휴와 '역사적 화해'를 이끌어내기도 하고, '경제 기적'을 통한 생산과 소비의 안정적 성장으로 화해의 과정이 더 쉬워졌다고 지적한다. 뿐만 아니라 두 차례의 세계대전이 몰고 온 충격과 도전, 그로 인한 '전쟁 피로'는 평화를 위한 마음의 준비에 영향을 미쳤고 유럽통합을 위한 운동을 일으켰다는 것이다. 그는 전쟁과 평화·미움과 사랑·복수와 화해를 결정하는 것은 정치와 경제이며, 역사는 그 과정들을 돕거나 훼방하고 준비하거나 지연시키지만 그 자체가 강력한 독립 요소는 아니라고 주장한다.[10]

반면에 펠드만은 적대적 국가관계를 우호적 관계로 발전시켜 나가는 데 있어서 역사라는 변수를 중시하고 그 외의 세 가지의 변수로 리더십·제도·국제상황을 제시한다. 펠드만에 따르면, 역사는 의식적으로 화해의 통로로 활용된다. 전쟁에 대한 대안으로서의 화해는 오랜 시간이 필요한 과정이고, 화해를

9 릴리 가드너 펠드만, 2009, 「독일의 화해 외교정책에서 역사의 역할」, 『역사 대화로 열어가는 동아시아 역사 화해』, 동북아역사재단, 16~17쪽.

10 보도 폰 보리스, 2009, 「역사 화해를 위한 역사교육: 독일 관점에서의 이론적 고찰과 실제 경험」, 『역사 대화로 열어가는 동아시아 역사 화해』, 동북아역사재단, 196쪽. 보리스는 인간이라는 존재는 역사적 통찰이나 진리가 아니라 이해관계에 의하여 내몰리고 결정된다고 본다. 따라서 역사가 국가들 사이의 화해에 기여하기는 하지만 '역사 학습'의 영향력을 지나치게 과대평가해서는 안 된다는 입장이다.

이루기 위해서는 지속적이고 역동적으로 과거와 대면하고 역사의식을 가져야 한다. 과거사를 묻어버리기보다는 되살리려는 노력, 인간적 고통에 대한 인식, 집단적·개별적 관점에서의 기억에 대한 강조가 중요하다. 또한 갈등 후 관계 복원의 단계에서는 ① 자극제로서의 과거, ② 고통에 대한 인정, ③ 현재로서의 과거 등 세 가지 후속 단계가 역사화해를 구성한다.[11]

리더십의 경우, 비전을 가지고 국내의 반대 여론을 극복할 의지가 있어야 하고, 상대방 국가의 정치지도자들과 [때로는 개인적 친근관계를 통한] 우호적 파트너십을 형성할 수 있어야 한다. 제도의 경우, 정부 간이든 비정부 간이든 광범위한 정책과 사회 쟁점을 통해 나타나게 되고, 권력의 구조적 비대칭성에도 불구하고 대등한 권리와 의무를 부여하게 되며, 임시적이기보다는 정형화된 형태를 갖추게 된다. 국제적 상황의 경우, 대립관계를 완화시키기도 하며 화해관계의 영향을 받게 된다.[12]

이러한 화해의 조건들에 기반하여 역사화해를 이루어내기 위해서는 전략이 필요하다. 보리스는 이와 관련하여 "서로 같이 다가서고 움직이는 것, 또는 서로를 향해 같이 나아가는 것"이 필요함을 지적한다. 즉 모든 관련 당사자들이 상대쪽의 반응을 예상하여 자신의 습성을 조금씩 바꾸어야만 하며, 그 과정은 지속적으로 변화하면서 자신의 관점을 역사와 선택의 요건들, 대의의 속성에 대조하는 것이다. 보리스는 이를 '적'의 이야기를 하고 '적'의 노래를 부르면서

---

11 펠드만, 앞의 글, 18~21쪽. 펠드만은 갈등 후 관계복원의 3단계를 다음과 같이 설명한다. 첫 단계는 화해의 동기에 관한 것인데, 화해는 항상 도덕성과 실용성에 연결되어 있다는 것이다. 진정한 도덕적 관심은 역사에 힘을 실어주고, 실용성은 역사를 무시하지 않으나 그 중요도를 떨어뜨린다. 두 번째 단계는 새로운 관계의 시작에서 일어난다. 과거에 피해를 입혔다는 사실을 공식적으로 인정하고 그 잘못에 대해 사과하는 것이 새로운 시작의 선결조건이다. 이 때 사과는 희생자의 진중한 반응을 필요로 한다. 세 번째 단계는 교육이나 기념비의 형태로 혹은 과거에 대한 서면 및 구두의 대화 형태로 계속되는 화해의 과정을 포함한다. 특히 피해자·가해자의 범주가 분명한 경우, 피해자가 칼자루를 쥐게 된다.

12 펠드만, 위의 글, 18~19쪽.

'타인', 심지어 '적'의 눈을 통해 보고 '그들의 신발을 신고 걷기'라고 표현한다. 단순히 '타인'을 이해하는 감정이입만으로는 충분치 않고, 체계적으로 역사적 이야기를 비교하고 교체하는 데까지 나아가야 한다는 것이다. 이를 통해 역사적인 우월감과 편견으로 가득 찬 신화·특정 집단의 특별한 존엄성(선택됨, 엄선됨)과 상대 집단의 열등의식 또는 존엄성(저주받음, 타락함)을 완전히 파괴해야 하며, 보편적이고 정당한 시민권과 인권의 승인이 필요하다. 그때에 비로소 조상들의 증오에도 불구하고 타자(他者)를 위한 관용, 그리고 더 나아가 상호 연민과 상호 수락에 이를 수 있다.[13]

보리스는 이러한 형태의 완전한 역사화해가 아닌, 불완전한 형태의 화해가 있을 수 있음을 지적한다.[14] 즉 ① 복수와 피의 반목시스템 속의 적대적 역사('물려받은 적개심'), ② 승자의 역사와 패자의 저주·망각('권력의 냉소주의'), ③ 패자의 지하 역사와 전복(顚覆)에 대한 희망('기억의 영웅주의'), ④ 부적절함으로 인해 제외된 적대적 역사('생존 우선순위')가 그것이다. 승자와 패자, 가해자와 피해자, 부자와 가난한 자의 후손들은 특정 사건이나 전개상황을 서로 대조적인 방식으로 기억하고 소화할 수 있는데, 이처럼 인간이 자기정당화와 의사결정을 위해 역사를 이용할 때, 이러한 일련의 제한된 전략과 논리적 해석을 선태하고 그 결과 불완전한 형태의 역사화해가 이루어진다.

역사화해에 관한 이러한 개념 정의와 방식을 참고하여 호란 이후 조선의 역사화해를 살펴보고자 한다. 이 사례의 탐색을 통해서 한편으로는 위에서 논의된 역사화해의 이론들을 검증하고, 다른 한편으로는 역사화해의 보편성과 특수성을 검토할 수 있을 것이라 기대한다.

---

13 보리스, 앞의 글, 207~209쪽.

14 보리스, 위의 글, 203~206쪽.

Ⅲ. 후금(청)의 등장과 정치질서의 공존

1. 호란 이전의 동아시아 국제관계

병자호란이 일어나기 3년 전인 1633년(인조 11년)에 후금(청)의 태종은 사신을 통해서 조선에 다음과 같은 서한을 보냈다. 명나라와 승패를 겨루며 싸우고 있는 상황에서, 조선이 명과 청 두 나라 사이를 중재하여 '화해'할 수 있도록 요청하는 내용이었다.

> 귀국은 이미 명나라로 부모를 삼고 우리나라를 형제로 삼았소. 그런데 우리나라가 명나라와 십수 년 동안 싸우며 병화를 맺어 왔으나 귀국은 그 사이에 끼여 승패만 지켜보며 화해를 붙이지 않았으니, 부모 형제의 명칭만 있을 뿐 실은 재앙을 다행으로 여기고 화를 즐기는 마음이 있었던 것입니다. 이는 자못 두 나라의 승패가 나라의 대소와 사람의 지모에 있는 것이 아니라 모두가 하늘의 뜻에 있다는 것을 모르는 것이오. 귀국은 명나라로 부모를 삼고 우리를 형제로 삼았으니, 왕은 곧 한 나라의 임금으로서 명나라의 신료들이 조정의 주륙을 입을까 염려하여 감히 함부로 나서서 주장하지 못하는 것과는 다르오. 그러므로 왕은 부모 형제 사이에서 서로의 사정을 알려 화해를 힘써 주장하여도 부당할 것이 없는 것이오. 진실로 이와 같이 한다면 온 천하가 당장 태평하게 되어 두 나라의 전쟁이 종식될 뿐만이 아니라 귀국의 복됨 또한 작지 않을 것이오.
>
> 또 생각건대 병(兵)이란 곧 흉기이므로 실로 사람이 좋아하는 것이 아니오. 다만 화해하고 싶어도 이루어지지 않아 끝내 해산하고 싶어도 불가능한 지경에 이르게 된 것이오. 나의 이 말이 진실인지 거짓인지 왕이 한번 생각해 보면 알 수 있을 것이오.[15]

청태종의 서한에 언급되어 있는 바와 같이, 당시 조선은 명을 부모의 나라

15 『인조실록』 11년 6월 16일(병자).

로, 청을 형제의 나라로 삼고 있었다. 그러나 청태종의 주장과는 달리, 조선은 부모와 형제가 싸우는 사이에 그 싸움을 즐기면서 지켜만 본 것은 아니었다. 양자 사이에 중립외교 노선을 취했던 광해군대와는 달리, 인조대에는 임진왜란 때 조선을 구원해 준 명에 대한 의리, 소위 '재조지은(再造之恩)'을 강조하며 친명노선을 명시적으로 표명하고 있었다. 따라서 양자 사이를 중재하여 '화해'를 모색할 생각은 없었다. 청태종이 "병(兵)이란 흉기"를 언급하며 조선에 대해서도 출병(出兵)할 수 있음을 공개적으로 위협하는 상황에서도, 청이 명나라를 치는 것을 도와줄 생각은 없었다. 당시 청태종의 서한에 대해서 인조는 "노서(虜書)에 이른 바는 금원(金元)이 송(宋)을 우롱하는 계책이지 마음을 고치어 신하로 섬기려는 뜻이 아닌 것 같으니, 사유를 갖추어 통보해도 무방할 것 같다"라고 답하였다.[16] 청이 명을 우롱하려는 뜻에서 보낸 서한일 뿐 신하로서 명을 섬기려는 생각이 없기에 조선 역시 청의 우롱에 굴복하지 않겠다는 것이었다.

이처럼 호란은 그 출발점에서 누가 부모이고 누가 형제인가, 누가 누구를 섬길 것인가 하는 문제에서 비롯되었다. 이는 다시 말하자면, 누가 중국(중원)을 지배할 제국인가 하는 문제라고 할 수 있으며, 조선의 입장에서는 누구를 중화제국으로 섬겨야 할 것인가 하는 문제였다. 따라서 호란 이후 그 치욕의 역사와 어떻게 화해할 것인가 하는 문제 역시 '누구를 중화로 섬길 것인가' 하는 문제와 밀접히 연관되어 있다. 조선은 명을 선택했고 그 결과 호란이라는 치욕을 당했다. 하지만 호란 이후에도 한참동안 조선은 여전히 명을 중화로 보고, 청을 이적으로 대하고 있었다. 이처럼 호란 이후에도 지속된 조선의 존명의리나 청에 대한 조선의 입장을 이해하기 위해서는 먼저 호란 이전의 명과 조선의 사대관계를 이해할 필요가 있다.

---

16 『인조실록』 11년 6월 16일(병자).

본래 『맹자』의 사대(事大)·사소(事小)의 개념에서 소국이 사대하는 것은 그 대상인 대국을 지속적으로 섬기기 위한 것만이 아니라, 자신이 대국이 되어 천하를 통일할 때까지의 잠정적인 조치로 상정된 것이다. 따라서 이적인 소국도 화(華)로 변화되어 천하를 통일할 수 있는 길(가능성)이 열려 있다. 이러한 맹자의 사대·사소의 질서에서 중국과 주변국 사이의 관계는 수평적이며, 각 국가는 대용(大勇)을 길러서 천하를 통일하는 것이었다. 그런데 명나라가 조공책봉체제를 구축하면서 사용한 일시동인(一視同仁)의 논리는 명나라를 중화로 설정하고 주변국을 야만적 오랑캐로 간주하는 이분법적 사유에 기반한다. 이 논리는 '이적은 교화의 대상이 아닌 일방적 시혜의 대상'으로 보는 주자(朱子)의 화이론을 따른 것이다. 그런 점에서 주자의 화이론과 명나라의 조공책봉체제는 사대·사소에 관한 『맹자』의 본의로부터 멀어진 일종의 변주(變奏)였다.[17] 중국과 주변국 사이의 수직적이고 일방적인 질서를 상정하고 있는 이 체제를 그림으로 표현하면 〈그림 1〉과 같다. 이 그림은 박홍규의 책[18]에서 차용한 것이다.

〈그림 1〉에서 보는 바와 같이, 만약 명나라의 주변국이 주자(학)의 화이론을 수용한다면, 명나라 중심의 천하질서에 포섭되어 정치적으로 속국이 되고 문명적으로는 중화문명의 아류로 전락하게 된다. 그러나 주변국이 『맹자』의 본의를 고수한다면, 스스로 천하질서를 담당하는 길을 가야하고 그렇게 되면 명나라와 천하를 놓고 대결해야 한다. 그 어느 쪽도 주변국으로서는 선택하기 어려운 난제에 빠지게 되는 것이다. 박홍규는 조선이 이러한 딜레마를 극복하기 위해서 내세운 논리가 바로 '중화공동체론'이라고 말한다.[19] 이것은 맹자의 본의와도 다르고 명(주자학)과도 다른 조선만의 국가전략이며, 이 전략을 체계

17 박홍규, 2016, 앞의 책, 279~281쪽.

18 박홍규, 2016, 앞의 책, 286쪽.

19 박홍규, 2016, 위의 책, 284~293쪽.

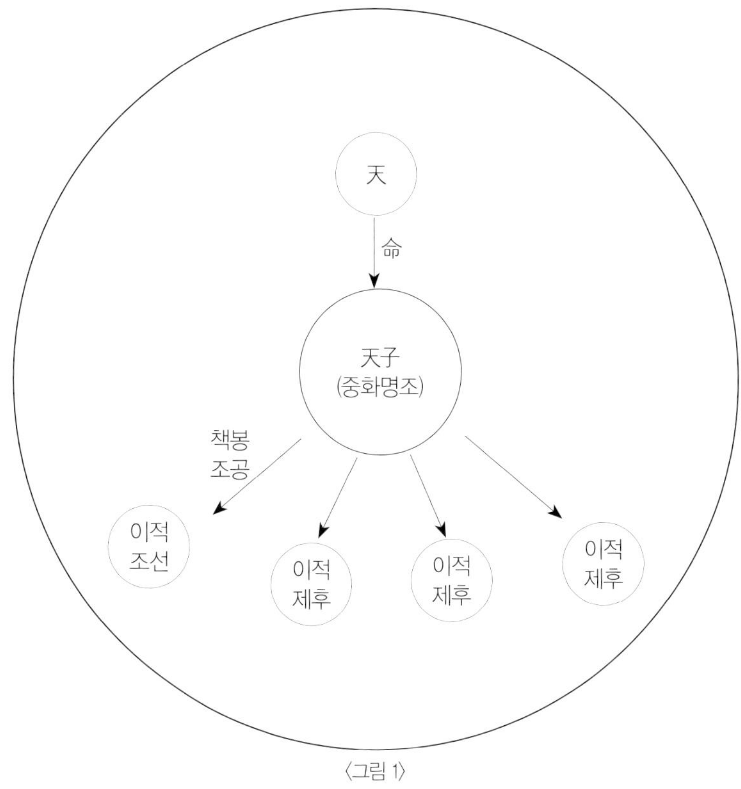

〈그림 1〉

화한 것이 바로 정도전의 『조선경국전』이다. 이 책에서 정도전은 천자(명)와 제후(조선)를 수직적 관계가 아닌 동일한 원리[道]에 의해 존재하는 수평적 관계로 묘사하고, 조선왕조의 유지는 천자의 책봉이 아니라 조선임금의 인정(仁政)여부에 달려 있다고 설명한다.

> 「주역(周易)」에 "성인의 큰 보배는 위(位)요, 천지의 큰 덕은 생(生)이니, 무엇으로 위를 지킬 것인가? 바로 인(仁)이다." 하였다. 천자(天子)는 천하의 봉공(奉貢)을 누리고, 제후(諸侯)는 경내(境內)의 봉공을 누리니, 모두 부귀가 지극한 사람들이다 …… 인군(人君)은 천지가 만물을 생육시키는 그 마음을 자기의 마음으로 삼아서 불인인지정(不忍

人之政)을 행하여, 천하 사방 사람으로 하여금 모두 기뻐해서 인군을 마치 자기 부모처럼 우러러볼 수 있게 한다면, 오래도록 안부(安富)·존영(尊榮)의 즐거움을 누릴 수 있게 될 것이묘, 위망(危亡)·복추(覆墜)의 환(患)을 끝내 갖지 않게 될 것이다. 인(仁)으로써 위(位)를 지킴이 어찌 마땅한 일이 아니겠는가?[20]

이처럼 조선과 명나라의 관계를 '원리적 수평성'으로 설정하면서도 맹자의 본의와 달리 주변국(소국)인 조선이 장차 대국이 되어 명과 일전을 치루고 중원을 차지하는 것은 부정한다. 대신에 조선이 작은 주나라(소중화)가 되어 큰 주나라(대중화)인 명과 함께 '중화공동체'를 형성한다는 전략이었다.

중화공동체는 세 가지 차원이 중첩된 개념이다. 첫째는 도(道)의 동일성이고, 둘째는 문화의 동질성이고, 셋째는 정치체제의 동존성(同存性)이다. 조선과 중국(명)은 동일한 도, 즉 유교를 국가이념으로 채택하여, 동질적인 유교 문화를 실현하면서도 정치적으로는 자립을 유지하는 것이 바로 정도전이 구상한 국가전략이다. 중원으로의 진출을 예정하고 대국주의 전략을 유지했던 고려가 요동정벌에서 보듯 중원의 왕조와 전면전을 상정했던 것과 달리, 조선은 대국주의가 초래한 고려 멸망의 전례를 인지하고 소국주의로 전환했다. 그러나 이 소국주의는 종종 오해되고 있듯이 수직적 사대질서하에서 중국의 속국이자 중화문명의 아류로 전락하는 것을 의미하지는 않는다. 수평적이고 쌍무적인 관계에서 명나라와 함께 '평천하'의 한 부분을 담당하겠다는 주체적인 전략이며, 조선은 다른 이적과는 다르다는 '조선 예외주의' 전략이었다. 이를 그림으로 표현하면 다음과 같다.[21]

20 『삼봉집』Ⅱ, 230~231쪽.

21 박홍규, 2016, 위의 책, 291~293쪽.

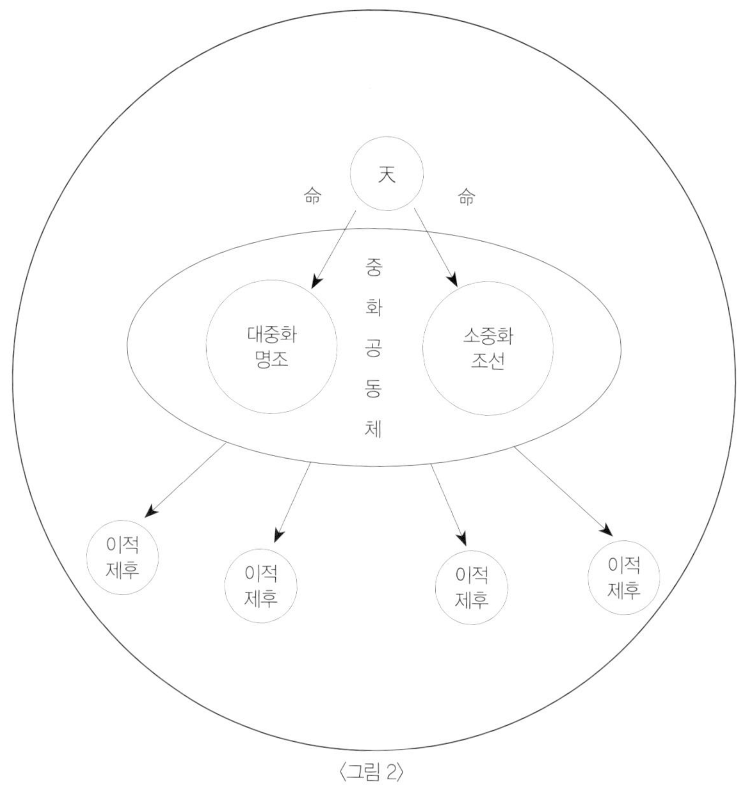

〈그림 2〉

위 그림에서, 조선은 명과 마찬가지로 천명을 받은 나라이며 중국과 동일한 도(道), 즉 유교문명을 국가이념으로 채택하여 명과 함께 중화공동체를 형성하여 주변의 이적들을 다스려나가면서 정치적으로는 자립을 유지하는 것으로 상정되어 있다. 명조와 조선을 포함하는 타원형의 원이 실선으로 표시된 것은 조선이 명과 함께 중화공동체를 형성하고자 했음을 의미한다. 그리고 이러한 조선 전기의 중화공동체 전략은 단지 상상으로만 그친 것이 아니었다.

정도전 이후 즉위한 태종과 세종은 이러한 전략에 입각하여 주변의 이적인 여진과 왜인의 내조(來朝)를 받아들이고 때로는 대마도정벌과 파저강 토벌을 단행하기도 했다. 세조와 성종시대에는 이적의 내조를 받아들이고 여진에 대한 정벌을 단행했을 뿐만 아니라, 여진족(올적합과 알타리·올량합 등) 내부의 갈등에 깊숙이 개입하여, 그들 사이에 반복되는 유혈 복수를 중재하여 화해를 시키고자 하는 노력을 기울이기도 했다.[22] 조선이 단지 다른 이적 제후의 하나라면 상상할 수 없는 일이었다. 세조는 명나라 천자와 마찬가지로 '일시동인'의 논리를 내세우며 주변 이적들에 대한 영향력을 행사하며 평천하의 사명을 충실히 담당하였다.[23]

명과 조선이 중화공동체를 형성하여 동아시아 국제질서를 주도하는 이러한 체제는 호란 이후 명나라가 멸망하고 청나라가 등장하면서 파국을 맞이했다. 조선은 청과 굴욕적인 군신관계를 맺는 조건으로 강화(講和)하였다. 오랑캐의 속국으로 전락해버린 것이다. 비록 오랑캐의 무력 앞에 굴복하기는 했지만, 그 치욕을 받아들일 수 없다는 것이 조선의 입장이었다. 몽고족을 몰아낸 명조와의 관계를 이상시해 왔고, 더욱이 임진왜란 때에는 명조의 원군으로 국난을 극복할 수 있었던 조선은 청조를 그대로 인정할 수는 없었다. 그러한 배청(背淸)의식은 명조가 멸망한 후에 조선이야말로 중화문명의 유일한 계승자라는 의식으로 나타났다.

개국 이래로 지속된 조선의 '중화공동체 전략'은 호란 이후에 사라진 것은 아니었다. 송시열의 복수설치론(復讎雪恥論)은 호란 이전의 명과의 관계를 회복하고자 하는 의지의 반영이었다. 그를 비롯한 17세기 조선의 지식인들에게는 무

22 조선 전기의 여진 및 왜(倭)와의 관계와 관련하여서는 다음의 연구를 참조할 것. 김선민, 2013, 「한중관계사에서 변경사로: 여진 - 만주족과 조선의 관계」, 『만주연구』 15; 박정민, 2013, 「조선 성종대 여진인 "내조(來朝)" 연구」, 『만주연구』; 박정민, 2014, 「조선시대 여진인 내조 연구」, 전북대학교 박사학위논문; 유재춘, 2012, 「여말선초 조·명 간 여진귀속 경쟁과 그 의의」, 『한일관계사연구』 42; 이규철, 2013, 「세조대 건주위 정벌과 명의 출병 요청」, 『역사와 현실』 89; 정다함, 2008, 「조선초기 野人과 對馬島에 대한 藩籬·藩屛의 형성과 敬差官의 파견」, 『동방학지』 141; 한성주, 2011, 『조선전기 수직여진인 연구』, 경인문화사; 한성주, 2014, 「조선 변경정책의 허와 실 - 두만강 유역 여진 번호의 성장과 발전」, 『명청사연구』 제42집.

23 『세조실록』 5년 3월 10일(임진), 5년 4월 13일(갑자), 5년 11월 24일(갑진),

력을 키워서 대국이 된 후에 중원을 차지하여 중심국(중화)이 되겠다는 의식은 없었다. 그들이 주장한 북벌론은 몽고족을 몰아낸 명조가 그랬듯이, 명조의 후계자가 만주족(청)을 몰아내고 다시 중국을 회복하는 데 일조하겠다는 의미였다. 이적인 청나라의 지배하에 있지만, 문명과 도를 지키면서 중화공동체의 회복을 기다리겠다는 것이었다. 이 시기 '명-조선-청'의 관계는 아래의 그림으로 표현할 수 있다. 다음 〈그림 3〉은 〈그림 1〉과 〈그림 2〉를 참조하여 필자가 작성한 것이다.

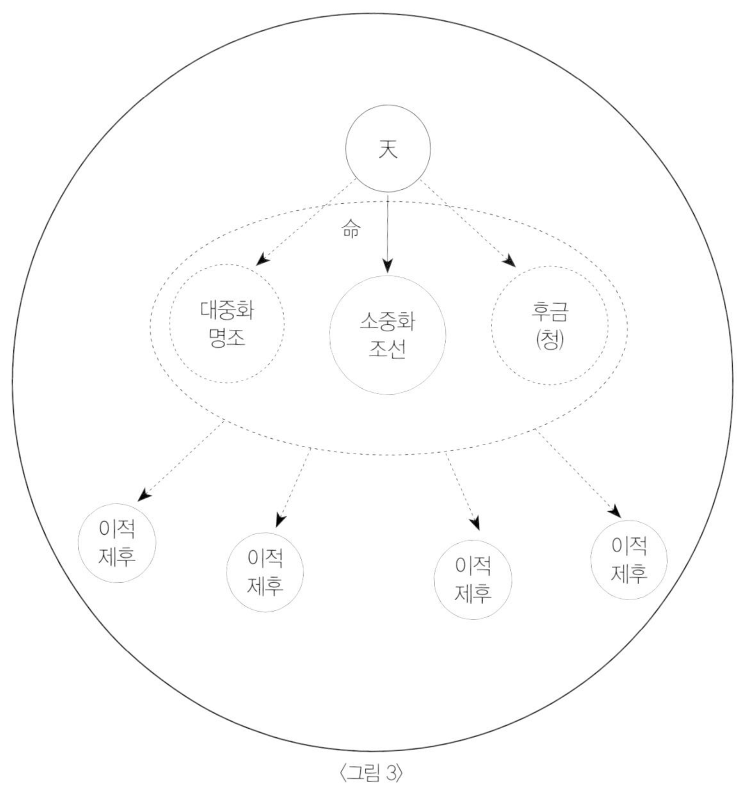

〈그림 3〉

〈그림 3〉에서 보는 바와 같이, 17세기에 명조는 쇠퇴했고 그 천명은 다한 것으로 보였다. 하지만 조선의 관점에서 볼 때 후금(청)이 천명을 받았다고는 생

각되지 않았다. 비록 청조는 그렇게 주장했지만, 조선은 그들의 운세가 오래 가지 못할 것으로 여겼다. 오직 조선만이 개국 이래로 천명을 유지하고 있는 것이었다. 〈그림 3〉에서 조선과 청을 둘러싼 원(타원)이 실선이 아니라 점선으로 표시된 것이 조선이 청과 중화공동체를 형성하는 것을 생각하고 있지 않았음을 의미한다. 조선은 청조가 아니라, 명을 대신할 중화 제국이 등장하여 새로운 중화공동체를 형성할 것을 기대하고 있었다. 그 때를 대비해서 조선은 힘을 기르며 청에 대한 복수를 준비하고자 했다.

이러한 의식이 구체적으로 정책화한 것은 병자호란 후에 인질로 중국에 끌려갔다 돌아와서 즉위한 효종(재위 1649~1659) 때였다. 그는 즉위 이후 철저한 주자학자로서 반청강경론자인 송시열을 발탁하여 청조를 공벌하겠다는 '북벌론'을 내걸고 전쟁준비에 착수하였다.

2. 호란 이후의 복수론

효종은 한무제를 전범으로 삼아 북벌을 실행하려는 인식을 지니고 있었다. 그는 잠저(潛邸) 시절 한대(漢代)의 여러 황제들 중 민생 안정에 역점을 두었던 문제(文帝)·경제(景帝)보다 흉노 정벌에 진력한 무제를 더욱 높이 평가한다는 말을 통해 북벌의 대의를 은밀히 드러내기도 했다.[24] 효종의 이 같은 언설은 송시열을 비롯한 많은 신료들에게 화이질서의 회복을 기대하며 출사하게 만든 중요한 계기를 이루었다. 그런데 왕도정치론의 관점에서 본다면, 전쟁에 국력을 기울인 무제의 행위는 비판의 여지를 안고 있었다. 예컨대 북송의 사마광은

---

24 여기서 말하는 잠저란 효종(1619~1659)의 아버지 인조가 즉위한 1623년부터 효종이 즉위한 1649년까지의 기간을 의미한다. 이 기간에 봉림대군은 8년간(1637~1645) 심양(瀋陽)에 볼모로 가 있었다.

무제를 진시황에 버금가는 폭군으로 비판하였고, 남송의 주자는 무제가 평성지우(平城之憂)[25]를 핑계삼아 백성을 도탄에 빠뜨린 잘못을 통렬하게 지적하기도 하였다.[26]

송시열은 청군(淸軍)에게 살해당한 남명(南明) 홍광제(弘光帝)의 죽음이나 인조가 항복하며 받은 수치는 고려할 필요가 없다고 하는 세력, 즉 당시 조정을 장악한 친청파(親淸派)를 비판하였다. 그는 청나라에 신복(臣服)하였다는 현실론의 관점에서 시세를 따르는 자를 용납할 수 없었다. 이는 당시 지식인들이 대체로 인조대의 치욕을 한나라 고제(高帝)가 당한 '평성지우'에 비유한 것과는 차이가 있었던 것이다.[27] 그는 병자호란 이후 조선의 현실을 남송이 처한 현실과 동일시하여 화이론적 관점에서 북벌을 제기함으로써 주자학적 정치사상을 본격적으로 드러내었던 것이다. 그는 북벌론을 구체화한 북벌정책을 실현하기 위한 방법론으로 두 가지를 제시하였다. 첫째는 내수(內修)로서 국왕의 일심(一心)을 바로잡는 것으로부터 출발하여 패도(覇道)를 배격하고 왕도정치를 실현하는 것이다. 둘째는 외양(外攘)을 실현하는 방법으로 양민(養民)과 양병(養兵)을 동시에 추진하는 것이었다.[28]

송시열은 명이 임진왜란에서 조선을 구원했던 '재조(再造)의 은혜'를 존주양이론(尊周攘夷論)과 연결시켜 조선의 대외이념으로 확립시켰다. 그는 "부강함을

---

25 한고조(漢高祖)가 직접 군대를 인솔하고 흉노의 묵돌선우를 공격했다가 평성(平城) 인근의 백등산(白登山)에서 흉노의 40만 대군에게 7일 동안이나 포위를 당하는 곤경에 빠졌던 일을 말한다. 이 때 진평(陳平)이 계책을 내어 선우(單于)의 부인에게 후한 뇌물을 써서 겨우 포위에서 풀려날 수 있었다.

26 우경섭, 2003, 「송시열의 화이론과 조선중화주의의 성립」, 『진단학보』 제101권, 268~269쪽.

27 우경섭에 따르면, 송시열이 한무제의 행적을 화이분별론의 전거로 삼지 않은 이유는 무제의 행적 가운데 내포된 패도(覇道)의 요소 때문이라고 한다. 즉 중화와 이적을 판가름하는 기준이 '주나라로부터 전해지는 유교정치이념'이라고 전제한다면, 왕도정치의 이상을 저버린 채 치세 내내 백성들을 흉노와의 전쟁에 동원했던 무제의 행위는 결코 화이론의 전범이 될 수 없었다는 것이다.(우경섭, 2003, 「송시열의 화이론과 조선중화주의의 성립」, 『진단학보』 제101권, 269쪽.)

28 정재훈, 2008, 「17세기 우암 송시열의 정치사상」, 『한국사상과 문화』 제42권, 179쪽.

추구하는 것은 천리이지만 공리(功利)를 숭상하는 것인 인욕(人欲)이며, 소국이 대국을 섬기는 것은 천리이지만 치욕을 참고 원수를 섬기는 것은 인욕"이라고 주장했다.[29] 이적이 지금 부강하다고 해서 치욕을 참고 무조건 순복하는 것은 천리가 아니라 현실의 이익을 구하는 인욕이라는 것이다. 그는 천리와 인욕이라는 도덕적 가치판단을 기준으로 조선의 대외관계를 파악하고, 명에 대한 사대는 보편적 진리인 반면에 청에 대한 사대는 원수를 섬겨야 하는 굴욕의 결과라고 판단했다. 이 점에서 이 시기의 존주양이론은 명에 대한 의리론과 청에 대한 복수론이 결합되면서 각각을 존주론과 북벌론으로 발전시켜 가고 있었다.[30]

송시열은 북벌계획이 단순하게 병자호란에 대한 복수이거나 명의 은혜에 보답하는 의리에 그치는 것이 아니라, 춘추대의(春秋大義)에 근거한 정도(正道)의 구현에 있음을 「기축봉사(己丑封事)」에서 다음과 같이 밝히고 있다.

> 공자가 『춘추』를 지어 대일통(大一統)의 의리를 천하 후세에 밝혀서 무릇 혈기 있는 부류들은 모두 중화(中華)를 높이고 이적을 추하게 여겨야 할 것을 알았습니다. 주자가 또 인륜을 추리하고 천리를 깊이 따져 부끄러움을 씻는 의리를 밝혔습니다. 말씀하시기를 "하늘은 위에 있고 땅은 아래에 있으며 사람이 그 가운데 위치한다. 하늘의 도는 음양 뿐이고 땅의 도는 유강(柔剛) 뿐이니, 인의를 버린다면 사람의 도를 세울 수 없다. 그런데 인(仁)은 부자(父子)보다 큰 것이 없고, 의(義)는 군신(君臣)보다 큰 것이 없다. 이것이 삼강의 요체요 오상의 근본이며, 천리와 인륜의 지극함이라 하늘과 땅 사이에 피할 곳이 없다. 그러므로 '군부의 원수는 같은 하늘 아래 살 수 없다.'고 한 말은 하늘과 땅 사이에 군신·부자의 성(性)을 지닌 모든 사람들이 지극한 통분을 어쩔

---

29 『宋子大全』 권5, 「己丑封事」 "富强者天理 而尙功好利者人欲也 小事大者天理 而忍恥事讐者人欲也."

30 최연식, 2007, 「조공체제의 변동과 조선시대 중화 - 사대 관념의 굴절」, 『한국정치학회보』 제41집 1호, 111~112쪽.

> 수 없는 똑같은 마음에서 비롯된 것이지, 일신의 사욕을 분출하려는 것이 아니다." 라고 하셨습니다. …… 신은 이 글을 읽을 때마다 이 한 글자 한 글귀가 혹시라도 세상에 드러나지 않으면 예악이 분양(糞壤)에 빠지고 인도(人道)가 금수(禽獸)에 들어가서 구제할 수 없게 될 것이라고 생각하였습니다.[31]

송시열은 공자가 『춘추』를 지은 뜻이 중화를 존숭하고 이적을 배척하기 위해서임을 지적하고, 삼강오륜을 실현하여 군부(君父)의 원수를 갚아야 한다고 하였다. 그는 남송의 주자와 마찬가지로 오랑캐로부터 받은 치욕과 부끄러움을 씻는 것을 자신의 역사적 사명이라고 생각하고 있었다.

위의 인용문에서 그가 말하는 '춘추대의'란 『춘추』의 대일통 사상을 말하는데, 이는 주(周)에 정통성을 부여하고 주나라를 중심으로 하여 왕자(王者)가 왕도사상의 실천으로 천하를 통일하고자 함을 말한다. 즉 대일통사상이란 인간의 심성에 보편성으로 내재된 인의(仁義)를 바탕으로 인도정신을 구현시키려는 것이며, 지덕(至德)의 소유자인 왕자가 주체 역할을 하여 왕도가 실현된 대동세계를 지향하는 것이다.[32] 이처럼 송시열은 청에 대한 복수가 단지 개인적인 일신의 사욕을 분출하는 것이 아니라 천리와 인륜, 인의와 왕도정치 차원의 문제이며 존주대의를 실천하는 것임을 효종에게 환기시킨다. 따라서 복수를 포기하는 것은 인륜과 인도를 저버리고 금수가 되고자 하는 것과 마찬가지라는 것이다.

효종 즉위년(1649)에 「기축봉사」를 올린 후 8년이 지난 시점에서 송시열은 효

31 『宋子大全』 권5, 「己丑封事」 "孔子作春秋 以明大一統之義於天下後世 凡有血氣之類 莫不知中國之常尊 夷狄之可醜矣 朱子又推人倫極天理 而明雪恥之義曰 天高地下人位乎中 天之道不出乎陰陽 地之道不出乎柔剛 是則捨仁與義 亦無以立人之道矣 然仁莫大於父子 義莫大於君臣 是謂三綱之要 五常之本 人倫天理之至 無所逃於天地之間者 其曰君父之讎 不與共戴天者 乃天之所覆地之所載 凡有君臣父子之性者 發於至痛不能自已之同情 而非出於一己之私也…臣每讀此書 以爲此一字一句 或有所懷 則禮樂淪於糞壤 人道入於禽獸 而莫之救也."

32 오석원, 1996, 「『춘추』의 화이사상과 한국의 민족의식」, 『유교사상연구』 제8권, 320쪽.

종에게 뚜렷한 공적이 없음을 비판하고 정심(正心)으로 근본을 바로 세울 것을 주문하기 위해서 다시 「정유봉사(丁酉封事)」를 올린다. 이 글에서 주목할 점은 신하들을 구분하고 원훈(元勳)이나 소인을 경계하며 현신(賢臣)을 등용하여 대우해 줄 것을 요청한 대목이다. 이는 북벌을 하기 위해서 당시 내부에 존재하던 친청파의 움직임에 대해 경계하는 의미가 있었다. 조정의 내부 논의가 밖으로 나가지 못하도록 기밀에 주의하였고(4조), 원나라 조정에 출사하였던 허형을 문묘에서 출향할 것을 주장함으로써 친청파들을 경계한 것이다(8조).

숙종대 들어와서 청나라의 중원 지배가 확고해졌고 조선 조정에서도 숙종 초반에 남인정권이 들어서자 송시열의 존주대의론은 위기에 직면하게 되었다. 이에 송시열은 숙종 7년(1681)에 「진수당주차(進修堂奏箚)」를 올려서 효종 이래 끊어진 북벌의 대의를 숙종에게 천명하고 그 뜻을 이을 것을 주문하였다. 그는 효종이 복수와 설치를 다짐했던 뜻을 현종이 계승하려 하였으나 형편이 미치지 못했고, 숙종 즉위 이래 잠시 허적(許積) 등에게 끌려다녔으나 다시 일을 도모할 수 있게 되었다고 말하면서 숙종에게 북벌의 뜻을 계승하기 위해 사욕을 버리고 천리를 회복할 것을 요청하였다.[33]

송시열의 사후인 1704년, 즉 명나라가 멸망한 지 60년이 되는 해에 숙종은 왜란 때 '재조지은'을 베푼 신종(神宗)과 마지막 황제의 의종(毅宗)을 제사지내는 제의(祭儀)를 마련하여 대보단(大報壇)을 설치하였다. 그 제문(祭文)에는 천자인 명 황제에 대한 제사를 제후인 조선의 왕이 지내는 것이 예법에 어긋나는 것이지만, 의리로서 충분히 명을 받들 수 있다는 논리가 담겨져 있었다.[34] 대보

33 정재훈, 2004, 「우암 송시열의 정치사상」, 『한국사상과 문화』 제23권, 81쪽.

34 신봉수, 2010, 「동아시아 국제관계와 화이유교규범의 변화」, 『세계정치』 제12집, 56~57쪽. 제문(祭文)에는 "조선국왕 신(臣) 이돈은 감히 대명 의종황제에게 밝게 고합니다. 빛나는 황명이 화이(華夷)의 주인이 되어 공력이 융성하였으며, 온 천하를 널리 소유하였습니다. …… 이제 여기에 제단을 만들고 몸소 제사를 지냅니다. 이것이 예문(禮文)에는 없으나 의리에 있어 할 수 있는 것입니

단 제례는 삼전도의 항복 이후 통치 이데올로기의 위기를 느낀 조선의 지배층이 타개책으로 내세운 존명의리(尊明義理) 의식이 상징적 기제로 잘 표현된 국가의례였다. 명나라와 조선의 관계는 군부(君父)·신자(臣子) 관계로 이념화되어 있었고, 이는 전쟁 때 '재조지은'을 통해 증명되었다. 조선에서 명 황제는 이제 충성의 대상인 군주임과 동시에 효도의 대상인 부모가 되었으며, 명·조선 관계가 상황에 구애받지 않는 천륜(天倫)에 기초한 절대관계로 설정되었음을 의미한다.[35]

송시열의 중화계승의식에는 유학자들의 세도관(世道觀)이 전제되어 있다. 공자와 주자는 가치가 전복된 세상에서 정통을 보위하고 이적을 물리치자는 신념을 공유하고 있었다. 그들은 어지러운 시대에 유교문화의 정수를 창달하거나 계승했다. 정통이 뒤바뀌거나 국가가 멸망할 수도 있지만, 그들이 밝힌 문화와 이념이 있는 한 세상은 다시 밝아진다고 믿었다. 그것이 유학자들의 세도관이다. 송시열은 그 정신을 계승하고 실천했다. 그는 조선이 청에게 무릎 꿇고 명이 망해버린 시대에 살면서 하나밖에 남지 않은 유교 국가인 조선의 유교문화의 명맥을 간직하고 실현해야 할 의무와 책임감을 자임했던 것이다.[36]

물론 17세기 조선의 북벌론이 국내통합과 정권유지를 위한 논리로 활용된 측면이 있다. 하지만 역사화해라는 측면에서 볼 때, 북벌론을 단지 국내정치용 수사라고 치부해버릴 수 없는 중요한 함의를 가지고 있다. 북벌론을 주장한 당사자인 효종과 송시열 뿐만 아니라, 그 논리를 따르고자 했던 인물들의 대청 복수의식은 허구적인 것이 아니었다. 그들은 청조에 대한 복수를 위해서 자강론(自强論)과 대망론(待望論)에 의한 해법을 진지하게 모색했다. 즉 한편으로는

다"라고 되어 있다.

35 계승범, 2011, 『정지된 시간: 조선의 대보단과 근대의 문턱』, 서강대학교 출판부, 50~51쪽.

36 이경구, 2009, 『17세기 조선 지식인 지도』, 푸른역사, 108~109쪽.

이적인 청나라에게 복수하기 위해 힘을 기르고, 다른 한편으로는 중원에서 새로운 화가 나타나기를 기다리는 것이었다. 이러한 생각의 이면에는 원(元)나라에 대한 기억이 존재한다. 아시아에서 유럽에 걸친 제국을 건설한 몽골도 원나라를 세운지 백 년이 못 되어 멸망했기 때문에, 청나라 역시 백 년이 못 되어 멸망할 것이라고 당시 지식인들은 기대했던 것이다.

문제는 이러한 방식이 진정한 의미에서 '복수'라고 말하기에는 석연치 않다는 점이다. 왜냐하면 일반적으로 복수는 피해 당사자가 주체가 되어서 그의 힘으로 이루어져야 하는 것이라 이해되기 때문이다. 조선의 경우에는 비록 자강론을 말하고는 있지만, 기본적으로 제3자의 힘을 빌리는 타력에 의한 복수를 상정하고 있다. 그러하기에 북벌론을 국내정치용 수사라고 평가할 수도 있다. 하지만 자강론과 대망론에는 천도(天道) 혹은 천리(天理)에 대한 믿음과 같은 보다 내밀한 논리가 내재되어 있다.

3. 천도(天道)에 대한 믿음

사마천은 백이·숙제의 아사(餓死), 안회의 곤궁과 요절, 그리고 그것과 대조적으로 "행위가 도에 반하고, 해서는 안 되는 짓을 오로지 범하여, 그것으로써 일생을 즐기고, 대대로 부를 누리"는 사람들의 존재를 지적하면서 "나는 심히 의심스럽다. 이른바 천도는 옳은 것인가, 그른 것인가"라고 말한 바 있다.[37] 그처럼 "천도"가 때로는 "그른 것[非]"으로 생각되는 현실을 초래하는 것은 사실이다. 그러나 항상 "천도"가 그른 것일 수는 없다. 그렇다면 "천"의 방식에 따라서 사는 것이 사람으로서 가장 훌륭하게 사는 것이라는 신념이 무너져버리

37 『史記』「伯夷列傳」"操行不軌 專犯忌諱 而終身逸樂 富厚累世不絶… 余甚惑焉 所謂天道是邪非邪."

기 때문이다. 이 문제와 관련하여 유교는 나름의 해답을 제시하고 있다.[38]

먼저 『서경』에는 "천도는 선한 자에게 복을 주고 악한 자에게 화를 내린다"고 한다.[39] 또한 『역경』에는 "선행을 거듭 쌓은 집에는 반드시 후에 복이 있고, 불선의 행위를 거듭 쌓은 집에는 반드시 후에 재앙이 있다"고 말한다.[40] 선에는 복이, 악에는 재앙이 언젠가는 따라 온다는 것이다. 그리고 그 대상은 개인인 경우도 있고, "집(家)", 즉 가족이나 자손인 경우도 있다고 하는 것이다. 맹자도 "선을 행하면 후세에 자손 가운데 왕자(王子)가 될 인물이 나온다."고 말한다.[41] 주희도 이 "천도"에 의한 응보를 부정하지 않는다. 다만 복선화음(福善禍淫)을 절대적으로 긍정한 것은 아니다. 『주자어류』에는 다음과 같은 문답이 기록되어 있다.

> 묻기를, 천도가 선한 자에게 복을 주고, 악한 자에게 화를 내린다는 이 이치는 분명한 것입니까. 답하기를, 어째서 불확실한 것이겠는가. 도리로써 정말로 그럴 것이다. 선을 상주고, 악을 벌한다는 것도 또한 이(理)로써 그럴 것이다. 그렇지 않다면, 그 변함없는 이치[常理]를 잃은 것이다.[42]
>
> 또 묻기를, 때로 그렇지 않은 일이 있는 것은 어째서입니까. 답하기를, 선한 자에게 복을 주고, 악한 자에게 화를 내리는 것은 상리(常理)이다. 그렇지 않은 경우가 있는 것은 하늘도 확실하게 포착할 수 없기 때문이다. …… 예를 들어 겨울은 춥고 여름은 더운 것은 상리로써 그런 것이다. 만약 겨울에 덥고 여름에 춥다면, 그것은 상리를

---

38 와타나베 히로시, 2007, 「"중용"과 행복: 주자학자들의 모색」, 『민족주의, 평화, 중용』, 까치, 270쪽.

39 『書經』「湯誥」"天道 福善禍淫."

40 『易經』「文言傳」"積善之家 必有餘慶 적不善之家 必有餘殃."

41 『孟子』「梁惠王下」"苟爲善 後世子孫必有王子矣."

42 『朱子語類』 권79 제26조. "問天道福善禍淫 此理定否 日 如何不定 自是道理當如此 賞善罰惡 亦是理當如此 不如此 便是失其常理."

잃은 것이다.[43]

위의 인용문을 통해서 주희가 지적하고 있는 것은 하늘[天]도 완전하지는 않다는 것이다. 따라서 현실에서 원칙대로 되지 않는 일은 얼마든지 있다. 신(神)을 완전하고 전능하고 정의로운 존재로 규정하는 기독교 등과 달리, 유학에는 신의론(神義論, theodicy)의 난문(難問)은 없는 것이다. 이처럼 반드시 원칙대로 되지 않는다고 하는 현실을 직시하고 나서, 문제는 어느 쪽에 거느냐에 달려 있다. 원칙에 걸 것인가, 아니면 예외에 걸 것인가? 현실은 종종 불합리하다는 것을 인정한 위에, 그러한 현실 속에서 어느 쪽에 걸고 살아갈 것인가? 유학자의 입장에서 말한다면 그 대답은 명백했다.[44]

천도를 신뢰하는 조선의 유학자들에게 있어서, 현실이 원칙대로 되지 않는 상황에 종종 직면했다. 조선 전기의 대표적 주자학자인 정도전 역시 이 문제에 대해서 고민한 바 있다. 그는 당시 원나라에 의지하여 나라의 운명을 맡기고 있는 집권자 이인임을 비판한 죄로 오랫동안 유배생활을 했다. 유배지에서 이른바 천도는 옳은 것인가 하는 문제와 관련하여 「심문천답(心問天答)」이라는 글을 저술하였다. 그는 "선악의 보응이 전도된 것이 있어 선하여도 혹 화(禍)를 얻고 악하여도 혹 복(福)을 얻어, 선을 복주고 악을 벌하는 이치가 분명하지 못한 바가 있다"라고 언급하면서 이에 대해 상제에게 물어 질정(質正)하고자 했다.[45] 그의 물음에 대해 하늘[天]은 다음과 같이 대답하였다.

43 『朱子語類』 권79 제26조. "又問或有不如此者 何也 曰 福善禍淫 其常理也 若不如此 便是天也把捉不定了…… 此如冬寒夏熱 此是常理當如此 若冬熱夏寒 便是失其常理."

44 와타나베 히로시, 2007, 앞의 글, 275~276쪽.

45 『삼봉집』 I, 371~372쪽.

하늘이 이치를 사람에게 부여할 수는 있으나, 사람으로 하여금 반드시 착한 일을 하도록 할 수는 없는 것이니, 사람이 하는 바가 그 도(道)를 잃는 일이 많이 있어 천지의 화기(和氣)를 손상시키는 것이다. 그러므로 재앙과 상서(祥瑞)가 그 이치의 바른 것을 얻지 못하는 것이 있으니, 이것이 어찌 하늘의 상도(常道)이겠는가? 하늘은 곧 이(理)요 사람은 기(氣)에 의하여 움직이는 것이니, 이(理)는 본래 하는 것이 없고, 기(氣)가 용사(用事)하는 것이다. 하는 것이 없는 자는 고요하므로 그 도(道)가 더디고 항상[常]하나, 용사하는 자는 움직이므로 그 응(應)함이 빠르고 변하니, 재앙과 상서의 바르지 못한 것은 모두 기(氣)가 그렇게 시키는 것이다. 이(理)는 그 기수(氣數)의 변하는 것이 비록 그 이치의 항상[常]한 것을 이기나 이것은 특히 하늘이 정하지 않았을 때의 일이다. 기(氣)는 쇠하고 성함이 있으나 이(理)는 변하지 않는 것이다. 오래되어 하늘이 정함에 미쳐서는 이치가 반드시 그 항상함을 얻게 되고 기(氣)도 따라 바루어지는 것이니, 선을 복주고 악을 벌주는 이치가 어찌 민멸(泯滅)되겠는가? (중략) 인사가 옳으면 재앙과 상서가 그 항상한 것을 따를 것이요, 인사에 실수가 있으면 재앙과 상서가 그 바른 것을 잃는 것이다. 어찌 이것으로써 스스로 그 몸을 반성하여 너[汝]의 당연히 할 바를 닦지 않고 문득 하늘을 책망하는가? 또 나[吾]의 큼으로써 덮어 주기는 하나 싣지는 못하고, 낳기는 하나 성장시키지 못하는 것이다. 한서(寒暑)와 재상(災祥)이 오히려 인정에 한(限)됨이 있거든 난들 그에 대하여 어찌하겠는가? 너는 그 바른 것을 지켜서 나[吾]의 정하는 때를 기다릴지어다.[46]

이 글에서 정도전은 하늘의 말을 통하여, 비록 천도가 어그러져서 재앙과 상서(祥瑞)가 이치대로 되지 않는 경우가 있지만, 그것은 일시적이며 선을 복 주고 악을 벌하는 이치는 사라지지 않음을 지적한다. 그는 주자학자로서 세상 일이 이치대로 흘러가지 않는 것을 기(氣)의 작용으로 파악하고 있으며, "기(氣)는 쇠하고 성함이 있으나 이(理)는 변하지 않는 것"이기 때문에 결국에는 하늘이 정하는 때에 이치[理]대로 이루어질 것임을 확신하고 있다. 천도가 어그러

46 『삼봉집』 I, 377~379쪽.

져 보이는 상황에 직면하여 사람으로서 할 수 있는 일은 먼저 스스로 반성하여 인사에 실수가 있지 않았는지 살피는 것이고, 그런 연후에 하늘이 정하는 때를 기다리는 것이 최선이라고 말하고 있다.

이러한 논리를 국제관계로 확장하면, 화와 이(夷)가 뒤바뀌고 오랑캐에게 무력으로 굴복해야 했던 치욕을 당한 조선의 입장에서 할 수 있는 일이란 무엇인지 추론할 수 있다. 천도가 어그러지고 사람의 힘으로는 어찌할 수 없는 상황에서 하늘의 이치를 신뢰하는 조선의 정책결정자가 할 수 있는 것은 먼저 스스로 반성하면서 힘을 기르는 것과 하늘이 정하는 때를 기다리는 것이 바로 그것이다. 17세기의 자강론과 대망론은 이러한 맥락에서 이해될 수 있다.

Ⅳ. 대중화 청조의 지배와 문화의 동질성 문제

1. 한원진의 호론(湖論)

18세기에 조선은 청에 대한 복수가 이미 불가능해졌다는 현실을 받아들이지 않을 수 없었다. 대내적으로는 숭명의리론(崇明義理論)을 고취하기 위한 작업을 계속했지만, 청과의 실질적인 외교관계는 사대관계를 유지할 수밖에 없었다. 병자호란에서 패전한 이후 조선의 대외관계는 숭명의리론을 계승한 소중화의식과 청에 대한 실질적 사대라는 '이원적 지향'을 갖게 되었다.[47] 17세기 조선의 지식인이 기대했던 것과는 달리, 18세기에도 청나라는 여전히 건재했고 전성기를 누렸다. 강희제 이후 옹정제(雍正帝)와 건륭제로 이어지는 18세기 동

47 최연식, 앞의 글, 112쪽.

안 청나라 중심의 동아시아 국제질서는 더욱 확고해졌다. 이러한 상황으로 인해 '대망론'은 더 이상 유지되기 어려웠고, 청에 대한 새로운 인식이 필요해졌다. '오랑캐 운세는 100년을 가지 못한다'고 믿었던 조선 지식인들의 예상이 어긋났기 때문이다. 이 때 등장한 것이 인물성에 관한 논쟁이었다. 소위 호락논쟁으로 불리는 이 논쟁은 "인성(人性)과 물성(物性)은 같은 것인가, 다른 것인가" 하는 주제로 노론계 호서(湖西) 학자들과 낙하(洛下) 학자들 사이에 제기되었는데, 청을 어떻게 이해할 것인가 하는 문제와 관계가 있었다.

호락논쟁에서 논쟁된 주제는 대체로 세 가지였다. 즉 미발(未發) 시 마음의 본질, 인성과 물성이 같은지 다른지, 성인(聖人)과 범인(凡人)의 마음이 같은지 다른지 하는 것이었다. 이 가운데 특히 인성과 물성에 대한 논쟁이 가장 치열했기 때문에 호락논쟁하면 보통 인성물성논쟁으로 이해되기도 한다. 그리고 인성물성은 '타자에 대한 인정'과 관련되어 있다. 당시 가장 위협적인 타자는 오랑캐로 여겼던 청이었다. 따라서 물의 보편 본성에 대한 인정은 청인(淸人)들의 보편 본성에 대한 인정이 될 수 있었다.[48]

낙론, 즉 동론자(同論者)들은 『중용장구』 첫 장의 주석을 근거로 각 개체에 내재된 리(理)는 보편성을 지니기 때문에 인간과 사물의 본연지성은 동일하다는 것을 주장한다. 반면에 호론, 즉 이론자(異論者)들은 『맹자장구』에 근거하여 기품(氣稟)에 근거한 리(理)의 차별성을 부각시킴으로써 인성과 물성이 다르다고 주장한다. 이러한 논쟁을 본격적으로 시작한 인물은 이간(李柬)과 한원진(韓元震)이었다.[49]

한원진은 사회·정치운영의 실제를 의리(義理)의 실현 문제로 보고, 그 근거

48 이경구, 2018, 『조선, 철학의 왕국 - 호락논쟁 이야기』, 푸른역사, 26~28쪽.

49 조장연, 2005, 「남당 한원진의 인물성론과 그 정치적 성격」, 『한국철학논집』 제17집, 314쪽.

논리를 이기심성론(理氣心性論)의 정리를 통해서 찾아내려고 하였으며, 성삼층설(性三層說)은 그러한 논의의 이론적 근거로 작용하였다.[50] 그의 인물성이론(人物性異論)은 '인수무분(人獸無分)'의 혐의가 있는 이간의 이론에 대한 비판이었으며, '화이구분(華夷無分)'에 대한 비판이었다. 즉 한원진은 인물성이론을 통해 세계의 질서를 사람과 생물 사이의 차별 뿐만 아니라, 문명인과 오랑캐라는 사람과 사람의 차별상으로 파악하고, 이를 통하여 사회가 상하·존비·귀천이라는 사회적·도덕적 차등관계로 일관되어야 할 당위론에 충실하고자 한 것이다.[51]

한원진은 기(氣)에 의한 사물의 개체성·차별성에 대해 분석적 설명을 가하려고 한 반면, 이간은 리(理)에 의한 사물의 통일성·동질성에 주목하였다. 한원진의 분석을 통한 차별성의 확인 노력은 곧 질서·법칙의 일원화 내지는 절대화를 지향하려는 의도와 통하는 것이었다. 이러한 그의 지향점은 이간의 계열에서 이른바 '북학론'이라는 새로운 주장이 태동되었던 것과 대조를 이룬다. 한원진은 이간의 인물성동론을 사람과 짐승의 구별도 없고 '성선(性善)'을 부정하는 이단의 학설이라고 단정하였다.[52] 그는 송시열에서 권상하로 이어지는 노론 보수층의 입장을 충실하게 계승하고 대변한 것이다.

한원진은 송시열과 권상하의 뒤를 이어 청에 대한 '북벌'을 춘추대의를 구현하는 방법으로 제시했다. 공자가 엄격한 기준 하에 『춘추』를 지어서 후세 왕들에게 모범을 제시했던 것은 난적(亂賊)을 징토(懲討)하고 이적을 물리치기 위해

---

50 성삼층설(性三層說)이란 성(性)에는 세 층의 차이가 있음을 말하는데, 첫째는 사람과 물(物)이 모두 같은 성이 있고, 둘째는 사람과 물(物)은 같지 아니하나 사람은 모두 같은 성이 있으며, 셋째는 사람마다 모두 같지 아니한 성이 있음을 말한다. 한원진에 의하면 성(性)이란 첫째 형기를 초월하여[超形氣] 말하자면 리(理)라 할 수 있고, 이 상태에서 만물의 리(理)는 동일성을 유지한다. 둘째는 기질로 인하여 이름할 때의 '인기질(因氣質)'은 건순오상(健順五常)이라 이름할 수 있으며, 사람과 동물의 차이성이 드러나는 것이다. 셋째 기질과 섞어[雜氣質] 말하면 선악의 성이니, 이는 사람과 사람, 동물과 동물 등이 같지 않다고 보는 것이다(조장연, 2005, 320－321).

51 조장연, 앞의 글, 310쪽.

52 조장연, 위의 글, 322쪽.

서였으며, 북벌은 존화양이(尊華攘夷)의 의리를 구현하는 일이며, 그것을 이룬다면 조선이 춘추의 의리와 중화의 도를 구현하는 주체가 된다고 보았다. 그는 청의 운이 이미 다했으니 수륙 양면으로 진격하면 그 뜻을 이룰 수 있을 만한 상황이라며 작전 계획을 세우기까지도 했다. 이러한 구상은 조선에 대한 자부심, 즉 현재 천하에서 조선만이 중화문명을 이어가고 있다는 의식에 기반을 두고 있었다.[53] 그는 조선 문명에 대한 자부심을 다음과 같이 표현하고 있다.

> 조선은 동쪽 구석에 치우쳐 있고 땅은 중국의 한 주(州)만 하지만 기후나 토산은 모두 사방의 다양함을 포괄하고, 중국과 비교하면 그 규모는 작지만 갖출 것은 다 갖추고 있는 격이다. 그리고 북에서 남까지 두루 왕업이 흥하며 아름다운 풍속이나 인재의 배출, 성대한 예악 문물, 흥성한 도학 유술 등은 중국과 같은 수준이다. 그 이유는 무엇인가? 원(元)은 사덕(四德)의 으뜸이고 목(木)은 오행(五行)의 으뜸이며 동(東)은 사방의 으뜸이라, 조선은 비록 동쪽에 치우쳐 있지만 나머지 특성들을 아우를 수 있기 때문이다. 조선의 이러한 잠재성을 보고 기자가 조선으로 온 것이고, 그 이후 조선은 중화의 전통을 이을 수 있었다…조선이 바로 중화의 춘추 의리를 구현할 수 있는 적임자인데, 우리 조선 사람들은 스스로 귀한 줄 모르고 노력할 줄 모른다(『남당집』 권38 「雜識 外篇(下)」).

한원진은 청이 아무런 공도 없이 천하를 소유하고 있는데다가 100년의 운도 다했고, 당시 옹정제는 형제들과 권력쟁탈을 벌이고 있으니 곧 망해서 중원을 잃고 심양으로 밀려나면서 조선을 압박할 가능성이 크다고 예측했다. 북벌을 슬로건으로 내세웠지만 실질적인 군사력을 보유하지 못하고 있던 당시 조선으로서는 큰 위협이 아닐 수 없었다. 비록 유례없이 100년 동안이나 평화를 구가했던 조선이지만, 당시처럼 내부적으로 각종 재해가 일어나고 민생은 도

53 김태년, 2007, 「남당 한원진 사상의 배경과 형성 과정」, 『한민족문화연구』 제20집, 356~357쪽.

탄에 빠져 있으며 정쟁으로 혼란한 상황에서 외적이 침략하면 큰일이라고 생각했다.[54] 이처럼 비록 당장은 청의 침입을 걱정해야 하는 처지이지만, 개혁을 통해 민생이 안정되고 국방력이 강화되면 북벌의 꿈을 이룰 만한 역량을 가지게 될 것이라고 기대했다.

인성과 물성의 차이를 강조하고 문명과 야만(오랑캐)이라는 차별성을 주장하는 한원진의 논의에서는 청나라와 문화적으로 공존할 수 있는 여지가 존재하기 어렵다. 그러나 낙론, 즉 인성과 사물의 본연지성이 같다고 보는 동론자(同論者)들이 각 개체에 내재된 리(理)의 보편성을 주장한 것은 문화적으로 조선과 청이 공존할 수 있는 가능성을 열었다. 청의 지배가 지속되면서 정치체제나 현실질서에서 뿐만 아니라 문화적으로 청과 공존할 수 있는 가능성을 모색하기 시작한 것이다. 이 시기 한원진의 호론에서 바라보는 청과 조선의 사대질서를 〈그림 4〉와 같이 표현할 수 있다.

명이 완전히 소멸하고 청의 지배가 지속되면서 조선은 더 이상 '대중화 청조'의 존재를 부정할 수 없게 되었다. 그러나 청과 조선 사이에 중화공동체는 형성되지 않았다. 조선의 관점에서 청의 문화적 이질성은 너무 큰 것이었기 때문이다. 〈그림 4〉에서 조선과 청을 둘러싼 타원이 여전히 점선으로 표현된 것은 이를 말해준다. 청조는 그들의 힘을 바탕으로 주변에 있는 '이적 제후' 들에게 실질적인 영향력을 행사하고 있었다. 하지만 조선은 문화적으로 그들과 동질성을 느낄 수 없었다. 양자 사이의 화해는 요원한 것으로 보였다. 이처럼 오래 가지 못할 것으로 예상했던 청의 지배가 공고해지면서 조선이 선택할 수 있는 대안 가운데 하나는 더 이상 새로운 중화제국이 나타나기를 기다리는 것이 아니라, 힘을 축적하고 때를 살펴서 청에 대한 복수를 감행하는 것이었다. 18세

54 김태년, 위의 글, 350쪽.

기 한원진의 북경진공론이 대표적 사례이다. 그는 문화적인 우월성(문명 vs 야만)에 기반하여 가해자인 청을 야만으로 규정하고 직접적 복수를 통해 치욕을 해소하고자 했던 것이다. 그의 논리에서는 청과 조선이 문화적 동질성에 기반하여 공동체적 관계를 형성해야 한다는 사유가 싹트기 어려웠다.

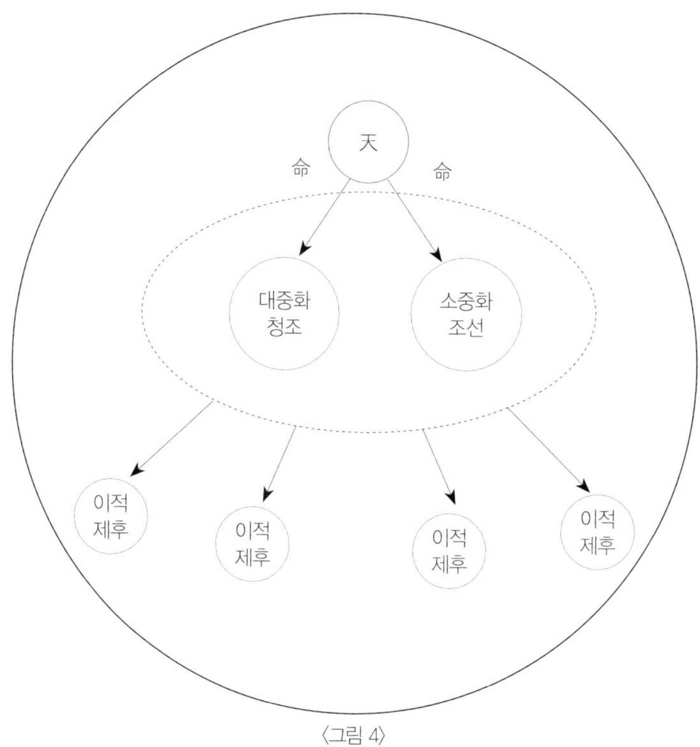

〈그림 4〉

2. 북학론의 대두

18세기 후반에 이르러 조선의 청에 대한 인식에 변화가 나타나기 시작했다. 연경(燕京)에 파견된 사행(使行)을 통해 청의 발전상을 확인한 조선 후기 지식인들 사이에서 청의 문물을 배우고 이용해야 한다는 북학(北學)운동이 전개되면서, 전통적인 화이의식에 변화가 나타난 것이다. 예컨대 홍대용이 지리적 상대주의의 관점에서 "중국이나 오랑캐는 한가지"라는 화이일체관을 피력한 이래로, 박지원·박제가 등은 연경 체류기간에 얻은 경험적 지식을 바탕으로 이이제이론(以夷制夷論)의 관점에서 청조 긍정론의 길을 열어가고 있었다.[55] 소위 북학파 지식인들의 세계관은 천문학적 지식을 바탕으로 지리적인 중화의식을 비판하는 것에 출발하여 점차 문화적인 중화의식을 극복해 가고 있었다.[56]

북학파는 청을 통해서 간접적으로 서양에 대한 새로운 정보와 지식을 습득하게 됨으로써, 동아시아의 전통적인 조공질서를 벗어난 새로운 국제관계의 추이에 관심을 갖게 되었다. 실학파 혹은 북학파로 알려진 박지원은 그의 저서 『연암집』의 「북학의서(北學議序)」에서 다음과 같이 말하였다.[57]

> 만일 장차 배우고 묻기로 할진대 중국을 놓아두고 어디로 가겠는가. 그렇지만 그들(조선의 선비들)의 말을 들어 보면 "지금의 중국을 차지하고 있는 주인은 오랑캐들이다" 하면서 배우기를 부끄러워하여 중국의 옛 법마저도 다 함께 얕잡아 무시해 버린다. 저들이 진실로 변발(辮髮)을 하고 오랑캐 복장을 하고 있지만, 저들이 살고 있는 땅이 삼대(三代) 이래 한(漢), 당(唐), 송(宋), 명(明)의 대륙이 어찌 아니겠으며, 그 땅 안에 살고 있는 사람들이 삼대 이래 한, 당, 송, 명의 유민(遺民)이 어찌 아니겠는가. 진실로 법이 훌륭하고 제도가 아름다울진대 장차 오랑캐에게라도 나아가 배워야 하는 법이거늘 하물며 그 규모의 광대함과 심법(心法)의 정미(精微)함과 제작(制作)의 굉원(宏遠)함과 문장(文章)의 찬란함이 아직도 삼대 이래 한, 당, 송, 명의 고유한 옛 법을 보존하고 있음이랴.

55 유근호, 2004, 『조선조 대외사상의 흐름』, 성신여자대학교출판부, 143쪽.

56 정용화, 2004, 「사대·중화질서 관념의 해체과정: 박규수를 중심으로」, 『국제정치논총』 제44집 1호, 101쪽.

57 박지원, 2007, 『연암집(하)』, 신호열·김명호 역, 돌배개, 66쪽.

인용문을 통해서 볼 수 있듯이, 박지원은 당시 조선의 선비들이 한쪽 구석 땅에서 편벽된 기운을 타고나서 발은 대륙의 땅을 밟아보지 못했고 눈은 중원의 사람을 보지 못했고, 나이 늙고 병들고 죽을 때까지 조선 강역을 떠나본 적이 없음을 지적하면서 "우리를 저들과 비교해 본다면 진실로 한 치의 나은 점도 없다"고 단언한다. 그럼에도 단지 머리를 깎지 않고 상투를 튼 것만 가지고 스스로 천하에 제일이라고 하면서 "지금의 중국은 옛날의 중국이 아니다"라고 말하고 있음을 비판하고 있다. 조선이 청나라에 비교할 때 문화적으로 우수한 것이 아니며 오히려 청의 문물과 제도가 조선에 비해 뛰어나다고 평가하면서 청으로부터 배워야 함을 언급하고 있다.

물론 북학파(실학파)에 있어서도 청을 오랑캐로 여기고 그들에게 받는 치욕에 대해 복수해야 한다는 인식이 여전했다. 그들이 주자학의 화이관과 본질적으로 다른 화이관을 가지고 있다고 생각되지는 않는다. 이적인 청으로부터도 배울 점은 배워야 한다는 주장 역시 중화와 이적을 구분하는 화이관을 전제로 하고 있는 것이기 때문이다. 그럼에도 불구하고, 계승범의 지적[58]처럼 북학론은 존명의리적 화이관을 극복했다기보다는 인식변화의 단초를 제공했다는 데에 역사적 의의가 있다. 북학론자들은 청나라로부터 문물을 배우자는 취지의 글을 쓰면서도 여전히 기존의 화이관에 붙들려 있는 표현들을 많이 사용했다. 예를 들어 청을 여전히 이적이나 호(胡)로 인식하고, 중화의 정통을 여전히 한인(漢人)에 두는 논조를 보이고 있었다. 뿐만 아니라 18세기 후반 당시 지식인 사회에서 북학론자는 주변인에 지나지 않았고, 지식인사회의 대다수 주류는 여전히 의리론적 화이관에 묶여 있었다. 북학론은 18세기 조선의 지성사회를 대표한 것이 아니라 주류 사회에 대한 조그마한 도전의 시작이었다.

58 계승범, 2011, 앞의 책, 25~26쪽.

18세기에는 '북벌'이라는 용어가 공공연하게 쓰이기 시작했다. 더 이상 북벌을 말해도 청과의 마찰이 일어나지 않았던 것이다. 그것은 이경구의 지적[59]처럼 청 중심의 지배가 안정되었으며 북벌은 이미 현실적 문제가 아니었음을 역설적으로 보여준다. 이런 상황에서 박지원의 화이론과 북학론에 깔려 있는 논리는 적을 이기기 위해서라도 적의 장점을 배워야한다는 것이었다. 즉 북벌 정신을 되살리기 위해서 사대부는 철저히 개혁해야 하며, 청을 무조건 배타시하는 태도야말로 북벌의 허명에 안주하는 것이며, 발전한 청 문화의 실체를 인정하고 배워서 궁극적으로 청을 극복하자는 주장이었다.

18세기 전반기 조선의 대외정책에 근간을 이루고 있던 소중화의식은 조선이 실질적으로 유일한 중화로 남게 되었다는 민족적 자존의식에 바탕을 둔 것이었지만, 그것은 외교정책의 측면에서는 민족주의와 결합되어 대청복수론을 지향하는 배외주의적 경향을 띠게 되었다. 반면에 18세기 중반 이후 대두된 북학운동은 청의 발전된 실체를 인정하고 그것을 주체적으로 활용해야 한다는 실용주의적 관점을 제시하기 시작했다.[60]

북학론은 청나라 중심의 동아시아 질서가 안정된 상황에서 청 문화의 실체를 인정하고 배워야 청을 극복할 수 있다는 주장이다. 그것은 달리 보면, 조선과 청이 문화적으로 공존할 수 있다는 점을 말해주는 것이었다. 비록 청을 중화로까지 인식하고 있는 것이 아니었고 존명의리적 화이관을 극복한 것은 아니었지만, 조선이 청으로부터 당한 치욕에만 몰입할 것이 아니라 청에 대한 마음의 벽을 허물고 문화적으로 교류함으로써 공동체적 관계를 지향해 가야 한다는 의식이 싹트기 시작한 것이었다.

---

59 이경구, 2009, 앞의 책, 128~130쪽.

60 최연식, 앞의 글, 113쪽.

V. 서양 이적(夷狄)의 등장과 동도(同道)의 모색

19세기에 조선은 대내외적으로 위기에 직면하고 있었다. 내적으로는 홍경래의 난(1811년)과 진주민란(1862년)이 있었고, 외적으로는 서구열강의 개항 요구와 서교(西敎)의 전래에 대한 노선 갈등이 표출되고 있었다. 이러한 상황은 유교이념이 지니고 있는 신분제적 차별질서에 대한 도전이자 중국(한족) 중심의 화이질서에 대한 도전으로 받아들여졌다. 당시 집권층은 기존의 신분질서와 화이관을 유지하면서 국내외적 변화에 대응하고자 했다.

집권노론 출신으로 송시열의 가문과도 밀접한 관계를 맺고 있던 기정진(奇正鎭)은 북벌론을 계승하였다. 그에게 있어서 중화는 여전히 대명(大明)이며 청은 이적으로, 대명의 중화문명을 파괴한 이적인 청을 정벌하려 한 효종이 대일통의 춘추의리를 행한 것으로 인식되었다. 조선의 사명은 종주국인 명(明)을 회복하고 중화의 난적을 제거하여 존화양이(尊華攘夷)를 실현하는 것이었다. 그는 1866년 프랑스의 침략이 예상되는 상황에서 「병인소(丙寅疏)」를 올려 통상을 거부하고 서양 세력의 침략을 막기 위한 내수(內修)의 방책과 서양과 맞설 수 있는 구체적인 전술을 제시하기도 했다.[61]

당시 통치엘리트는 주자학적 유교사상을 원천으로 하는 위정척사론을 견지하고 있었고, 중화였던 명(明)이 이적이 청에게 정복된 상황에서 이제 중화의 정통은 조선에 있다는 인식을 공유하고 있었다. 그들은 약육강식을 일삼으며 통화통색(通貨通色)을 주장하는 서양세력은 이적보다 못한 금수라고 주장했고, 중화의 정통이며 도의(道義) 문명의 유일한 보루인 조선이 '일맥의 양기(陽氣)'를 잘 보전해서 다시 광명세계가 도래할 수 있도록 하는 것이 자신들의 사명이라

61 김봉곤, 2004, 「蘆沙 奇正鎭의 사상의 형성과 위정척사운동」, 『조선시대사학보』 30, 196~226쪽.

는 의식을 가졌다.[62] 위정척사파의 대표 가운데 한 사람이라고 할 수 있는 김평묵(金平默)은 다음과 같이 말하였다.

> …… 그러므로 중국 사람과 우리 동방 사람은 모두 인류이다. 서양은 오행(五行)의 치우친 기를 얻었고, 또 서남은 음방(陰方)으로서 이(利)를 주로 삼는다. 따라서 이목(耳目)과 심지(心智)가 통한 것이 금수(禽獸)의 기능에 불과하다. 그러므로 서양 사람은 모두 금수다.[63]

이처럼 위정척사파 지식인들은 서양세력들이 비록 부국강병(상품과 군대), 즉 '공리'에 있어서는 우리보다 앞서지만, 인륜적 예의문물이 결여되어 있기 때문에 결국 금수에 불과하다고 인식하고 있다. 그들은 화이론적 관점에서 서양을 필연적으로 이적보다 열등한 금수일 수밖에 없다고 인식한 것이다.[64]

그런데 흥미로운 점은 "중국 사람과 우리 동방 사람은 모두 인류이다"라는 표현이다. 즉 김평묵은 '이적인 청'을 포함하는 중국을 모두 '우리 동방사람'이자 '인류'라고 말하고 있다. 그의 화이관 속에서 서양이 '금수'로 자리매김하면서, 이제까지 그 자리를 위치했던 청조가 금수에서 인류로 신분상승을 하고 있는 것이다. 그의 의식 속에서 조선은 삼강오륜을 알고 예법을 지키기에 인류이자 화이다. 반면 청나라는 아직 삼강오륜을 모르는 인류, 즉 오랑캐였다. 하지만 삼강오륜과 예법을 모를 뿐만 아니라 의복조차 갖추지 못한 서양세력은 일본과 마찬가지로 금수로 인식된 것이다. 이처럼 청조를 같은 동방사람이자 인류라고 보는 관점에서는 더 이상 17세기 이래 유지해 온 복수론을 실행하기는

62 윤순갑, 2010, 「위정척사파의 정치적 현실인식」, 『퇴계학과 한국문화』 제47호, 380쪽.

63 『重菴集』 권38. "…故中國之人 我東之人 皆人類也 西洋得五行之偏 而西南陰方也 陰方主利 則耳目心智之所通者 不過禽獸之技能耳 故西洋之人 皆禽獸也."

64 윤순갑, 2010, 앞의 글, 386쪽.

더욱 어려워졌고, 화이관을 견지하는 위정척사파에게 있어서 청에 대한 복수의식이 점차 희미해져가고 있었다.

반면에 정약용이나 최한기와 같은 비주류 지식인들의 경우, 기존의 유교적 신분질서를 완전히 부정했다고 보기는 어렵지만, 적어도 대외인식의 측면에서는 화이(중화)개념을 해체하고 새로운 국제질서관을 수용하고 있는 모습을 보여주고 있었다. 그리고 그들에게 있어서는 17세기 이래로 지속되어 온 대청복수론의 논리는 찾아보기 어렵다.

정약용은 만주족 정권의 성립 이후 중국을 통한 발달된 문물과 기술의 도입을 의도적으로 회피해 온 당시 지배세력의 폐쇄적 태도를 비판하면서 일본과 유구(琉球)의 개방적 태도를 통한 국가발전의 예를 들어 한족(漢族) 중심의 화이관의 무의미성을 지적했다. 그는 "소위 중국이라는 것이 어떻게 중(中)이 되는지 모르겠고 동국이라는 것이 어떻게 동(東)이 되는지 모르겠다."라고 말하면서 모든 국가가 관점에 따라서 중심이 될 수 있음을 언급한다. 최한기 역시 집권세력의 보수적 태도에 대해서 동일한 입장을 보이면서 세계에 대한 보다 확대된 인식을 바탕으로 더욱 적극적인 대외개방의 필요성을 주장했다. 그는 "재색(財色)을 욕구하는 것은 어느 곳이나 모두 같고 의식(衣食)을 충족시키기 위해 생업에 몰두하는 것도 모두가 동일하다."고 말하면서 욕구주체로서의 국가간·민족간·지역간 평등성을 강조하였다.[65]

19세기 조선이 서양 오랑캐의 대두로 위기에 직면했을 때, 조선의 지배층과 지식인들은 청과 함께 서양에 맞서 대항해야 한다는 주장을 하지 않았다. 당시의 주류 지식인들이라고 말 할 수 있는 위정척사파들에게 있어서 청은 여전

65 김정호, 2001, 「19세기 전반(前半) 한국·중국·일본 개혁사상의 국제질서관 비교 연구」, 『한국동북아논총』 제19집, 6~13쪽.

히 오랑캐였고, 조선만이 중화의 본령을 지키고 있는 나라였다. 다만 청이 서양세력에 굴복하여 종이호랑이로 전락하는 것을 목도하면서 조선인들의 기억 속에서 17세기 호란 이후 지속된 청에 대한 복수론은 점차 희미해져갔다. 청나라보다 더 금수에 가까워 보이는 서양세력과 일본이 등장하였고, 그들이 내세우는 무력 앞에서 속수무책인 상황에서 더 이상 청에 대한 복수는 무의미한 것이 되었다.

잘 알려진 것과 같이, 1876년에 조선이 일본과 강화도조약을 체결하는 해에 위정척사파의 상징적 인물이라고 할 수 있는 최익현은 일본과 통상을 맺는 일과 관련하여 '다섯 가지의 불가사유'를 제시한 상소를 올린 바 있다. 그 가운데 마지막 다섯 번째 사유로 최익현은 다음과 같이 언급하고 있다.

> 이런 설을 주장하는 자들은 **병자년(1636) 남한산성(南漢山城)의 일을 끌어들여 말하기를 '병자년에 화친을 한 뒤로 두 나라가 서로 좋게 지내게 되어 오늘까지 관계가 반석 같은데, 지금은 왜 그렇게 할 수 없단 말인가?'라고 합니다.** 저들은 재물과 여자만 알고 사람의 도리라고는 전혀 모르는데, 그들과 화친한다는 것은 어떻게 하자는 것인지 모르겠습니다. 이것이 나라를 망하게 하는 다섯째 이유입니다.[66]

비록 다른 사람의 말을 인용한 것이기는 하지만, 최익현의 의식 속에서 병자호란의 치욕과 복수의식은 사라졌고 "청과 조선이 서로 좋게 지내게 되어 오늘까지 관계가 반석"같다고 설정되어 있음을 읽을 수 있다. 반면에 일본은 "재물만 알고 사람의 도리는 전혀 모르는" 금수와 같은 존재로 설정되어 있다.

강화도조약 체결 이후 조선이 서양세력에 대해 문호를 개방하는 과정에서 조선의 정세는 크게 요동하였다. 조선은 조선에 대한 종주권을 내세우는 청나

66 『고종실록』 13년 1월 23일(을묘).

라와 조선에게 최혜국대우를 요구하는 서양세력의 각축장으로 변해가고 있었다. 임오군란(1882년)과 갑신정변(1884년)을 진압한 이후 청의 원세개(袁世凱)는 「조선 정세를 논함[朝鮮大局論]」이라는 글을 써서 의정부(議政府)에 보내었다. 조선이 일본과 화친하는 데에 따른 위험성을 경고하고 고종에게 국정 전반에 대한 충고를 한 것이다. 그 글에 대한 회답에서 고종은 다음과 같이 말한다.

> 지금 이 나라가 천조(天朝)를 섬겨온 지 200여 년이 되므로 머리끝부터 발끝까지 황은(皇恩)을 입지 않는 것이 없습니다. 근래에 와서 시국이 일변하면서 외교 관계가 더욱 넓어져 가나, 이 나라는 문을 닫고 스스로 지키면서 아무 말도 듣지 못한 것처럼 홀로 지냈습니다. 이런 때에 천조에서 이끌어주고 일깨워주며 친목을 도모하고 협약을 토의 체결하여 서로 의지하게 했으니, 여기에서 천지가 만물을 덮어주듯 지공무사(至公無私)한 마음을 알 수 있었습니다. 그 뒤에도 나라의 운수가 불행하여 임오년과 갑신년의 변란이 생겨서 종사가 몹시 위태롭게 되고 사람들이 도탄에 빠졌는데 제때에 천조에서 군사를 출동시키고 재물을 쓴 덕으로 난리를 평정하고 위험에서 구원되게 되었습니다.
>
> 외인이 틈을 타서 책동할 우려가 있으면 그때마다 난리를 수습하기 위하여 번개처럼 빨리 와서 종사를 다시 안정시키고 백성들을 편안하게 하여 나라가 다시 이전과 같이 되었습니다. 그뿐 아니라 또 계속 은혜롭게 보살펴 주었으니 이는 자신의 이익을 생각지 않고 도운 성대한 덕과 크나큰 은혜입니다. 필부필부(匹夫匹婦) 조차도 한 술의 밥을 얻어먹은 은혜에 대해서 갚을 생각을 하는데, 더구나 이전에는 섬겨온 의리가 있고 뒤에는 나라를 다시 일으켜 세워준 은혜를 입은 것이 한두 번이 아니니, 그 은혜가 온몸에 사무치고 있는 데야 더 말할 것이 있겠습니까? 설사 잠시라도 잊으려 한들 천지(天地)와 같은 은혜를 어떻게 잊으며 신명(神明)을 어떻게 잊을 수 있겠습니까?[67]

67 『고종실록』 23년 7월 29일(경신).

비록 외교적 수사라고 할 수도 있지만, 조선국정의 최고책임자인 고종의 입에서 청나라를 '천조(天朝)'로 호칭하고 있으며 병자호란 이후 200년 간의 역사에 대해서 "머리끝부터 발끝까지 황은(皇恩)을 입지 않은 것이 없"다고 표현되어 있다. 아울러 서세동점(西勢東漸)의 19세기 말의 상황에서 청과 조선이 "친목을 도모하고 협약을 토의 체결하여 서로 의지"하는 상황임을 언급하고 있다. 병자호란 이후 지속된 청에 대한 복수의식이나 청을 야만으로 보는 생각은 더 이상 찾아볼 수 없다. 지공무사(至公無私)한 마음으로 조선을 보호해주는 청과 그 은혜에 감격하여 청을 섬기는 조선이 서로 의지하는 공동체적 관계로 설정되어 있다. 임진왜란 이후 조선이 명에 대해 '재조지은'을 내세우며 섬겼던 것과 마찬가지로, 임오년과 갑신년의 변란으로부터 조선의 종사를 구원해준 청에 대해 "이전에는 섬겨온 의리가 있고 뒤에는 나라를 다시 일으켜 세워준 은혜를 입은 것"(前有服事之義 後蒙再造之恩)임을 강조하고 있다. 청과 조선의 관계는 더 이상 이제까지와 같은 「가해자와 피해자」의 관계가 아니라, '은혜와 섬김'의 관계로 전환되어 있다. 이적 서양과 일본 위협에 직면하여, 청과 조선은 호란 이전의 명과 조선의 관계를 사실상 회복한 것이다. 이 관계를 〈그림 5〉와 같이 표현할 수 있다.

〈그림 5〉에서 청조와 조선을 둘러싼 타원은 실선으로 표시되어 있다. 조선이 청조에 대해 공동체적 관계를 형성하고 있음을 말해준다. 비록 서세동점(西勢東漸)의 상황에서 이적 제후에 대한 청의 실질적 지배력은 상실되어 가고 있었지만, 조선은 서양과 일본의 위협에 직면하여 청조와 중화공동체를 지향하고 있었다.

그러나 이러한 '은혜와 섬김'의 관계에 기반한 청과 조선의 역사화해는 오래 가지 않았다. 청일전쟁(1894)에서 청이 패배한 후에 조선은 중국 중심의 조공체제에서 벗어났고, 그로부터 3년 뒤에는 대한제국을 선포(1897)하여 전통적인

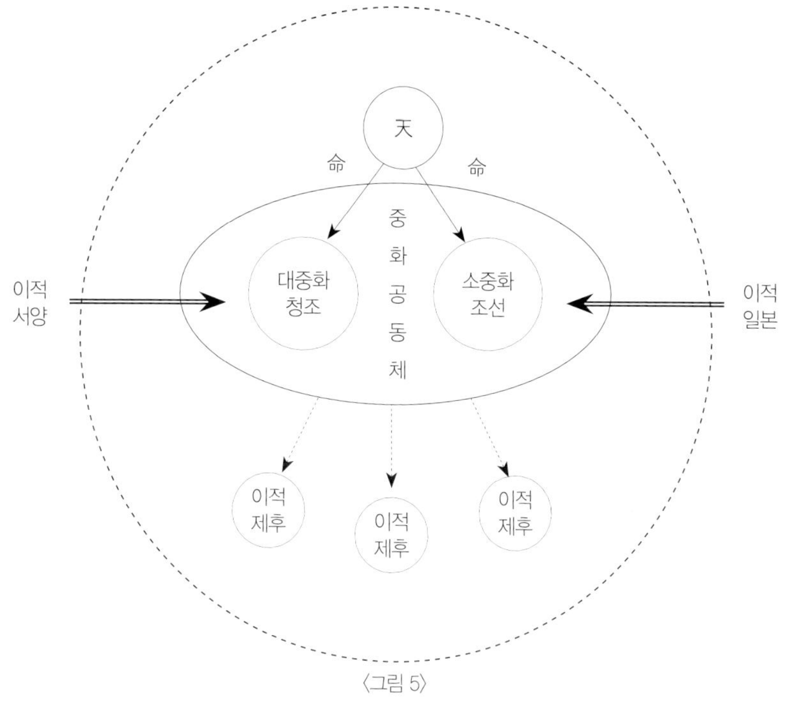

〈그림 5〉

화이질서에서 완전히 이탈하였다. 그것은 일본의 내정간섭이 노골화되고 조선에 대한 병합의도를 보이기 시작한 시점에서 조선의 독립과 자주를 지키기 위한 선택이었다. 이처럼 조선이 화이관에서 탈피하여 국제법상의 주권국가로서 중국(청)과 동등한 국제사회의 일원이 되었을 때, 2백여 년간 지속되어 온 대청복수의식은 완전히 소멸하였다. 실제적인 복수는 이루어지지 못했고, 위기가 반복되고 치욕이 다른 치욕으로 희석되면서 복수의식은 사라져갔다. '피해자' 조선의 역사화해는 '가해자'의 사과 없이 그렇게 이루어졌다.

19세기 조선에서 청(靑)에 대한 복수의식이 사라져 간 것과 관련하여 생각해 보아야 할 점은 이 시기에 서양의 등장으로 인해 기존의 중국 중심의 세계질서를 대변하는 이념이었던 화이관이 무너졌다는 사실이다. 본래 화이관은 중국(황제)을 정점으로 하는 수직적인 국제질서를 정당화하는 논리였다. 문제는 그 정점에 문명(한족)이 아닌 야만(만주족)이 올라서 있었다는 것이었다. 조선은 17세기 이후 청을 정점으로 하는 화이질서 속에서 복수를 모색하면서 조선이야말로 유일한 중화라는 의식을 발전시켜왔다. 그런데 청나라가 더 이상 세계의 중심이 아닌 상황에서, 그리고 조선이 중국과 대등한 주권국가라고 선언한 상황에서, 조선인들이 청나라에 대해 유지해 왔던 복수의식은 더 이상 지속되기 어려웠다. 과거의 가해자(강자)였던 청이 현재의 피해자(약자)로 바뀐 상황에서, 청에 대한 복수나 청으로부터의 사과는 더 이상 의미가 없거나 불필요하게 된 것이다.

Ⅵ. 맺음말: 화해의 조건

병자호란은 17세기 동북아의 신흥 강자인 청나라가 전통적 중화제국인 명나라에 도전하는 과정에서 발생한 부산물이었다. 즉 누가 중국(중원)을 지배할 제국인가 하는 문제를 둘러싼 명과 청의 대립이 조선에까지 미친 것이라고 할 수 있으며, 조선의 입장에서는 누구를 중화제국으로 섬겨야 할 것인가 하는 문제에 대한 응답의 결과물이었다. 따라서 호란 이후 그 치욕의 역사와 어떻게 화해할 것인가 하는 문제 역시 '누구를 중화로 섬길 것인가' 하는 문제와 밀접히 연관되어 있다. 호란 이후 전개된 국제관계는 그 이전까지 조선이 추구해 온 '중화공동체' 전략으로부터의 이탈이었고, 조선의 지식인들은 청의 지배를 심정적으로는 받아들일 수 없었다. 17세기까지만 해도 청은 조선과 동질적인 유교문화를 가지고 있지 않았고, 더욱이 청이 유교의 도(道)를 실현하고 있다고 생각되지 않았다. 그들은 청조에 대한 복수를 위해서 자강론과 대망론을 견지하고 있었고, 중원에서 새로운 화가 나타나기를 기다렸다. 그리고 새로운 중화국가와 함께, 명과 조선이 그랬던 것처럼, 새로운 중화공동체를 건설하기를 기대했다.

그러나 청의 지배가 지속되면서 정치체제나 현실질서에서 뿐만 아니라 문화적으로 청과 공존할 수 있는 가능성을 모색하기 시작하였다. 18세기에 전개된 호락논쟁에서 낙론, 즉 인성과 사물의 본연지성이 같다고 보는 동론자(同論者)들이 각 개체에 내재된 리(理)의 보편성을 주장한 것은 문화적으로 조선과 청이 공존할 수 있는 가능성을 연 하나의 계기가 되었다고 평가할 수 있다. 인성과 물성의 차이성을 강조하고 문명인과 오랑캐라는 사람과 사람의 차별성을 주장하는 한원진의 논의에서는 청나라와 문화적으로 공존할 수 있는 여지가 존재하기 어렵기 때문이다. 동론의 대표자인 이간의 계열에서 북학론이 태동한 것도 그것을 말해주고 있다.

청의 문물을 배워야 한다는 북학론은 청의 발전된 실체를 인정하고 그것을 주체적으로 이용해야 한다는 실용주의적 관점을 제시한 운동이었다. 18세기에는 더 이상 북벌을 공공연하게 말해도 청과의 마찰이 일어나지 않을 만큼 청 중심의 지배가 안정되었다. 북학론은 이러한 상황에서 청 문화의 실체를 인정하고 배워야 청을 극복할 수 있다는 주장이다. 그것은 달리 보면, 조선과 청이 문화적으로 공존할 수 있다는 점을 말해주는 것이었다. 비록 청을 중화로까지 인식하고 있는 것이 아니었고 존명의리적 화이관을 극복한 것은 아니었지만, 조선이 청으로부터 당한 치욕에만 몰입할 것이 아니라 청에 대한 마음의 벽을 허물고 문화적으로 교류함으로써 공동체적 관계를 지향해가야 한다는 의식이 싹트기 시작한 것이었다.

19세기에 서구의 충격(Western impact)이 가해진 상황에서 청조와 조선을 가로막는 문화의 이질성이라는 벽이 허물어졌다. 서양의 문물에 접했을 때, 양자 사이의 문화적 차이보다는 동질성이 더 부각되었기 때문이다. 근대 서구세계와의 조우(遭遇)는 한편으로 중화주의의 현실성이 소멸된 결과를 초래하였고, 다른 한편으로는 '문화'의 차원에서 조선과 청이 (서구문명과 비교할 때) 상대적으로 동질한 문화를 공유하고 있음을 자각하는 계기가 된 것이다.

이제까지 본문에서는 호란 이후 조선이 직면한 국제질서의 현실 속에서 이적인 청조(淸朝)에게 당한 치욕에 대해 어떻게 공존과 화해를 모색해 갔는지를 살펴보았다. 이를 통해서 조선적인 역사화해의 방식을 찾아내고자 했다. 17세기 조선은 호란으로 야기된 고통과 치욕을 해소하기 위해 노력했다. 조선의 역사화해는 19세기 이후 진행된 화이관의 해체 과정에서 문화적으로 조선이 유일한 중화문명의 계승자라는 인식에서 벗어남으로써 가능해졌다. 그러나 그것만으로는 진정한 의미의 화해가 이루어졌다고 말하기는 어렵다. 호란 이전에 명과 조선이 그랬던 것처럼, 상호공존하고 신뢰할 수 있는 공동체적 관계(중화공동체)의 형성을 통해서 화해는 가능하기 때문이다. 그리고 그 관계의 형성을 위해서는 공통의 가치와 도(道), 그리고 동질적인 문화의 공유가 필요하다. 이 글은 이러한 관점에서 조선의 역사화해를 설명하였다. 그 과정에서 나타난 역사화해의 단계는 다음과 같이 정리해볼 수 있다.

첫 단계는 천도(天道)를 확신하면서 천도의 회복을 기다리며 복수를 준비하는 방식이다. 17세기에 조선은 내부적으로 힘을 기르면서 복수에 적당한 때를 기다렸고 중원에서 새로운 중화제국이 나타나기를 기대했다. 두 번째 단계는 때를 살펴서 기습적인 공격을 가하는 방식이다. 오래가지 못할 것으로 예상했던 청의 지배가 공고해지면서 조선이 선택할 수 있는 대안 가운데 하나는 더 이상 새로운 중화제국이 나타나기를 기다리는 것이 아니라, 힘을 축적하고 때를 살펴서 청에 대한 복수를 감행하는 것이었다. 18세기 한원진의 북경진공론이 대표적 사례이다. 그는 문화적인 우월성(문명 vs 야만)에 기반하여 가해자인 청을 야만으로 규정하고 직접적 복수를 통해 치욕을 해소하고자 했다.

세 번째 단계는 청과의 문화적 공존을 모색하는 방식이다. 북학파의 경우가 이에 해당한다. 그들은 여전히 청을 중화가 아닌 이적(오랑캐)으로 인식했지만, 동시에 발전된 청의 문물을 인정하고 수용함으로써 문화적인 공존을 추구했다. 네 번째 단계는 청과의 문화적 동질성과 동도(同道)의 공유에 주목하여 복수의식을 희석시키는 방식이다. 19세기 조선이 그전까지 경험해보지 못한 새로운 이적이라고 할 수 있는 서양세력에 직면했을 때 느꼈던 동도(東道)와 서도(西道)의 차이나 문화적 이질성은 컸다. 그 차이와 이질성이 크게 느껴질수록 청과의 문화적 이질성은 줄어들었고 동도(東道)를 공유하고 있다는 것이 부각되었다. 이를 통해서 조선은 청과의 중화공동체적 관계를 재형성하게 되었고, 비록 불완전하지만 조선이 청과 화해할 수 있는 계기가 마련된 것이다.

펠드만이 정의한 바와 같이, 화해는 "과거 적대적 관계에 놓여 있던 국가 간에 장기적 평화를 구축해가는 과정"이다.[68] 청과 조선은 호란이라는 적대적 관계를 2백여 년의 기간을 통해 장기적인 평화관계로 구축해 갔다. 그리고 19세기에 이르러 비로소 "서로의 차이를 포용하는" 단계로 나아갔다. 만약 이적 서양과 이적 일본에 의해 형성되었던 청과 조선의 공동체적 관계가 지속되고 발전했다면, 제2차 세계대전 이후 독일과 프랑스가 중심이 된 유럽공동체가 유럽연합으로 발전했던 것과 유사하게, 중국과 조선이 주도하는 동아시아 공동체가 형성되었을지도 모른다. 하지만 20세기에 양국은 [반]식민지 상태를 경험하였고, 그 후 조선은 자유민주주의 국가로 재탄생하고 청은 신해혁명과 공산혁명을 거쳐 사회주의 국가로 재탄생하였다.

---

68 펠드만, 2009, 앞의 글.

비록 오늘날 대한민국과 중국이 유교적 전통과 문화를 공유하고 있다고 하더라도, 민주주의 시장경제를 이념으로 하는 나라와 사회주의 계획경제를 이념으로 하는 나라 사이에 공동체의식이나 연대감이 형성되기는 어려울 것이다. 21세기에 '아시아적 가치론'의 등장과 함께 '동아시아 공동체론'이 지속적으로 제기되어 왔음에도 불구하고, 별다른 성과 없이 선언에 그쳤던 이유는 여기에 있다고 할 것이다. 동아시아 지역에서 역사화해 문제가 오랫동안 제기되어 왔음에도 불구하고, 유럽의 경우와 달리, 별다른 성과를 거두지 못했던 이유도 가치의 차이와 문화적 이질성이 크다는 점이 화해의 성립을 저해하는 한 요인이 되었다고 말할 수 있을 것이다.

참고문헌

『書經』, 『易經』, 『孟子』, 『史記』, 『朱子語類』, 『三峯集』, 『宋子大全』, 『南塘集』, 『蘆沙集』, 『重菴集』, 『조선왕조실록』 (http://sillok.history.go.kr)

계승범, 2011, 『정지된 시간: 조선의 대보단과 근대의 문턱』, 서강대학교 출판부.
구범진, 2019, 『병자호란, 홍타이지의 전쟁』, 까치.
민족문화추진회, 1997, 『국역 삼봉집』Ⅰ·Ⅱ, 민족문화문고간행회.
박지원, 2007, 『연암집(하)』, 신호열·김명호 역, 돌배개.
박홍규, 2016, 『삼봉 정도전 생애와 사상』, 선비.
우경섭, 2013, 『조선중화주의의 성립과 동아시아』(인하대 한국학연구소), 유니스토리.
유근호, 2004, 『조선조 대외사상의 흐름』, 성신여자대학교출판부.
이경구, 2009, 『17세기 조선 지식인 지도』, 푸른역사.
______, 2018, 『조선, 철학의 왕국-호락논쟁 이야기』, 푸른역사.
정옥자, 1998, 『조선후기 조선중화사상연구』, 일지사.

계승범, 2012, 「조선후기 조선중화주의와 그 해석문제」, 『한국사연구』(159).
김봉곤, 2004, 「蘆沙 奇正鎭의 사상의 형성과 위정척사운동」, 『조선시대사학보』 30.
김성환, 2010, 「華夷 너머의 相生」, 『중국학논총』 제28집
김정호, 2001, 「19세기 전반(前半) 한국·중국·일본 개혁사상의 국제질서관 비교 연구」, 『한국동북아논총』 제19집.
김태년, 2007, 「남당 한원진 사상의 배경과 형성 과정」, 『한민족문화연구』 제20집.
신봉수, 2010, 「동아시아 국제관계와 화이유교규범의 변화」, 『세계정치』 제12집.
우경섭, 2003, 「송시열의 화이론과 조선중화주의의 성립」, 『진단학보』 제101권.
______, 2012, 「조선중화주의에 대한 학설사적 검토」, 『한국사연구』(159).
릴리 가드너 펠드만, 2009, 「독일의 화해 외교정책에서 역사의 역할」, 『역사 대화로 열어가는 동아시아 역사 화해』, 동북아역사재단.
보도 폰 보리스, 2009, 「역사 화해를 위한 역사교육: 독일 관점에서의 이론적 고찰과 실제 경험」, 『역사 대화로 열어가는 동아시아 역사 화해』, 동북아역사재단.
와타나베 히로시, 2007, 「"중용"과 행복: 주자학자들의 모색」, 『민족주의, 평화, 중용』, 까치.

윤순갑, 2010, 「위정척사파의 정치적 현실인식」, 『퇴계학과 한국문화』 제47호.

이상익, 2002, 「위정척사파 민족의식의 특성」, 『한국철학논집』 제11집.

오석원, 1996, 「『춘추』의 화이사상과 한국의 민족의식」, 『유교사상연구』 제8권.

정용화, 2004, 「사대·중화질서 관념의 해체과정: 박규수를 중심으로」, 『국제정치논총』 제44집 1호.

정재훈, 2004, 「우암 송시열의 정치사상」, 『한국사상과 문화』 제23권.

______, 2008, 「17세기 우암 송시열의 정치사상」, 『한국사상과 문화』 제42권.

조장연, 2005, 「남당 한원진의 인물성론과 그 정치적 성격」, 『한국철학논집』 제17집.

천자현, 2013, 「화해의 국제정치: 화해 이론의 발전과 중일관계에 대한 비판적 적용」, 『국제정치논총』 제53집 2호.

최연식, 2007, 「조공체제의 변동과 조선시대 중화–사대 관념의 굴절」, 『한국정치학회보』 제41집 1호.

제4부

문명, 포용과 차별

1
청 옹정제의 만한(滿漢) 역사 갈등 해소 모델

이동욱
나고야대학 법학연구과 외국인연구원

Ⅰ. 머리말

과거사로 인한 갈등의 해소는 여러 가지 형태로 나타날 수 있다. 갈등 당사자 사이의 용서와 화해보다는 시간의 경과에 따른 망각과 감정의 둔화, 양자 관계의 변화에 따른 갈등의 완화, 또는 복수의 실천이 더 흔하게 나타나는 현상인 듯 하다. 따라서 '역사 화해'를 논의함에 있어서는 과거사로 인한 갈등을 해소하려 시도한 다양한 역사적 사례를 살펴봄으로써 보다 현실적이고 합리적인 갈등 해소의 방법론을 고민할 필요가 있다. 이 글에서는 그 일환으로서 권력의 최상층에서 일방적으로 화해와 통합의 이데올로기를 강요하여 역사 문제로 인한 갈등을 해소하려 한 중국 청나라 옹정제(雍正帝, 1678~1735)의『대의각미록(大義覺迷錄)』(1729) 간행 사례를 살펴보고자 한다.

이질적인 종족 집단(ethnic group) 사이의 침략과 지배, 그에 대한 저항 또는 순응은 인류의 역사 속에서 끊임없이 반복되어 왔다. 중국의 역사 속에서도 주

(周)의 역성혁명(易姓革命)에서부터 현재 신강(新疆)과 티베트 지역에서 나타나는 민족갈등까지 이러한 사례는 빈번히 나타난다. 이러한 민족 간 갈등의 역사 속에서 이민족의 침략에 대해 현재 '한족'이라 불리는 한인(漢人)들의 저항 논리는 특히 주목할 필요가 있다. 중국 민족주의의 원형으로 주목받고 있는 화이관[1], 즉 천하(天下)가 세계의 중심인 중화와 그를 둘러싼 사방의 이적들 사이의 차별적인 질서로 구성되어 있으며 중화가 이적보다 지리적, 문화적, 도덕적으로 우월하다고 여기는 세계관과 흔히 강상(綱常)이라 불리는 군주와 가족, 스승, 친구에 대해 인간이라면 당연히 지켜야 할–복수를 포함한–도덕적 의무를 강조하는 윤리관이 이질적인 종족 집단에 대한 반발 심리와 결합하여 이민족에 대한 복수와 설치(雪恥)의 행위를 사상적으로 정당화한다.[2] 이는 또다시 '수신제가치국평천하(修身齊家治國平天下)'나 '천하의 일을 자신의 임무로 삼는다[以天下爲己任]'는 말에 함축적으로 담긴, 개인을 가족, 국가, 세계라는 공동체의 일

---

* 이 글은 『중앙사론』 50집(2019)에 게재된 「『大義覺迷錄』에 나타난 청 옹정제의 滿漢갈등 해소 논리」를 수정, 보완한 것이다.

1 중국의 전통적 화이관과 근대 민족주의의 관계에 대해서는 다음의 연구를 참조할 수 있다: 羅志田, 1996, 「夷夏之辨的開放與封閉」, 『中國文化』 2; 1998, 『民族主義與近代中國思想』, 三民書局; 葛兆光 지음, 이원석 역, 2012, 『이 중국에 거하라』, 글항아리; 이춘복, 2012, 「청대 만주본위의 민족정책과 문화충돌」, 『다문화컨텐츠연구』 12; 2013, 「청대 전기 華夷觀과 청조의 滿漢 융합」, 『다문화컨텐츠연구』 14; 2015, 「전통 화이관과 근대 민족주의의 연속성 연구」, 『중국근현대사연구』 68; 2016, 「청대 公羊學派의 대일통사상과 개혁파의 대민족주의」, 『중국근현대사연구』 71; 2016, 「청말 혁명파의 用夏變夷 논리체계와 그 적용범주 연구」, 『중앙사론』 44; 2016, 「중국 전통시대 '用夏變夷'사상의 論理와 그 전개 양상 연구」, 『중앙사론』 43 등. 羅志田의 논의가 문화민족주의적 성격으로서의 화이관을 강조하면서 그 시대에 따른 신축성을 강조한다면, 葛兆光은 송대 이후 한족 중심 중화질서의 공간적 영역과 강역 인식, 그리고 내외의 구분에 주목한다. 한편, 이춘복은 전통시대 중국의 화이관념과 근대 민족주의 사이의 계승 관계에 대한 통시적이고 치밀한 일련의 연구를 통해 중국의 화이관 안에 화이준별론과 대일통론이라는 두 흐름이 존재했으며, 그것이 근대에 들어 한족 중심의 민족주의와 중화민족주의로 각각 계승되었음을 주장하고 있다.

2 유가에서 복수는 부모와 군주, 친구 등에 대한 윤리적 의무로 이해되어왔다. 따라서 전근대 동아시아의 통치자들은 사회 질서의 안정을 위해 사적인 복수를 금지할 필요성과 복수를 의무화하는 윤리관 사이에서 적절한 절충안을 마련하기 위해 고심해야 했다. 이와 관련해서는 瞿同祖, 1962, 『中國法律與中國社會』, 里仁書局; 심희기, 1983, 「복수고서설」, 『법학연구』(26 - 1); 이원택, 2001, 「정약용의 복수에 대한 인식과 親 관념」, 『법제연구』 20; 리펑페이, 2014, 「고대 중국의 '복수' 관념과 그 문학적 표현」, 『민족문화연구』 65 등 참조.

원으로 규정하고 그에 대한 도덕적 의무를 강조하는 유가적 가치관과 결합한다. 이러한 특징들로 인해 금, 원, 청으로 이어지는 정복 왕조들에 대한 한인들의 저항은 그들에 의해 멸망당한 송, 명 등 한인 왕조의 신하로서 이들 왕조의 복수 또는 부흥을 추구하거나 이민족 정권을 내쫓고 중화가 이적보다 우위에 있는 세계질서를 회복하는 도덕적 의무의 실천으로 포장되고는 했다.

한인들의 이러한 저항 논리에 대응하기 위해 청 옹정제가 반포한『대의각미록』은 이러한 의미에서 주목할 만한 책이다. '대의(大義)로써 미혹됨[迷]을 깨우친 기록'이라는 제목대로 이 책은 유가의 대의를 내세우며 철저하게 유가적 입장에서 만주족이 세운 청조의 중국 통치의 정당성과 옹정제 자신의 정통성을 주장하면서 청조와 자신에 대한 각종 비방과 유언비어, 신화화된 반청복명운동을 일일이 반박하고 해명한다. 명·청 교체라는 역사적 사건으로 인해 형성된 한족의 만주족에 대한 반발과 복수심이 유가의 언어로 표출되는 것에 대해, 같은 유가의 언어와 논리를 이용해 이를 무마하고 설득하려 시도한 것이다.

『대의각미록』과 그 배경이 되는 증정(曾靜) 역모 사건에 대해서는 20세기 초부터 정치적인 이유와 학술적인 이유에서 주목받아왔으며, 상당히 풍부한 연구가 진행된 바 있다.[3] 그럼에도 최근 20여 년 사이 중국과 대만의 연구자들

3 20세기 초의 청사 연구에서 蕭一山은 만한관계의 전개라는 맥락 속에서 옹정제의 한인에 대한 정책이 강희제를 계승한 관용적인 것이었음을 입증하는 근거로 증정사건과『대의각미록』을 제시하였으며(蕭一山, 1986,『清代通史』(上), 中華書局), 양계초는 청조의 통치자가 인민의 사상을 간섭하고 통제한 사례로서 옹정제의『대의각미록』편찬과 여유량 일족 처형을 들고 있다(梁啟超, 1924,「中國近三百年學術史」,『飲冰室專集』75, 上海中華書局). 한편, 孟森은『대의각미록』을 옹정제의 황위 찬탈 의혹과의 관계 속에서 파악하여 청조의 정통성을 주장하는 것보다는 옹정제 자신에 대한 의혹과 비난을 해명하는 것이 이 책의 진정한 목적이었다고 주장하였다(孟森, 2006,「清初三大疑案考實」,『明清史論著集刊(下)』, 中華書局, 383~437쪽). 1950년대 이후의 연구 중, 옹정제의 성실하고 근면한 개혁군주적 독재 통치에 주목한 일본의 연구자 宮崎市定은 그 동기로서 天命을 받은 군주로서의 자아인식을 들면서『대의각미록』역시 옹정제의 天命 인식의 맥락 속에서 이해하고 있다(宮崎市定, 1950,『雍正帝』, 岩波新書; 미야자키 이치사다, 차혜원 역, 2001,『옹정제』, 이산). 小野川秀美는 증정 사건과 옹정제의 대응을 추적하였으며(小野川秀美, 1958,「雍正帝と大義覚迷録」,『東洋史研究』16:4). 閔斗基는 한걸음 나아가 대의각미록이 담고 있는 내용을 전면적으로 분석하였다(閔斗基, 1964,「『大義覺迷錄』에 대하여」,『진단학보』25). 王汎森

사이에서는 이 책에 담긴 '화이일가(華夷一家)'의 통합 논리가 새삼 관심을 끌고 있다.[4] 관련 연구 논문의 수가 급격히 증가했을 뿐 아니라, 일반 대중을 위한 이 책의 현대어 번역본도 출판되었다.[5]

이는 『대의각미록』의 '화이일가' 이데올로기가 현대 중국에서 '중화민족'의 '화해'와 통합을 정당화하는 전통적 사상자원으로 주목받고 있기 때문이다. 만주족의 한인 통치를 합리화하기 위해 개발된 이데올로기가 지금은 역설적으로 한족을 중심으로 하는 다민족국가의 통합에 이용되고 있는 것이다. 이 글에서는 이러한 현상을 이해하기 위해 『대의각미록』에 나타나는 복수와 화해의 논리를 검토하고, 그것이 시간의 흐름에 따라 재해석되고 재활용되는 양상을 추적하고자 한다. 이는 전제적 권력이 과거사로 인한 갈등의 봉합 또는 해소를 위해 특정 역사 문제에 대한 자의적 해석을 민간에 강제한 것이 300년이라는 세월 동안 중국에 어떠한 영향을 끼쳐왔는지 추적하는 작업이기도 하다.

은 사회사적 시각에서 증정 사건의 발생 원인을 분석하고, 옹정제의 『대의각미록』 편찬과 교육, 건륭제의 사후 처리가 낳은 사회적 영향을 추적하였으며(王汎森, 1992, 「從曾靜案看十八世紀前期的社會心態」, 『大陸雜誌』 85:4, 民國 81), 조나단 스펜스는 책이 담고 있는 메시지보다는 증정 사건의 조사와 처리 과정을 매우 치밀하고 생동감 있게 추적하였다(Jonathan Spence, Treason by the Book, 2001, New York: Viking; 조너선 스펜스 지음, 이준갑 역, 2004, 『반역의 책: 옹정제와 사상통제』 이산). 한편, 1980년대 이후 중국 대륙에서는 『대의각미록』을 '만주족 통치자가 반청 지식인을 탄압하고 청조의 합법성을 변호한 책'으로 폄훼하는 한족민족주의적 시각을 지양해야 하며, 옹정제가 공자의 '尊王攘夷'에서 비롯된 '華夷之辨'에 반대하고 '華夷一家'를 주창한 것은 중국 민족사상 발전사의 거대한 변화로서 긍정해야 한다는 주장이 제기되어 이후 중국과 대만의 관련 연구에 중요한 영향을 끼쳤다(何曉芳, 1986, 「論雍正的『大義覺迷錄』及其民族思想」, 『滿族硏究』 1986-02).

4 『대의각미록』에 대한 중국 학계의 관심도는 中國의 논문검색 사이트 中國知網www.cnki.net의 키워드 검색을 통해서도 확인할 수 있다. 검색 결과의 목록에서 2000년대 이전의 글은 비학술적인 문장을 포함하여 겨우 6편인데 반해, 2000년대 이후의 글은 48편에 달한다. 양적 변화만으로도 21세기 이후 중국 학계의 청사 연구열 및 청조의 대일통 관념이나 화이관에 대한 천착을 확인할 수 있다.

5 (淸)雍正皇帝 編纂, 張萬鈞, 薛予生 編譯, 1999, 『大義覺迷錄』, 中國城市出版社. 이 책은 대중들이 읽기 쉽도록 『대의각미록』의 전문과 현대 백화문 번역을 함께 수록하고 있으며, 『대의각미록』 뿐 아니라 『淸代文字獄檔』 가운데 증정 사건과 관련된 奏摺과 諭旨 40여 편을 선별하여 함께 수록하여 사건의 전모를 이해하는 데 도움을 주고 있다.

Ⅱ. 증정 사건과 『대의각미록』의 간행

만주족이 세운 청나라는 몽골 여러 부족과 조선을 복속시키고 산해관까지 진출하여 명의 대군과 대치하던 중 이자성의 반란군이 명나라의 수도 북경을 점령하고 숭정제가 자살하는 혼란을 틈타 중원에 진출하였다. 청조는 입관 초기 정복지의 한인에 대해 변발과 만주 복식을 강요하고 토지를 권점하였으며, 중국 전역을 정복하고 명의 부흥운동 세력인 남명 정권을 토벌하는 과정에서 『가정도성기략(嘉定屠城紀略)』, 『양주십일기(揚州十日記)』 등 야사의 기록을 통해 전승되는 대대적인 학살의 풍문을 낳기도 하였다. 그러나 강희제 때에 이르면 한인에 대한 회유 정책을 펼쳐 중원에 대한 통치를 공고히 하고자 했다. 강남 출신의 한인 지식인을 대거 등용하였고, 대체로 한인에 대해 관대한 정책을 펼치며 천명을 계승한 정통 왕조이자 유교 문명의 수호자로서의 면모를 보였다. 이에 많은 한인 지식인들이 조정에 출사하며 현실과의 타협을 선택하였으나, 황종희(黃宗羲), 왕부지(王夫之), 고염무(顧炎武), 여유량(呂留良)처럼 끝까지 청나라에 출사하지 않은 이들도 있었다. 또한 일념화상(一念和尚), 주일귀(朱一貴) 등 명나라의 후손을 가탁하여 반란을 도모한 일이 '손가락을 구부려 헤아릴 수 없을 정도'로 많았으며, 증정의 역모 사건이 일어났을 때에도 산동(山東) 사람 장옥(張玉)이 자신이 명 황실의 후예라 주장하며 '혹세무민'하다가 당국에 체포되는 등 반청(反淸) 및 존명(尊明) 정서는 민간에서 여전히 강한 영향력을 발휘하고 있었다.[6]

『대의각미록』은 이러한 상황 속에서 증정이라는 인물의 역모 사건을 처리하는 과정에서 탄생하였다.[7] 가난한 지식인 증정은 만주족이 중국을 정복한 지

---

6 『大義覺迷錄』 권1, 11~12쪽.

7 이하 세 단락에 걸친 증정의 역모 사건에 대한 서술은 王汎森, 2015, 「從曾靜案看18世紀前期的社

80여 년이 지난 시점에 호남성(湖南省)의 척박한 산악지대에 살고 있었다. 그가 살던 지역은 원래 농지가 부족한 지역이었을 뿐 아니라 자연재해로 인한 기근이 여러 차례 발생했기 때문에 청 정부는 이 지역 인민의 사천(四川) 이민(移民)을 유도하고 있었다. 증정 역시 생계를 위해 가족과 제자들을 데리고 사천으로 이주할 것을 고려하고 있던 중 청 정부의 고시(告示)를 통해 오성연주(五星連珠: 수성, 금성, 화성, 목성, 토성이 한 줄로 놓인 것처럼 보이는 천문 현상)가 일어났다는 정보를 입수하게 되었다. 증정은 이 상서로운 사건이 성인(聖人)이 출현하여 사회개혁을 이루어 주려는 징조이며, 그렇게 되어 토지 소유 문제가 해소되면 사천으로 이주할 필요가 없다고 생각했다. 그는 청 조정에 의한 개혁이 진행되면 자신이 출사하여 공을 이룰 수 있으라 기대했으나 2년이 지나도록 상황은 변하지 않았고, 증정 자신은 과거 시험에 계속 실패면서 사회에 대한 불만이 쌓여갔다.

그러던 그가 반청 사상을 품게 된 것은 과거 시험을 치르고 돌아오는 길에 여유량이라는 학자의 책을 구매하면서부터였다. 춘추시대의 명재상 관중(管仲)의 인(仁)이 무력을 사용하지 않고 회맹(會盟)을 이끈 점에 있는 것이 아니라 존왕양이(尊王攘夷)의 실천에 있었음을 지적하는 여유량의 글을 읽고 증정은 그의 사상에 동조하여 춘추(春秋)의 대의를 실현하기 위해서는 이민족을 몰아내고 진정한 군주를 세워야 한다는 생각에 사로잡혀 악비(岳飛)의 후손으로 알려진 사천총독(四川總督) 악종기(岳鍾琪)에게 익명의 편지를 보내어 대의를 위해 궐기할 것을 촉구하였다. 그러나 악종기는 이를 옹정제에 보고하였고, 옹정제의 지시에 따라 반역 음모의 배후를 색출해내는 작업이 진행되었다. 증정과 그가

會心態」,『權力的毛細管作用: 淸代的思想、學術與心態(修訂版)』, 北京大學出版社, 300~305쪽을 참고하여 정리했다.

접촉한 여유량의 유족 및 제자 등 관련자가 체포되고 추가적인 조사와 심문이 이루어진 끝에 반역 음모는 견문이 짧은 증정이 이미 사망한 여유량의 사상에 미혹되어 일으킨 개인적 일탈행동이었던 것으로 결론지어졌다.

그러나 옹정제는 이 사건을 계기로 청조와 옹정제 자신에 대한 각종 비방과 유언비어들을 논박하고 반역의 논리를 무력화할 필요가 있다고 여겼다. 전통시대 중국 화이관의 주류를 이루고 있었던 '이하지방(夷夏之防)', 즉 화와 이를 엄격히 구별하는 사상이 한인 민중 사이에서 널리 퍼져 있던 이민족 정복자의 강압과 학살의 기억에 따른 복수심, 문화적으로나 도덕적으로 우월한 '중화'가 '이적'에게 유린당하고 있다는 인식, 그리고 옹정제를 비롯한 청조 황제들의 부도덕함과 무능함에 대한 유언비어 등과 결합하여 편벽한 산골에까지 민간에 유포되고 있음이 밝혀진 이상 그러한 분위기가 또 다른 반란의 시도로 나타나는 것을 막기 위한 조치가 필요했다. 옹정제는 관방이데올로기의 제조와 반포, 교육과 선전을 통해 이를 해결하려 하였다. 그 수단으로서 출판된 책이 『대의각미록』이었다.

이 책은 사건의 해결 과정에서 생산된 문서들을 선별하여 총 4권으로 나누어 수록하고 있으며, 크게 네 부분으로 구성된다. 첫 부분은 옹정제의 상유(上諭) 두 편으로 구성된다. 첫 번째 상유는 청 왕조의 정통성에 대한 옹호가 주된 내용이며, 두 번째 상유는 옹정제 자신에 대한 변호로서 증정이 열거했다는 옹정제의 열 가지 죄상을 반박하는 것을 주 내용으로 한다. 두 번째 부분은 증정에 대한 심문과 답변을 정리하여 수록하고 있다. 증정이 악종기에게 보내어 반란을 권유한 편지[逆書] 및 사건의 수사 과정에서 발견한 증정의 저술 『지신록(知新錄)』과 『지기록(知幾錄)』에 담긴 증정의 사상을 비판하고 증정으로 하여금 잘못을 뉘우치도록 하는 내용이다. 세 번째 부분은 반역자 증정에게 개과천선의 기회를 주고자 하는 옹정제의 의도를 담고 있다. 증정을 법에 따라 역모죄로 처형해야 한다는 대신들의 주장과 증정의 잘못이 무지에서 비롯된 것이니 관대히 처분하되 증정을 미혹시킨 여유량에 대해서는 반역죄를 적용하여 엄벌해야 한다는 옹정제의 상유가 실려 있다. 책의 마지막인 네 번째 부분은 증정이 자신의 과오를 깨닫고 청조와 옹정제의 통치를 칭송하는 내용의 「귀인설(歸仁說)」을 수록하고 있다. 책의 제목대로 사설(邪說)에 '미혹'된 증정을 '대의'로써 깨우쳐 청조와 옹정제의 은덕에 귀의하도록 하는 과정을 수록한 것이다.

책의 곳곳에서 옹정제는 만주족 군주가 천명(天命)을 받아 중국을 다스리는 것의 정당성을 주장하며 증정의 사상을 논박하고 한인 백성들이 군신의 의리에 따라 만주족 군주에게 충성을 바쳐야 한다는 점을 강조한다. 또한 자신의 즉위 과정 및 통치의 부도덕함에 대한 유언비어, 즉 강희제가 황제의 자리를 '열넷째에게 물려준다[傳十四子]'는 유언을 남겼음에도 이를 '넷째에게 물려준다[傳于四子]'라고 위조해서 즉위했다는 소문, 그리고 아버지를 시해하고 어머니와 형제들도 핍박하여 죽음으로 내몰았으며, 간신의 무리에 현혹되어 충신을 잔인하게 처형하고 술과 여색, 뇌물을 밝힌다는 등 증정이 열거한 열 가지 죄목에 대해 일일이 해명하면서 이러한 유언비어들이 자신이 처형한 부도덕한 형제들의 잔당들이 자신에게 뒤집어씌운 거짓 소문이라고 주장한다.[8] 한편, 증정이 현실을 비판하면서 주장한 이상론적인 대안들, 예를 들어 학문적 수양이 깊은 유학자가 황제가 되어서 통치를 행해야 한다는 일종의 철인군주론이나 정전제(井田制)의 실시를 통한 빈부격차의 해소, 중앙집권적 군현제를 대체하는 봉건제(封建制)의 실시, 폐단이 많은 과거제도 폐지 주장에 대해 일일이 논박하면서 청나라의 제도를 옹호하고 있다. 이러한 논의들은 단순히 증정만의

8 『大義覺迷錄』 卷1, 30~72쪽.

주장이 아니라 명나라의 멸망과 이민족의 중원 정복이라는 그들이 안주하던 유가 세계관 속의 천하질서가 붕괴하는 모습을 목도한 한인 지식인들의 천하 질서의 회복을 위한 사상적 모색과 상통하는 부분이 있었다는 점에서 증정에 대한 옹정제의 반박은 현실에 대한 비판이 반체제 논리로 연결되는 것을 차단하는 작업이기도 했다.

옹정제는 이러한 내용의 『대의각미록』을 전국 각지의 말단 행정기관과 교육기관까지 배포하여 매달 두 차례 강독하도록 지시하였으며, 역모 사건의 주범인 증정과 종범 장희를 석방하여 각지를 순회하며 『대의각미록』 선전 활동에 종사하도록 하였다. 그러나 책이 간행된지 6년 만에 옹정제가 사망하자, 그의 뒤를 이은 아들 건륭제는 이 책을 모두 회수하여 금서로 지정하였으며, 증정 역시 다시 체포하여 처형하였다.[9] 『대의각미록』은 간행되자마자 전국 방방곡곡에 배포되었지만, 7년 만에 전국에서 사라지는 운명에 처했던 것이다.

그러나 이 책은 그 짧은 유통의 기간에도 불구하고 청 왕조의 통제력이 약해진 200여 년 후에 다시금 세간의 주목을 받게 되었다. 이하에서는 그 주된 이유가 되는 반청의 논리와 옹정제의 역사 갈등 해소 논리, 그리고 옹정제 사후 수백 년에 걸쳐 나타난, 『대의각미록』의 양면적 영향을 살펴보도록 하겠다.

Ⅲ. 반청의 논리 구조: 증정의 화이관과 복수론, 역사인식

『대의각미록』 제1권 첫 머리의 「상유」 두 편은 책의 편찬 의도와 옹정제의 주장을 잘 압축해서 보여준다. 그 중 첫 번째 상유는 대부분의 내용을 화이관과

9 조너선 D. 스펜스, 이준갑 역, 2004, 『반역의 책』, 이산, 311쪽.

복수론에 근거한 반청 사상을 비난하고 논박하는 것에 할애하고 있다. 옹정제가 이 글을 자신에 대한 비난을 논박하는 것에 중점을 둔 두 번째 상유의 앞에 배치하고 있다는 점에서 그가 '과거사'로 인한 만한 갈등의 해소 또는 무마를 『대의각미록』 출판의 가장 큰 명분으로 삼으려 했음을 유추할 수 있다.

특이한 점은 첫 번째 「상유」가 비난하고 있는 주된 인물이 실제 반역을 도모한 증정이 아닌 여유량이라는 것이다. 「상유」 뿐 아니라 이어지는 책의 두 번째 부분에서도 증정은 여유량의 혹세무민하는 사상에 현혹되어 잘못된 길로 접어든 어리석은 백성일 뿐이라는 점이 심문과 답변을 통해 강조된다. 과거사에 대한 사회적 기억이나 화이관, 청조의 치세에 대한 토론은 황제의 의도를 대변하는 심문관이 여유량의 '잘못된 사상'의 영향을 받은 증정을 날카로운 논변으로 깨우치고, 증정이 이에 대해 자신은 견문이 좁아 여유량의 '잘못된 주장'을 믿었을 뿐이라고 변명하며 황제의 논리를 수용하는 형식으로 진행된다. 이러한 장치는 다음과 같은 옹정제의 출판 의도를 부각시키고, 죄를 뉘우친 증정에게 면죄부를 주어 황제가 만들어낸 이데올로기를 선전하는 도구로 활용하기 위한 것이기도 하다.

> (군주는) 하늘이 명을 내려 군주로 삼은 것이다. 따라서 자신의 임금을 부정하는 이는 하늘을 거스르는 뜻을 품은 것이니 어찌 하늘의 주멸을 당하지 않겠는가? 짐이 생각건대, (중략) 천하의 억만 신민은 모두 선량하여 스스로 임금을 존중하고 윗사람을 경애하는 마음을 가지고 있어 다시 설명하여 깨우쳐줄 필요가 없다. 그러나 여유량과 같은 천하에 얼마 되지도 않는 음험하고 어리석은 소인배들이 패역무도한 마음을 품고 있어 특별히 이 가르침을 내리니, 만약 조금이라도 이러한 마음을 품고 있으면 스스로 깨닫고 반성하게 하고, 여유량, 증정과 같이 혹세무민하는 무리에 현혹된 자들은 옳은 말로 깨우쳐서 하늘과 국법의 처벌을 받지 않도록 하라.[10]

10 『大義覺迷錄』 卷1, 22~23쪽.

그렇다면, 옹정제가『대의각미록』을 간행하여 전국에 반포하고 이를 교재로 한 강의를 실시하도록 명령할 정도로 반박의 필요성을 느꼈던 증정의 논리는 어떠한 것이었을까? 증정이 악종기에게 보낸「역서(逆書)」, 즉 옹정제에 대한 반란을 촉구하는 편지와『지신록』은 현재 남아있지 않지만, 옹정제가 '여유량, 엄홍규(嚴鴻逵), 증정 등의 패역한 말과 짐의 유지(諭旨)를 모두 기록하여' 책으로 간행하고 반포해서 자신과 이들의 주장에 대한 평가를 '후세의 공론'에 맡기겠다는 선택을 함으로써, 증정과 당시의 한인 지식인들이 가지고 있었을 반청의 논리는 선택적으로 편집된 불완전한 상태로나마 현재까지 전해질 수 있었다.[11] 이 장에서는 이를 근거로 옹정제가 논박하고자 한 증정과 여유량의 반청 논리를 살펴보고자 한다. 이는 기왕의 연구에서 증정과 여유량의 논지를 파악하기 위해 전통적으로 취해왔던 전략이며, 증정이나 여유량의 실제 주장을 전면적으로 파악하기보다는 옹정제가 의도한 프레임을 통해 이들의 '반청' 사상을 추적한다는 한계가 있으나, 옹정제가 논박하고자 한 반청의 논리를 명확히 할 수 있다는 장점이 있다.[12]

『대의각미록』을 통해 확인할 수 있는 여유량과 증정의 반청 논리는 화이분별의 세계관에 근거하여 원과 청이라는 이민족 정권이 중원을 지배한 것은 '하늘과 땅이 캄캄해지고, 해와 달이 빛을 잃는' 것과 같은 '천지의 큰 변고'라는 인식과[13] 춘추의 '대의'인 존왕양이 사상, 그리고 명에 대한 복수론으로 구성된다.『대의각미록』에서 이러한 요소들을 포함하고 있는 증정과 여유량의 언설

11 『大義覺迷錄』 卷1, 24~25쪽.

12 여유량의 실제 사상과 별개로『대의각미록』을 통해 형성된 여유량의 '반청' 이미지가 청대와 중화민국 시기에 '반역자'와 '민족영웅'의 양극단에서 소비되는 현상은 史曜菖, 2010,「棺蓋，論未定: 淸代呂留良(1629~1683)思想 形象的抗拒與接受」, 國立中央大學歷史學硏究所碩士論文 참조.

13 여유량은 "덕우(德祐) 연간 이후 천지에 큰 변고가 있었는데 자고로 겪어보지 못한 일이었다. 그런데 오늘날 이 일이 다시 벌어졌다"고 말했는데, 이는 원나라의 남송 정복과 청나라의 중국 정복이 그만큼 충격적인 일이었다는 것이다.(『大義覺迷錄』 卷1, 2쪽.)

을 추출해 분석해보면, 이러한 인식들이 반영하는 반만의 논리는 다음과 같이 전개된다:

1-a. 이적(夷狄)은 인간과 다른 부류[異類]로서 금수(禽獸)와 같다.[14]

1-b. 하늘이 사람과 사물을 낳을 때 이(理)는 하나지만 나뉨은 같지 않았다. 중토(中土)에서 올바른 기운을 받고 음양이 합하여 덕에 부합한 경우 사람(人)이 되고, 사방의 험준한 변방에서 그릇되고 편벽한 기운을 받은 경우 이적이 되었다. 이적만 못한 경우 금수가 되었다.

2-a. 사람과 이적 사이에는 군신의 구분이 없다.[15]

2-b. 어떻게 인류 중의 군신의 의리를 사람과 이적의 큰 분별 위에 적용할 수 있겠는가? 관중(管仲)은 섬기던 주군의 복수를 잊었는데, 공자는 어찌하여 그를 용인하고 오히려 어질다[仁]고 하였는가? 대개 화이의 분별이 군신의 윤리보다 큰일이었기 때문이다. 화(華)와 이(夷)를 나누는 것은 사람과 동물을 나누어 구분하는 것과 같으니 이 땅에서 가장 중요한 대의이다. 따라서 성인께서 관중의 공을 인정하신 것이다.[16]

2-c. 중국에서 관중(管仲)이 아홉 번 제후를 모아 한 번 천하를 안정시켰다는 대목에 대해 논할 때, 다른 사람들은 모두 관중의 어짊[仁]이 군사를 쓰지 않은 점에 있다고만 했지만, 오직 여유량만이 관중의 인(仁)이 존양(尊攘: 즉 尊王攘夷)에 있다고 평했습니다. 미천중범(彌天重犯, 증정의 진술에서 자신을 가리키는 호칭)은 이에 『춘추(春秋)』의 책 전체가 주(周) 왕실을 받들고 오랑캐를 몰아내는 것을 내용으로 한다고 추측했을 뿐, 『논어』에서 말한 '양(攘)'이 초나라만을 대상으로 하며, 이는 초나라가 왕을 참칭하고 옷고름을 왼쪽으로 매며 인륜을 모르고 문교(文敎)를 받아들이지 않았기 때문이라는 것을 몰랐으며, 춘추에서 배척한 것이 오(吳)와 초(楚)가 왕을 참칭한 일이었을 뿐 땅이 멀어서 배척한 것이 아니라는 것을 몰랐습니다.[17]

14 『大義覺迷錄』 卷1, 108쪽.
15 『大義覺迷錄』 卷2, 172쪽.
16 『大義覺迷錄』 卷2, 172쪽.
17 『大義覺迷錄』 卷1, 134쪽.

3-a. 이적이 중국을 침략하여 능욕하면 성인이 계신 곳에서는 반드시 주살하였으니, 용서받지 못할 자는 죽이고 벨 따름이다. 그밖에 분을 풀기 위해서 다른 무슨 말이 필요한가?[18]

3-b. 이적이 천자의 자리를 훔쳐 화하(華夏)를 오염시키는 것은 강도가 가산을 약탈하고 원주인을 집밖으로 내쫓은 뒤 집을 차지하는 것과 같다. 지금 밖에 있는 집안사람이 소식을 탐문하여 알게 되면 강도를 쫓아낼 수 있을 것이다.[19]

먼저, 1-a와 1-b에서 증정은 이적을 금수보다는 조금 낫지만 인간과는 다른 종류의 동물로 인식하고 있으며, 성리학의 이기론(理氣論)을 빌어 나름의 근거를 제시하고 있다. 즉 천지의 만물이 이와 기로 구성되어 있는데, 천하의 중심에서 올바른 기를 받으면 인간이 되고, 지리적인 이유로 올바른 기를 받지 못하면 이적과 금수가 된다는 것이다. 중국에만 올바른 정기가 흐르고, 중원 지역에 사는 인간만이 제대로 된 인간일 뿐, 중원 이외의 지역에 거주하는 이적은 인간이 아니라는 인식 속에서 이적은 자연스레 인간의 의리를 행할 필요가 없는 존재가 된다. 이러한 차별적이고 멸시적인 인식은 '중국인 중에도 남을 속이고 말을 뒤집으면서도 수치스러워하지 않는 경우가 있는데, 그러한 행동과 습성은 원래 이적에서 나왔다. 악한 행동이기는 하지만 사람이 악한 일을 한 것이기 때문에 하늘과 땅의 법도에서는 그 무리를 소멸시키지는 않는다. 만약 이적이라면 부자(父子)의 친함, 군신(君臣)의 의리, 장유(長幼)의 서열, 부부(夫婦)의 분별, 붕우(朋友)의 신의에 대해 많은 고려를 할 필요 없다'[20]는 주장으로 표출되기도 한다. 중국인은 천지의 정기를 받아 음양이 적절히 이루어져 태어난 존재이기 때문에 악한 행동을 해도 하늘에 의해 소멸되지 않는다는 선민

18 『大義覺迷錄』 卷2, 205~206쪽.

19 『大義覺迷錄』 卷2, 178쪽.

20 『大義覺迷錄』 卷2, 202~203쪽.

의식의 표출이자, 인간과 다른 존재인 이적에 대해서는 인간이 지켜야 할 윤리 강령을 지킬 필요가 없다는 인식을 보이고 있는 것이다.

증정의 이러한 인식은 관중의 고사를 언급하며 중국에서 이민족을 몰아내야 한다는 인식으로 발전한다.(2-b. 2-c) 관중은 제(齊)나라 환공(桓公)의 이복형제인 공자(公子) 규(糾)를 섬기다 제 환공이 공자 규를 죽인 뒤 제 환공을 도와 패업을 이룬 인물이며, 각지의 제후들과 회맹을 하여 주 왕실을 받들고 초나라의 중원 진출을 저지한 바 있다. 이에 대해 공자는『논어』에서 관중이 주인을 따라 죽지도, 주인의 복수를 하지도 않았지만 그가 천하를 바로잡았기 때문에 백성들이 아직도 그 혜택을 입고 있으며, 관중이 아니었다면 중국인들은 오랑캐의 풍속을 따르게 되었을 것이라 주장하며 관중의 '인'을 칭찬하고 있다.[21] 증정은 관중이 군신의 의리를 지키지 않았지만 천하를 위해 오랑캐를 몰아냄으로써 더 큰 '인'을 실천했다는 공자의 칭찬을 근거로 화이의 구별과 이민족의 배척이 군신의 의리를 지키는 것보다 더 시급하다고 주장할 수 있게 되었다. 하물며 인간이 아닌 존재인 이적을 인간의 군주로 인정하고 그에 대해 군신의 의리를 지켜야 할 필요는 없었던 것이다(2-a). 이적을 군주로 인정하지 않았다는 의미로, 증정은 악종기에게 보낸 편지에서 스스로를 '주인 없는 유랑민[無主游民]'이라 일컫고 있었다.[22]

결국 이러한 논리는 만주족의 척결이라는 행동강령으로 발전한다(3-a, 3-b).『춘추』의 대의에 따라 이적을 중국에서 제거하는 것이 '인(仁)'의 실천이기 때문에 만주족이 중국을 침략하여 능욕한 이상, 보이는 족족 죽여 없애지 않으면 안 되는 것이었다. 이 단계에서 편협하고 차별적인 종족관은 만한(滿漢) 사이의

---

21 『大義覺迷錄』 卷2, 172쪽.

22 「陝西總督岳鐘琪奏摺」(雍正六年九月二十八日), 上海書店出版社 編, 2011,『清代文字獄檔』, 上海書店出版社, 533쪽.

과거사에 대한 기억과 결합하여 '명나라가 멸망한 것에 대한 한(恨)'[23]을 갚아야 하는 복수의 논리로 발전한다. 이적이란 원래 집 밖에 살고 있어야 하는 무리인데, 청조는 원래 살던 집주인(명 황실)을 몰아내고 가산과 집을 차지해버린 강도와 같은 존재라는 것이다. 증정은 이들을 몰아내기 위해서 집 밖에 있는 집안사람과 연락을 취해야 한다고 주장하고 있다. 이는 곧 해외로 도피한 명나라의 후손을 찾아 복명(復明) 운동을 전개해야 한다는 뜻이 된다. 여유량이 기록한 다음의 풍문에서 보듯, 남명 정권의 마지막 군주 영력제(永曆帝)의 최후는 신격화된 영웅의 모습으로 묘사되고 있었으며, 이는 청조가 아닌 명조의 부흥운동 세력이 정통을 계승하고 있다는 인식이 존재하고 있었다는 것을 의미한다.

> 3-c. 영력제(永曆帝)가 붙잡힐 때, 만한(滿漢)의 관병이 모두 동궁(東宮: 영력제)에게 마음이 기울어 있었다. 말을 달려 앞으로 가며 채찍으로 동쪽을 가리키자 동쪽의 만한 병사들이 모두 무릎을 꿇었고, 서쪽을 가리키자 서쪽의 병사들이 무릎을 꿇었다. 그를 시해하던 날, 천지가 안개로 가득차고 해와 달이 빛을 잃었으며, 백리 안의 관왕묘가 모두 벼락을 맞았다.[24]

인간과 자연이 모두 영력제에게 마음이 기울어 그의 죽음이 이적(異跡)을 불러일으켰다는 소문이 떠도는 것은 다시 말하면 영력제를 살해한 청조는 하늘의 뜻을 거스르는 행위를 했다는 인식이 있음을 뜻한다. 결국 명나라가 이자성의 난으로 인해 숭정제가 자살함으로써 멸망했으며 청조는 이자성의 세력을 소탕하고 중원을 안정시켰다는 청조의 공식 입장에도 불구하고, 한인 사회에서는 정복자로서의 청조에 대한 반감과 청의 중국 지배를 단순한 왕조 교체가

23 『大義覺迷錄』 卷1, 125쪽.

24 『大義覺迷錄』 卷4, 432쪽.

아닌 천하의 붕괴 또는 중화의 오염으로 인식하는 화이론적 천하관, 명 왕조가 숭정제의 죽음으로 멸망한 것이 아니라 남명 정권으로 계승되었으며, 영력제의 사망에도 불구하고 그 후손이 해외의 어딘가에 살아있을 수 있다는 인식이 혼재되어 있었던 것이다.

그리고 재해나 천문 현상에 대한 천인감응론적 인식은 증정에게 중국에서 이적을 몰아낼 때가 무르익었음을 확신시켜주는 근거로 작용했다. 가뭄이나 홍수 등 각종 재해가 발생하는 것은 청나라의 잘못된 통치에 대해 하늘이 경고를 내리고 있기 때문이며, 반대로 오성연주(五星連珠)가 출현하거나 황하가 맑아지는 등의 상서롭다고 인정되는 자연 현상은 성인이 출현하여 태평성대를 이룰 때가 되었음을 의미한다는 것인데, 증정은 이를 자신의 반청 논리와 적극적으로 결합하여 이제 이적을 몰아내고 새로운 세상을 건설해야 할 때가 되었음을 알리는 하늘의 신호라 해석했던 것이다.

Ⅳ. 옹정제의 역사 갈등 해소 논리

증정의 이러한 주장에 대한 옹정제의 반박 논리를 살펴보도록 하자. 『대의각미록』의 화이관에 대한 논의를 중시하는 연구들은 대체로 옹정제의 주장의 요지로서 '화이준별(華夷峻別)'의 논리에 대항해 내세운 '대일통' 및 '화이일가'의 주장을 지목하고 있지만, 옹정제가 처음으로 이러한 주장을 내세운 것은 아니다.[25] 중국 역사상의 화이관은 크게 두 갈래로 갈라진다. 첫째는 한족 왕조의 통치시기를 포함하여 대체로 주류를 이루어 온 지리적 위치와 문명의 고하에

25 이와 관련해서는 이춘복, 2016, 「중국 전통시대 '用夏變夷'사상의 論理와 그 전개 양상 연구」, 『중앙사론』 43 참조.

따른 화이(華夷)의 구분을 강조하고 중화의 이적화 가능성을 경계하는 폐쇄적인 화이준별의 시각이며, 둘째는 이민족 왕조 통치시기에 주로 강화되는 이적도 예의와 덕을 갖추면 중화가 될 수 있음[용하변이(用夏變夷)]을 적극적으로 인정하고 이민족 통치자에 의한 화이일통(華夷一統)을 긍정하는 대신 그로 인한 중화의 이적화 가능성에 대해서는 침묵하는 시각이다.[26] 증정의 화이관이 전통적인 화이준별의 시각을 반영하고 있다면, 옹정제의 옹정제의 반박 논리는 용하변이의 화이관을 따르고 있다.

한편, 증정의 화이준별론을 비판하는 그의 논의들은 민간에 남아있는 명에 대한 복수론과 존명의식을 포함한 잠재적인 체제 위협 요소를 해소하기 위한 것이기도 했다. 따라서 『대의각미록』에서는 명 왕조를 적절히 폄하하고 청조의 우월성을 강조하는 논조, 청조가 명 왕조의 원수가 아닌 은인이라는 해명이 자주 등장한다. 그러나 가장 주목해야 할 점은 옹정제가 철저하게 유가적 세계관의 언어들을 통해 증정의 논의를 반박하고 있으며, 그것을 반역자들의 주장과 나란히 세상에 공표하여 유가적 '대의'로써 반역의 논리에 '미혹'된 자들을 깨우치겠다는 자신감 넘치는 의도다. 사실 현재의 관점에서 보자면 옹정제의 논리도 증정의 주장만큼이나 비합리적이고 궤변적인 요소가 존재하지만, '가해자'로 지목된 이민족 왕조의 통치자가 '피해자'로 자처하는 피지배 집단의 세계관과 가치관을 파고들어 정교한 논리 체계를 개발, 그들을 설득하고 '깨우쳐서' 저항 의식을 버리고 자신들이 만들어 놓은 통치 질서를 수용하도록 시도한 사례는 그리 흔치 않았다.

---

26 이춘복, 2016, 「청말 혁명파의 用夏變夷 논리체계와 그 적용범주 연구」, 『중앙사론』 44, 187~229쪽.

1. 천명(天命) 사상에 기초한 정통성 강조

옹정제는 『대의각미록』의 서두에서 '덕이 있는 자만이 천하를 통치할 수 있다. 천하를 얻은 제왕들은 만민을 품어주고 사해에 은혜를 끼쳐 천명에 호응하고 억조창생의 환심을 샀기 때문에 세상을 통일하여 후손에게 물려줄 수 있었다'는 천명론을 내세우며 만주족의 청나라 역시 비록 천하의 동쪽 변두리에서 일어났지만, 여러 조상들이 하늘의 뜻에 따라 선정을 행했기 때문에 천명을 받아 백여 년 동안 중외(中外, 중국과 외지)를 통일하여 다스릴 수 있었다고 주장하고 있다.[27] 청조의 백여 년 동안의 성취가 만주족 군주들이 대대로 쌓아온 '덕'과 '천명' 때문이라는 주장은 역대 창업자들의 역성혁명을 정당화하는 유가적 세계관을 역이용해 "명나라 임금이 덕을 잃어 중원이 적의 수중에 떨어졌으며, 이적이 이를 틈타 우리 중국에 들어와 신기(神器)를 도적질했다"[28]거나 만주인 통치자들을 집에서 몰아내어야 할 강도로 여기는 인식(인용문3-b)을 반박하고 만주인들이 정통성을 가지는 중국의 군주라는 점을 내세우기 위한 것이었다. 이러한 선언 직후 옹정제는 다음과 같이 자신이 전달하려는 '깨우침'의 핵심을 제시한다.

> 청조는 천명을 받들어 중외(中外)의 백성을 다스리고 있으며 그들을 화와 이로 구분하여 보지 않는다. 중국과 외국의 백성들 역시 청조에 귀순하여 신하의 도리를 다해야 하며, 화와 이의 분별로 인해 다른 마음을 품어서는 안 된다.[29]

27 『大義覺迷錄』 卷1, 1쪽.

28 『大義覺迷錄』 卷1, 77쪽.

29 『大義覺迷錄』 卷1, 1쪽.

옹정제의 각종 주장과 증정 및 여유량에 대한 논박은 이 핵심적인 논지를 둘러싸고 이루어진다. 구체적인 사실을 예로 들어가며 청조의 큰 덕[大德]을 강조하고, 이적을 금수와 같이 여기며 배척하는 화이준별의 논리를 논박한 뒤, 유가의 윤리에 따라 중국인이 이적의 군주에게도 똑같이 충성을 다해야 한다는 것을 강조한다. 그리고 청나라는 명나라의 원수가 아니며, 오히려 명나라의 실덕(失德)으로 인한 혼란을 안정시켰을 뿐만 아니라 멸망한 명나라의 복수를 해주고 숭정제의 장례를 치러주었으며 명 황실의 후예들을 우대하고 있다고 주장한다. 반면, 민간의 전승에 의해 신격화되고 영웅화된 영력제의 최후를 적나라하게 폭로함으로써 명청교체기의 역사에 대한 사회적 기억을 재구성하려 시도한다.

먼저, 청조의 덕을 강조하기 위해 옹정제는 공자의 '큰 덕은 반드시 천명을 받은 것이다'. 『서경』의 '하늘은 사사로운 친함이 없이 오로지 덕이 있는 자만을 돕는다'는 구절을 인용하며, "중원의 가까운 곳에 덕 있는 자가 있으면 중원을 통일하게 되고, 바깥에 있으면 바깥을 통일하게 된다"라고 주장한다. 중화에서만 천자가 태어나야 한다는 인식을 전복하려 시도하는 것이다. 그렇다면 '덕'을 가진 자의 기준은 무엇인가? 그는 '인애(仁愛)'와 '공평함[無私]'을 덕의 핵심 내용이라 지적한다. 그렇다면 청조는 그러한 덕을 가지고 있었는가? 이에 대한 옹정제의 대답은 다음과 같다.

4-a. 「역서(逆書)」에서 말하기를 "명나라 임금이 덕을 잃어 중원이 적의 수중에 떨어졌으며, 이적이 이를 틈타 우리 중국에 들어와 신기(神器)를 도적질했다" 등의 말을 했다. 청조가 발상(發祥)했을 때, 하늘이 장백산에 성인(聖人)을 낳아서 수대에 걸쳐 공덕을 쌓게 했기 때문에 태조(太祖, 누르하치)때에 이르러 여러 나라를 통일하여 창업하였으며, 태종(太宗)이 계위해서는 덕이 더욱 융성해져 조선을 복속시키고 몽골을 아우르

며 여러 나라의 공주(共主)가 되었다.[30]

4-b. 명나라 가정(嘉定) 연간 이후 군신이 덕을 잃어 도적이 사해에서 일어나고 백성들이 도탄에 빠져 나라가 한시도 안녕치 못했다……청조가 천하를 안정시킨 이래, 도적의 무리를 쓸어내어 세상이 평안해졌으며, 정교(政教)를 대대적으로 닦아 문명이 날로 번성하고 만민이 즐겁게 각자의 생업에 종사할 수 있게 되었다. 중외가 모두 즐겁고 평안하여 갓난아이가 백발 노인이 되도록 전쟁을 겪지 않게 되었다. 청조의 은덕이 명나라 때를 초월하는 것은 삼척동자도 아는 사실이다.[31]

4-c. 명나라가 유구(流寇)에게 나라를 잃었을 때 중국인들의 과반이 사망했는데, 도적의 무리와 그를 틈탄 각지의 무뢰배들이 마구 사람을 죽이고, 또한 명나라의 부패한 군대가 도적을 토벌한다는 명목으로 무고한 백성들을 살육하였기 때문이다. 운좋게 살아남은 사람들도 손발이 온전치 않거나 귀와 코가 잘려나갔다. 이는 천하가 다 아는 일이다. 청나라가 들어와 이를 수습하였기 때문에 강희 4,50년 때까지도 그때의 일을 기억하고 있던 노인들은 눈물을 흘리며 말하지 않는 자가 없었고, 청조가 만방을 통일하고 도적떼를 평정한 것을 칭송하지 않는 자가 없었다. 청조가 중국에 공헌한 것이 지극히 컸다.[32]

또한 청조가 천하를 차지한 것은 하늘이 선택한 것이지, 인간의 힘으로 이룩한 것은 아니었다고 강조한다. '덕이 하늘을 감동시켜 하늘이 보살펴주고 민심이 순종'했기 때문에 태조(太祖) 누르하치가 창업했을 때 갑주를 갖춘 병사가 13명밖에 되지 않았으며 순치제 때에도 병력이 겨우 10만 명밖에 되지 않았지만 중원에 들어와 천하를 차지할 수 있었다는 것이다.[33]

30 『大義覺迷錄』 卷1, 77쪽.
31 『大義覺迷錄』 卷1, 39~63쪽.
32 『大義覺迷錄』 卷1, 39~63쪽.
33 『大義覺迷錄』 卷1, 14~52쪽.

당시 사졸을 통솔한 이들은 명나라의 장수들이었고, 좋은 갑옷과 무기를 든 자들도 명나라의 갑병이었다. 이는 모두 하늘의 뜻과 시운에 순응하고 대의에 통달하여 청조가 천하를 통일하여 태평성대를 이룩하는 것을 도운 것이다. (중략) 오삼계(吳三桂)가 반란을 일으켰을 때, 지방의 대관부터 말단 현령까지 적을 공격하고 군량을 공급했는데, 태반이 한인(漢人)이었다. 또한 많은 자들이 전쟁터에서 몸을 바쳐 땅을 지키고 순절했다. 3차에 걸쳐 준가르를 원정했을 때에도 반란을 평정하는데 훈공을 세운 이들이 적지 않았다.[34]

따라서 청조가 천하의 주인이 된 것은 만주의 '덕'에 감화된 하늘의 도움과 대다수 중국인들의 충성과 지지 때문이었다. 이는 '하늘이 내지(內地, 중국)에 덕 있는 자가 없는 것을 싫어하여 우리 외이(外夷)에게 명하여 내지의 주인이 되게 한 것'이었다.[35]

2. 화이준별 논리의 배척

이적은 인간과 다른 부류로서 금수와 같다고 주장한 증정의 주장 역시 옹정제의 강한 비난의 대상이 된다. 옹정제는 화이의 구별은 단지 지역에 의한 것일 뿐이며, 이적을 금수(禽獸)라 부르는 것은 지리적 거리 때문에 그들의 언어와 문자가 중토(中土)와 서로 통하지 않기 때문에 일어난 오해일 뿐이라고 주장한다. 나아가 다음과 같은 논리로 증정의 '이기론'을 반박하고 있다.

사람은 금수와 함께 하늘과 땅 사이에 있으면서 함께 음양의 기운을 먹는데, 그 신령하고 빼어난 것을 얻으면 사람이 되고 그 비뚤고 기이한 것을 얻으면 금수가 된다.

---

34 『大義覺迷錄』卷1, 39~63쪽.

35 『大義覺迷錄』卷1, 4~5쪽.

따라서 사람은 타고나면서부터 인의(仁義)를 알지만 금수는 윤리가 없는 것이다. 어찌 땅의 중외로 사람과 금수를 나눌 수 있는가? 만약 너의 말대로라면 중국은 음양이 화합한 땅이기 때문에 사람만 낳아야지 금수를 함께 낳아 기를 수 없다. 어찌 중국의 땅에 사람과 금수가 널리 섞여서 함께 살며 금수의 종류가 인류보다 더 많은가? 게다가 인류 중에는 너처럼 반역무도하여 하늘이 준 좋은 품성을 잃고 인간의 도리를 버려 금수만도 못한 물건이 있는데, 너는 이를 어떻게 설명할 것인가?[36]

특히 중요한 점은 중국에서 태어나면 사람이 되고 외지에서 태어나면 사람이 아닌 것이 아니며, 사람과 금수를 나누는 기준은 보편적인 윤리와 도덕일 뿐이라는 주장이다. 이는 '순(舜)은 동이(東夷) 사람이요, 문왕(文王)은 서이(西夷) 사람'인 것처럼 중국인의 행동과 습성이 이적과 같은 자도 있고, 이적 중에 성인과 같은 행동을 하는 자도 나올 수 있다는 지적이나[37] 이적이라는 말은 본래 사람의 출신 지역에 따른 것으로 적관(籍貫: 본적)과 같은 것일 뿐이지 금수와 다름없는 이들을 가리키는 말이 아니기 때문에 청조에서도 이적이라는 단어의 사용을 기피하지 않는다는 말 등으로 반복해서 나타난다.[38] 오히려 "사람이 금수가 아닌 사람인 이유는 윤리강상[倫常]이 있기 때문이다. 따라서 오륜(五倫)을 인륜이라 하며 그 중 하나라도 부족하면 사람이라 할 수 없다"라고 주장하며 "인륜을 다하는 자를 사람이라 하고, 하늘의 이치를 거스르는 자를 금수라 하지, 화이의 문제로 인간과 금수를 구별하지 않는 것"이라 선언한다.[39] 옹정제는 '중화=인간' vs '이적=금수'라는 선민주의적이고 배타적인 화이관의 프레임을 '윤리를 지키는 자=인간' vs '윤리를 지키지 않는 자=금수'라는 윤리적 문제

36 『大義覺迷錄』 卷2, 54~55쪽.

37 『大義覺迷錄』 卷1, 43쪽.

38 『大義覺迷錄』 卷2, 4~5쪽.

39 『大義覺迷錄』 卷1, 21~22쪽.

로 전환하고, 오륜의 첫번째 덕목인 군신의 의리[君臣有義]를 강조한 것이다. 이에 따르면 군주에 대한 충성의 의무를 지키지 않고 스스로 '무군(無君)'을 자처한 증정은 '한인 중의 금수'가 된다.[40]

증정이 양이(攘夷)를 『춘추』의 대의(大義)라 주장한 것 역시 같은 논리로 비판된다. 옹정제는 공자가 『춘추』에서 원래 의도한 대의는 증정의 생각과 달리 '군신과 부자 사이의 큰 윤리를 밝히고 강상을 굳게 뿌리내리도록 하며 명분(名分)을 분별하여 정하는 것'이었으며, 그래서 '공자께서 『춘추』를 완성하시자 난신적자(亂臣賊子)들이 두려워했다'고 한 것이라 주장한다. 『춘추』에서 관중이 초나라를 몰아낸[攘] 것을 칭찬한 것은 초나라가 이민족이어서가 아니라 왕을 참칭하고 인륜을 몰랐기 때문이었다는 것이다. 공자가 천하를 주유하면서 만이(蠻夷)인 초나라 소왕(昭王)의 초빙에 응하였고, 육경을 정리할 때 『상서』의 「주서」 뒤에 서융(西戎)인 진(秦)나라 목공(穆公)의 「진서(秦誓)」를 수록했음을 볼 때, 공자는 이민족을 배척한 것이 아니라 군신의 대의를 모르고 윤상을 어지럽히는 것을 배척했다는 것이다. 마찬가지로 『시경』에서 '융적(戎狄)을 격퇴하고 형서(荊舒)를 정벌한다'고 말한 것은 그들이 왕을 참칭하고 중국을 침범하여 어지럽혔으며, 군신의 대의를 알지 못했기 때문에 그들의 죄를 벌한다는 뜻이었지 그들이 융적이기 때문에 외적으로 취급한 것은 아니라는 것이었다.[41]

이러한 논리에 따르면 현실 속의 청조와 몽골 역시 이적일 뿐 금수는 아닌 셈이니, 사실상 중외를 구분하려는 화이준별의 논의는 어불성설이 된다.

> 「역서」에서 말하기를 "이적은 (사람과) 다른 부류[異類]로서 금수와 같다"고 하였다. 무릇 사람이 금수와 다른 점이 무엇인가? 그 근성(存心)이다. 군자는 인과 의를 근성으

---

40 『大義覺迷錄』 卷1, 43쪽.

41 『大義覺迷錄』 卷1, 261쪽.

로 한다. 편벽한 심산이나 광야의 오랑캐들이 윤리와 도덕을 모르고 예법을 모르면 혹 금수와 다를 바 없다고 할 수 있을지도 모른다. 그러나 오늘날 몽고 48기, 할하 몽골(외몽골) 등은 임금을 잘 섬기고 조심스럽게 법도를 지키니 도적이 흥성하지도 않고 살인사건도 매우 드물다. 간사하게 속이거나 훔치는 습속이 없이 있는 그대로 욕심 없이 살아가는 풍습을 지키는데, 이것이 어찌 금수와 같다고 할 수 있겠는가? 청조는 관외(關外)에서 창업한 이래 인의의 마음을 가지고 인의의 정치를 행하였다. 중국에 들어온지 80년 동안 성현의 가르침을 널리 퍼뜨리고 예악(禮樂)을 번영하게 하여 정치와 문학의 흥성함이 찬연한데, 어찌 다른 부류[異類] 금수라 말할 수 있는가? 공자가 "이적에게 군주가 있는 것이 제하(諸夏)가 망한 것과 같지 않다"고 했는데, 이는 이적이 군주를 얻으면 곧 성현의 부류가 되며, 제하가 임금을 잃으면 금수의 무리가 된다는 뜻이니, 어찌 땅의 내외를 따질 것인가![42]

'이적=금수'라는 주장을 '무군=금수'로 치환한 데 이어, 옹정제는 화이와 중외를 분별하는 논의가 청조의 대일통의 시대에 적합하지 않은 것이라고 비판한다.

5-a. 화이의 주장은 남북조시대에 남조와 북조가 조그만 땅을 차지하고 대립하며 서로를 통합하지 못할 때 상대를 도이(島夷), 삭로(索虜)라 부르며 비방하던 말들이다. 그들은 덕을 닦고 인을 행하는 데 힘쓰지 않고 헛되이 구설로 상대를 비난했을 뿐이다. 지금 역적들이 천하일통, 화하일가의 때에 망령되이 중과 외를 판별하는 것은 천리를 거스르는 행위이며, 아비와 임금이 없는 것은 벌과 개미만도 못한 부류들이다.[43]

5-b. 어찌하여 안에 있으면 중국이고 밖에 있으면 이적인가? 자고로 중국이 통일되었을 때, 그 땅이 넓지 않아 그 중에 교화를 따르려 하지 않는 자가 있으면 곧 이적이

42 『大義覺迷錄』 卷1, 39~40쪽.

43 『大義覺迷錄』 卷1, 4~5쪽.

라 배척했다. 삼대의 묘(苗), 형초(荊楚), 험윤(玁狁)은 지금의 호남(湖南)과 호북(湖北), 산서(山西)에 있었다. 오늘날에도 이들을 이적으로 보는가? 한(漢), 당(唐), 송(宋)의 전성기 때에도 북적(北狄)과 서적(西戎)을 복속시키고 그 땅을 차지하지 못했기 때문에 중외의 강토의 경계가 있었다. 그러나 청조는 몽고 변방의 여러 부락까지 모두 판도에 넣었으니 중국의 강토가 멀리까지 개척된 것이다. 이는 중국의 신민에게 다행인 일인데 어찌 화이와 중외의 구분을 말하는가?[44]

5-c. 증정이 화이지변(華夷之辨)에 현혹된 것은 과거 역대의 군주들이 중외를 하나로 통합하지 못하고 스스로 이쪽 땅과 저쪽의 경계를 나누었기 때문일 뿐이다. 짐(朕)이 명 홍무제의 『황명조훈』을 읽으며 명 태조가 수시로 백성을 방비하고 변방을 방비하는 일을 걱정한 것을 보았다. 대저 명태조는 원래 원말의 간민(奸民)으로서 기업을 일으킨 것이기 때문에 다른 이가 그의 옛 지모를 배울까봐 두려워해서 백성 중의 간민을 방비하는데 급급했으며, 그 위덕(威德)이 몽고의 무리를 아우르기에 부족해서 변방의 우환을 방비하는데 급급했다. 그러나 결국 명나라 때에는 여러 차례 몽고의 침입을 당했고, 수억 명 백성의 고혈을 짜내어 중국이 이로 인해 피폐해졌다. 그리고 명을 멸망시킨 자는 유민(流民)인 이자성(李自成)이었다.[45]

화이의 구별은 이전 왕조들이 국력의 한계가 있었기 때문에 형성된 서로를 배척하는 관념일 뿐이었으며(5-a, 5-b, 5-c), 이 또는 외(外)로 지칭되는 대상도 역사적으로 변화해서 중국이 확장되면 화의 일부가 되기도 했다는 것이다(5-b). 이러한 논리에 따르면 청조는 판도를 크게 확장하여 화이와 중외의 구분을 없앤 대일통의 세계를 건설했다(5-b). 이는 덕이 부족하여 백성들을 의심하고 몽골을 방비하느라 국력을 소진하다가 도적떼에게 멸망당한 명나라와는 크게 달랐다. 그럼에도 과거의 사상에 현혹되어 화와 이를 나누고 이적을 배척하는

44 『大義覺迷錄』 卷1, 261쪽.

45 『大義覺迷錄』 卷2, 84쪽.

것은 '천리를 거스르는 행위'이며, 청 왕조를 이적이라 배척하고 명 왕조를 그리워하며 스스로를 '무군'으로 여기는 자들은 '벌과 개미만도 못한 부류들'일 뿐이었다.

3. 명청교체기 역사 기억의 재구성

이상과 같이 옹정제는 증정의 화이론을 논파하기 위해 '무군=금수'의 논리를 동원하고 청조의 '대일통'하에서 지리에 따른 화와 이의 구별이 무의미해졌음을 강조하는 한편, 민간에 남아있는 명에 대한 복수론과 존명의식으로 인한 잠재적인 체제 위협 요소를 해소하기 위해 명 왕조를 폄하하고 청조의 덕과 은혜가 명대보다 뛰어남을 강조하는 논조를 보이고 있다. 이러한 논조는 위에서 인용한 명 태조에 대한 평가(5-c)에서도 보이지만, 다음의 주장에서 더욱 뚜렷이 드러난다.

> 자고로 성인이 사람을 감화하는 방법은 정성[誠] 한 가지 뿐이다. 만약 통제하고 대비하려는 마음이 남아있으면 그것은 정성을 다하는 것이 아니다. 내가 정성으로 대하지 않으면 남도 정성으로 응하지 않는 것은 당연한 이치이다. 이러한 까닭에 명나라의 군주들은 먼저 백성들을 의심하는 마음을 가져 그들을 한 몸처럼 여기지 못해서 백성들 역시 마음으로부터 복속하지 않았으며, 몽고를 두려워하는 뜻이 있어 그들을 한 집안으로 여기지 못하였기에했기 때문에 중외를 통일할 수 없었다(중략) 명의 후손들은 이미 우리 왕조의 적이 아닌지 오래되었으며, 그들은 유민들에게 천하를 잃었다. 하늘이 우리를 보우하여 중국의 주인으로 삼았다. 세조는 만방에 군림하였고, 성조는 몽고와 중국을 통합하여 대일통의 성세를 이루었으며, 동남쪽 먼 변방의 이민족 제 부락도 모두 판도 안에 들어왔다. 이는 예로부터 내려온 중국의 강역이 지금에 이르러 크게 넓어진 것이다. 무릇 백성에 속한다면 모두 마땅히 기뻐하고 다행스러

위해야 할 일인데, 어찌 중외와 화이를 말할 수 있는가?[46]

동시에 『대의각미록』에는 청조가 명 왕조의 원수가 아닌 은인이라는 옹정제의 주장이 반복해서 등장한다. 이 책은 청이 중원을 정복한 지 80년이 흘렀음에도 청군에 쫓겨 피살된 명 왕조의 후계자에 대한 영웅 신화가 민간에 유포되고 명 황실의 후손을 가탁해 청조에 대한 반기를 드는 사례들이 여전히 빈발하고 있는 상황을 해소하기 위해 편찬되었기 때문에 옹정제의 이러한 주장은 과거사로 인한 갈등을 해소하기 위한 전략으로 인식해도 좋을 것이다.

명나라는 청에 의해 멸망한 것이 아니라 군신이 덕을 잃어 천하를 혼란에 빠뜨린 끝에 도적떼의 수장인 이자성에 의해 멸망했을 뿐이며, 청조는 오히려 천하가 혼란에 빠졌을 때 청조가 중원에 들어와 천하를 안정시켰다는 주장은 앞에서 살펴보았지만(4-a, b, c) 다음의 인용문들에서도 언급된다.

6-a. 폐하께서 물으시기를, 너의 글 안에 '명나라가 멸망한 것의 한(恨)' 등의 말이 있다. 명나라가 멸망한 것은 유민 이자성 때문으로, 우리 왕조와 아무 관계가 없다. 명나라 말년에 정치와 교육에 힘쓰지 않아 기강이 해이해져서 안에서부터 도적들이 분분히 일어나 이자성이 경사(京師: 북경)를 함락시켰다. (중략) 태조께서 창업했을 때 명의 천하를 차지할 마음을 가진 것은 아니었다. 태종 역시 군대를 이끌고 입관하여 (산동의) 임청(臨清)까지 이르셨지만 북경을 둘러보고 남원(南苑)에서 사냥만 하신 뒤 며칠만에 돌아오셨다. 그러나 명조는 [태종의 사냥을 위해] 화살 하나도 보내지 않았다. 그 때 손바닥 뒤집듯 명나라의 천하를 취할 수도 있었지만 청나라의 선조들은 군사를 쉬게 하고 백성을 평안히 하며, 원한을 갚아주고 갈등을 해소해주는 것만을 원했기 때문에 그러지 않았다. 여러 차례 명조와 화친하려 했으나 명나라 군신은 언제나 이 요구를 방치했다. 이자성이 북경을 함락하고 명 민제(愍帝: 숭정제)가 순국하여 명나라의 사

46 『大義覺迷錄』 卷2, 95쪽.

직이 끊긴 뒤에야 청조 측에 군사를 이끌고 와서 도적을 제거해달라고 요청하니, 태종께서 군대를 일으켜 산해관에서 전투를 벌여 승리했다. 이자성의 20만 군대는 풍문만 듣고도 달아나 숨었으며… 이로써 청 세조 순치제께서 만방(萬邦)에 군림하며 도적의 무리를 소탕하고 만백성을 고통에서 구해주셨으며, 명나라를 위해 복수하고 치욕을 씻어주셨다. 이는 청나라가 멸망한 명나라에 큰 덕을 베푼 것이다. 우리 왕조가 나라를 얻은 것이 은나라 탕왕과 주나라 무왕보다 더 명분이 바른데, 어찌하여 명나라가 망한 것에 대해 한을 품는 것인가?[47]

6-b. 명이 원을 계승해 천하를 가지게 되었을 때, 명 태조는 원나라의 백성이었다. 강상윤기를 따지자면 어찌 찬탈의 죄를 피할 수 있겠는가? 그러나 청조는 원래 명나라의 이웃이었다. (중략) 청조는 명에 대해 보복(報復)의 의리를 따진다면 적국(敵國)이 되고, 교왕(交往)의 의례를 따진다면 여국(與國)이 된다. 청조가 천하를 얻은 것은 은나라 탕왕이 하나라 걸왕을 토벌하고, 주나라 무왕이 은나라 주왕을 토벌한 것보다 더욱 명분이 바른 일이었다. 더구나 청나라는 명나라로부터 천하를 빼앗은 것이 아니었다. 명나라 숭정제가 순국하면서 명나라는 이미 멸망했으며, 이자성이 북경에서 황제를 참칭하였다. 중원이 도탄에 빠져 진정한 주인을 원할 때 청태종께서는 만백성이 고통을 겪는 것을 지켜볼 수 없어 군사를 일으켜 반란을 평정한 것이다. (중략) 세조께서 북경으로 천도하여 기보(畿輔)의 땅을 어루만지시니 억조창생이 삶을 다시 얻는 행운을 누렸으며, 숭정제 역시 황제의 예로써 장례를 치룰 수 있게 되었다. 이것은 청조가 명나라를 위해 원수를 갚고 치욕을 씻어준 것이며, 명나라에 큰 도움을 준 것이다. (중략) 지금의 신민들 중 만약 선대에 명나라의 높은 관작과 봉록을 받아서 명나라의 덕을 잊지 못하는 자가 있다면, 마땅히 청조가 명나라를 위해 복수해준 은혜에 감사해야 하며, 다른 말이 있어서는 안 된다. 하물며 명나라가 멸망한지 이미 80년이 지난 지금, 조부(祖父)때부터 자신의 대에 이르기까지 청나라의 흙을 밟으며 청나라의 곡식을 먹고 산 자들이 어째 반역의 마음을 품을 수 있겠는가?[48]

6-c. 명조의 천하는 유적 이자성의 손에서 망했으니, 가산을 강도질하고 주인을 내

47 『大義覺迷錄』 卷2, 63~65쪽.

48 『大義覺迷錄』 卷1, 39~40쪽.

쫓은 자는 이자성이다. 우리 왕조는 도둑떼를 쫓아내고 하늘과 사람들의 뜻에 순응하여 천하를 얻고 강도를 잡아서 처벌했으니 엄격하게 형벌을 적용하여 법을 시행하는 관리인 셈이다. 너희가 집안사람으로서 이자성을 쫓아내고 가산을 되찾지 못했으면서 강도가 가산을 탕진해버린 뒤에 오히려 강도를 잡아 법을 시행한 관리에게 배상을 요구하는 것이 가능한 일인가? 게다가 증정의 말에 따라 추론하자면, 원 왕조의 주인은 명에 의해 쫓겨났으니 원나라 사람들은 명나라에게서 가산을 되찾아야 하고, 송 왕조의 주인은 원에게 쫓겨났으니 송나라 사람들 역시 원나라에게서 가산을 되찾아야 한다. 이렇게 유추하다보면 당나라 위로 진, 한 모두 그렇다. 옛날에 증정의 말처럼 하늘을 거스르고 이치에 어긋나는 주장이 있었는가?[49]

증정이 '명나라가 멸망한 것의 한(恨)'을 언급하면서 청조를 가산을 노략질하고 집을 차지해버린 강도에 비유한 것(3-b)에 대해 옹정제는 만주족이 천하를 안정시키고 도탄에 빠진 백성들을 구원한 점, 그리고 명 숭정제의 장례를 치러주고 그 후예들에게 은혜를 베풀었다는 점을 부각시킨다. 이자성의 반란을 소탕해 준 것은 명나라를 위해 복수해 준 것이 되었으니, 청조는 명의 유신(遺臣)들의 감사와 칭송을 받아야 하지 복수와 설치의 대상이 되어서는 안 된다는 것이다. 또한 증정의 복수의 논리에 따르면 전 왕조의 유민은 후대의 왕조에 대한 복수를 반복해야만 하는지 반문하고 있다. 그러나 한편으로 옹정제는 누르하치 이전의 조상들이 원래 명에 복속되어 칭신했던 사실이나 청 태종이 명의 영토였던 요동을 경략하고 산해관까지 진출하여 명과 대립했던 사실, 청 입관 후에도 숭정제 사망 후 남쪽에서 재건된 남명 정권을 가혹하게 진압한 사실 등 중국 정복 과정에서 있었던 한인에 대한 폭압적인 처사 등 청조에 불리한 내용은 은폐하고 있다.

49 『大義覺迷錄』 卷2, 12~13쪽.

한편으로 몰수한 여유량의 문집을 수사한 결과 알게 된, 영력제를 신격화하는 민간의 전승(3-c)에 대해 옹정제는 영력제의 마지막 행적을 폭로하면서 명나라 후손에 대한 신격화를 예방한다. 황제를 '참칭'한 '가짜 영력[僞永曆]' 주유랑(朱由榔)을 받들던 남명 정권의 잔여 세력을 '유구'로 격하하고, 이들이 운남과 귀주, 광서 등지에서 자기들끼리 서로 공격하여 약탈하고 백성들의 삶에 화를 입히다가 훗날 미얀마로 달아났으며, 청의 추적대가 미얀마에 도착하자 미얀마인들이 겁에 질려 주유랑을 포박해서 군문 앞에 바치고 그 부하들을 모두 살해했다는 것이다. 청군이 주유랑과 그 가족들을 모두 체포해서 개선했다는 언급을 통해 증정이 언급한 바 있는 '밖에 있는 집안사람'이 남아있을 가능성도 차단하고, 주유랑이 말을 달리자 만한의 병사들이 무릎을 꿇었다는 신화에 대해서도, "주유랑이 곤궁하여 돌아갈 곳이 없게 되어 우리 조정의 만한 대군에게 체포당했는데, 어찌 도적을 체포하는 사람이 그 말 앞에 무릎을 꿇을 리가 있겠는가? 그 때의 한인 병사들도 수치스럽게 여기고 하지 않은 일을 어찌 만인이 했겠는가?"[50]라며 황당한 말로 치부하고 있다.

이처럼 영력제의 영웅설화가 조작된 것임을 폭로하고 남명정권의 잔여세력을 도적떼로 깎아내림으로써 옹정제는 명 황실의 후손에 대한 민중의 환상과 동정심을 차단하는 한편, 남아있는 명 황실 번왕(藩王)의 후예들을 후작(侯爵)에 책봉하여 우대하는 자신의 정책을 역사에 선례가 없는 은전이라 강조한다.[51] 이는 청조가 멸망한 명조에게 은혜를 베풀고 있다는 그의 주장을 강조하여 반청복명의 복수론을 무력화시키기 위한 시도였다. 걸핏하면 주씨를 가칭하여 역모를 계획하고, 명의 후손을 끌어들이며 화이를 분별하는 사설(邪說)을 주장

50 『大義覺迷錄』 卷4, 433~434쪽.

51 『大義覺迷錄』 卷1, 13~14쪽.

하며 반역의 뜻을 드러내는 이들은 청나라의 역적일 뿐 아니라 청의 은혜를 입은 명나라 후손들의 원수이기도 하다는 것이다.[52]

요컨대, 옹정제는 명청교체에 대한 사회적 기억의 조정을 통해 한인들이 명을 위하여 청에 복수해야 할 이유가 없음을 강조하고 있었다. 청나라의 '덕'과 은혜를 강조하고, 청조가 천하를 하나로 통합하여 화이의 구별을 없앴으며 이미 화이가 '일통'되었기 때문에 화이분별의 없어졌다는 주장과 함께, 그는 청조가 또한 공평무사하여 만인과 한인을 차별하지 않고 '일시동인'의 은혜를 베풀어왔다는 입장을 강조한다.[53] 청조가 존속기간 내내 만인을 우대하고 한인을 견제했다는 점에 비추어볼 때, 만인과 한인을 차별하지 않는다는 옹정제의 주장은 정치적 수사에 불과한 것이었으나, 이 '일시동인'의 대가로 옹정제가 한인들에 요구한 것은 그 대가로 한인들에 요구되는 것은 군신의 의리와 상하의 분별을 잘 이해하고 청나라에 대한 역모를 꾀하지 않는 것이었다. 화이의 구별을 주장하고 명나라의 복수를 주장하는 자는 사람이 아닌 '금수'로 매도했다. 이러한 주장을 담은 『대의각미록』이 옹정제의 남은 재위 기간 동안 일종의 '국민윤리' 교재로서 전국에 배포되고 읽혔던 것이다. 스스로를 '피해자'라 인식하고 있는 민중에 대하여 '가해'의 내용을 부정하고 덮어둔 채 불평등한 주종관계를 전제로 한 일방적인 역사 화해의 수용을 요구한 셈이었다.

V. 『대의각미록』의 역사적 유전(流轉)

과거사로 인한 갈등의 해소라는 입장에서 보면 『대의각미록』과 옹정제의 시

52 『大義覺迷錄』 卷1, 14쪽.

53 『大義覺迷錄』 卷1, 39~53쪽.

도는 상당히 독특한 사례로서 참고할 만한 가치가 있다. 민국시기의 역사가 소일산(蕭一山)은 옹정제가 강희제의 한족에 대한 관용 정책을 계승하여 만한 관계에 있어 '조화정책(調和政策)'을 펼친 사례로 이 사건을 들며 그 아들 건륭제가 진행한 대대적인 문자옥 등 압제정책(壓制政策)과 비교하였지만,[54] 사실 '가해자'인 이민족 통치자의 입장에서 피지배민족의 저항에 대응하는 일반적인 수단은 회유와 억압의 양면적인 성격을 띠는 경우가 많다. 건륭제의 경우에도 문자옥은『사고전서』의 편찬과 같은 대규모 문화사업과 표리의 관계를 이루었으며, 이러한 맥락에서 보자면 옹정제의 선택 역시 반만 정서의 발원지인 여유량의 일족은 철저히 탄압하지만 그에 미혹된 어리석은 백성에 대해서는 회개의 기회를 주는 양면적인 것이었다. 그럼에도 불구하고, 반청의 주장이 유포되는 것을 금지하는 대신 그것을 반박하는 논리를 유포하여 민중을 설득하고 교화하며, 법에 따라 혹형에 처해야 할 반역의 주모자를 살려두어 개과천선과 사상전향의 상징으로 활용하려는 시도는 분명 독특한 것이었다.

이를 두고 민두기는 "옹정제가 증정의 주장에 대한 반박의 형식을 빌어 증정과 같은 생각을 가졌을 모든 사람에게 공연(公然)한 설복(說服)을 하고자 한 것은 관료를 포함한 한인들의 마음에 은연중 도사리고 있을 화이감정·화이사상과 정면으로 대결하고자 한 것이며, 한편으로 자신에 대한 유언비어를 변론하고자 하는 의도를 국가적 과제를 해결하기 위한 노력으로 포장하여 소기의 성과를 얻어내는 정치적 운용술이었다"[55]라고 평가한 바 있지만, 사실 자신에 대한 유언비어를 변론하고자 하는 의도에 국한해서 보자면 옹정제의 전략은 그다지 성공적이지 못했던 것으로 보인다.『대의각미록』은 옹정제에 대한 악의

54 蕭一山, 1986,『清代通史』(上), 中華書局, 896쪽.
55 민두기, 1964,「『大義覺迷錄』에 대하여」,『진단학보』25, 245쪽.

적인 소문, 황실 내부의 권력 암투와 궁중 비사 등 정치적으로 민감한 사안에 대하여 지나치게 많은 정보를 담고 있었으며, 『대의각미록』의 반포와 선강을 통해 더 넓게 확산된 유언비어가 그와 함께 수록된 옹정제의 해명보다 더 파급력이 있었다.[56] 게다가 책에 수록된 강희제의 임종 당시 상황이나 옹정제의 즉위 과정에 대한 설명 역시 건륭제 즉위 후 편찬된 『옹정실록(雍正實錄)』의 내용과 서로 맞지 않아 신빙성이 의심되었다.[57] 이에 옹정제 사망 후 황제로 즉위한 그의 아들 건륭제는 『대의각미록』 선강을 금지시키고 책을 금서로 지정하여 회수하였으며, 옹정제가 관용의 상징으로 살려두었던 증정 역시 처형해버렸다. 그러나 건륭제의 조치는 오히려 백성들로 하여금 『대의각미록』에 담긴 내용이 진실일 것이라 믿게 만들었다.[58]

반면, 민두기가 지적한 옹정제의 첫 번째 목적인 '화이감정·화이사상과의 정면 대결'에 대해서는 양가적인 평가가 가능하다. 먼저, 옹정제가 여유량과 그 가족을 잔혹하게 탄압하면서도 증정처럼 '순박하고 무지하여' 불온한 사상에 미혹당한 이들에게는 개과천선의 기회를 주는 관대함을 보여주고, 일반 백성들에 대한 계몽을 통해 그들이 더 이상 불온한 사상에 빠지지 않고 청조에 충성할 수 있도록 사상교육을 강화하겠다는 강온 양면의 책략을 구사한 것은 강희제 이래의 유화책에도 민간에서 끊임없이 등장하고 있던 반청존명의 정서를 효과적으로 차단하기 위한 것이었다. 그러나 옹정제의 시도는 그의 사후 『대의각미록』이 전면 회수되면서 중단되었다. 그를 대신한 것은 건륭제 통치 시기의 한층 강화된 사상통제 정책이었다. 만주인과 한인이 한 집안이며[滿

56 王汎森, 2015, 「從曾靜案看18世紀前期的社會心態」, 『權力的毛細管作用: 淸代的思想, 學術與心態(修訂版)』, 北京大學出版社, 317~321쪽; 조너선 D. 스펜스, 이준갑 역, 앞의 책, 316~317쪽.

57 王汎森, 2015, 위의 책, 317~321쪽.

58 조너선 D. 스펜스, 이준갑 역, 앞의 책, 316~317쪽.

漢一家] 청조가 만한을 동등하게 대우한다는[一視同仁] 회유적인 선언 하에서도 반청의 정서를 내포하고 만주인을 멸시한다고 여겨질 수 있는 표현들에 대해서는 엄격한 검열이 가해졌기 때문에 지식인과 관료들은 스스로의 말과 글에 대해 자아검열의 기준을 강화해야 했다.

그러나 청조의 회유와 탄압에도 불구하고 반청의 논리와 정서는 한인 사회의 기층에서 여전히 생명력을 유지했으며, 이는 천지회, 삼합회 등 비밀결사의 각종 전설과 의식으로 표출되기도 하였다.[59] 그리고 반청의 주장은 결국 태평천국과 신해혁명으로 계승되어 결국 청조를 전복시키는 원동력으로 작용했다. 한편, 사상 통제가 심해진 건륭 이후에는 증정 사건과『대의각미록』을 다루는 글이 매우 드물게 나타났지만, 청말이 되어 청의 통제력이 약화되었을 때, 이 사건은 다시금 한인들의 반청 정서를 자극하는 소재로 이용되었다.[60] 옹정제에 대한 각종 유언비어, 그리고 옹정제가 토론을 통해 증정을 설복시키는 관대한 군주의 이미지를 만들어내고자 하면서도 여유량 일족을 잔혹하게 멸족시킨 사실 등이 만주족 황실의 추악하고 부도덕한 면모를 보여주는 사례로 활용되었다. 무술정변으로 희생된 청말의 개혁가 담사동(譚嗣同)은 청조의 만행을 비판하는 글에서『대의각미록』에 청 황제들의 '떳떳하지 못하고 금수와도 같은 행동'이 잘 밝혀져 있다고 언급하고 있으며,[61] 혁명파 활동가 호한민(胡漢民)은 '교활한 오랑캐 추장'이 중국의 전제군주제와 군신의 의리를 강조

59 천지회를 비롯한 청대 비밀결사의 기원에 대하여 하층민중의 相互扶助을 위한 자생적 결사에서 비롯되었다는 주장과 反淸復明 목적의 정치결사라는 주장이 대립한 바 있으나, 그 기원과 무관하게 이들 결사에는 공통적으로 반청복명의 구호 및 이와 관련된 각종 전설이 존재한다. 이러한 요소들은 천지회가 처음 등장한 초기보다는 후기로 내려올수록 풍부하게 각색되는 경향을 보인다. 이와 관련해서는 이평수, 2008,「청대 비밀결사 천지회 연구: 1761~1900년 광동의 사례를 중심으로」, 성균관대학교 박사학위논문; 2014,「청대 천지회 기원전설의 각색과 변천 - 인물과 이야기의 비교를 중심으로 -」,『명청사연구』41 참조.

60 王汎森, 2015, 앞의 책, 342~343쪽.

61 譚嗣同, 1998,『仁學』(1896), 中州古籍出版社.

하는 송대 이후 유학의 풍조를 악용하여 '군신의 명의'를 강조하며 '종족(種族)의 사상[즉 민족주의 사상]'을 억압하며 혹세무민한 사례로서 『대의각미록』을 들고 있다. "『대의각미록』이 이치에 맞지 않음은 삼척동자도 모두 판단할 수 있으나 첫마디부터 군신의 명의를 찾으니 하늘과 땅의 법도처럼 움직일 수 없는 것이 되었다"는 것이다.[62]

당시의 학술연구에서도 옹정제와 『대의각미록』은 대체로 부정적으로 인식되고 있었다. 중화민국 초기 청사 연구자의 대가 중 한 사람이었던 소일산과 같이 옹정제의 한인에 대한 정책이 강희제를 계승한 관용적인 것이었다고 평가하며 그 근거로 증정사건과 『대의각미록』을 제시하는 학자도 있었으나,[63] 양계초(梁啓超)는 청조의 통치자가 인민의 사상을 간섭하고 통제한 사례로서 "매우 의심이 많고 각박한 사람이었으며 매우 사나워서 형제들을 도살하고 대신을 주륙했으며, 사람을 사방에 보내어 감시한" 옹정제가 증정과 "진리를 토론하는 척하면서" 사실은 여유량의 일족을 처형하고 여유량의 서적을 모두 없애버린 일을 들고 있다.[64] 한편, 청사 연구의 또다른 권위자 맹삼(孟森)은 옹정제의 『대의각미록』 반포의 진정한 의도는 청조의 정통성 확보보다는 제위 계승 문제에 대한 의혹을 변명하기 위한 것이었다고 주장하면서 옹정제의 해명을 신뢰하지 않는 입장을 취하였다.[65] 이러한 태도는 중화민국의 민족주의 혁명사관 속에서 청조에 대한 역사학자들의 인식이 부정적인 선입관의 영향을 받은 측면이 있기도 하겠지만, 『대의각미록』은 옹정제의 의도와는 다르게 해석되고 있었던 것이다.

---

62 胡漢民, 1978, 「述侯官嚴氏最近政見」(1905), 張枬, 王忍之 編: 『辛亥革命前十年間時論選集』 第2卷 , 生活·讀書·新知三聯書店, 151쪽.

63 蕭一山, 1986, 『淸代通史』 上, 中華書局.

64 梁啓超, 1924, 「中國近三百年學術史」, 『飮冰室專集』 75, 上海中華書局.

65 孟森, 2006, 「淸初三大疑案考實」, 『明淸史論著集刊(下)』, 中華書局, 383~437쪽.

이러한 측면에서 관제이데올로기로서의 『대의각미록』 편찬은 만한 갈등의 해소에 성공하지 못한 것처럼 보인다. 그러나 『대의각미록』을 통해 문자화되고 구체화된 옹정제의 화이일가 주장과 청조를 정당화하는 과거사 담론은 청대의 관변이데올로기로 유지되었으며, 옹정제 사후에도 지속된 청조의 성세 및 국내외의 위기 속에서 한인 지식인들의 청조에 대한 지지를 받았다. 경세치용의 사상적 경향을 보이는 한인지식인들, 즉 장존여, 공자진, 위원 등 청 중후기의 공양학자들이나 증국번과 같은 성리학자들이 청조의 대일통을 찬양하며 관변의 화이일가, 화이일통 주장을 계승·발전시켰다. 그리고 이러한 사상적 경향은 강유위(康有爲)를 필두로 하는 청말 입헌파의 대민족주의 주장으로 나타나 혁명파의 한족 민족주의와 대립하였다. 그 과정 속에서 태평천국을 진압한 증국번과 좌종당 등은 후대의 혁명파로부터 "청인의 앞잡이가 되어 같은 종족(種族)을 학살하고도 그것을 당연한 의리(義理)라 생각한" 인물로 평가되기도 했으며,[66] 만주족을 몰아내고 한족의 국가를 세우자는 혁명파의 민족주의를 소민족주의라 비판하며 청조의 존속을 전제로 청의 판도 안에 있는 모든 민족을 하나의 민족으로 통합하자는 주장을 펼친 강유위는 혁명파들에게서 옹정제의 『대의각미록』에 나타나는 화이일가론을 표절하다 못해 왜곡했고 있다는 비난을 받았다.[67] 그러나 정작 만주족의 구축과 중화의 회복을 슬로건으로 내세운 신해혁명이 성공하고 중화민국이 수립되었을 때, 손문을 위시한 혁명파가 강유위 등이 주장한 계승하여 오족공화론을 채택하였으며, 옹정제의 화이일가론은 '통일다민족국가'인 현대 중국에서 '중화민족론'을 뒷받침하는 전

66 胡漢民, 1978, 앞의 책, 151쪽.

67 精衛, 1907, 「雜駁新民叢報(續)」, 『民報』 第11號, 1600~1601쪽; 精衛, 1978, 「民族的國民」(1905), 張枏, 王忍之 編: 『辛亥革命前十年間時論選集』 第二卷, 生活·讀書·新知三聯書店; 韋裔, 1907, 「辨滿人非中國之臣民」, 『民報』 第14號; 思古, 1908, 「論滿洲當明末時代於中國爲敵國」, 『民報』 第20號.

통적 사상자원으로서 주목받고 있다.[68]

옹정제가 논파하고자 했던 한족 중심의 화이준별적 화이관이 청말까지 유지되어 배만(排滿) 민족주의 혁명에 영향을 준 전통적 사상자원으로 기능했다면, 그가 주창한 화이일통론은 배만혁명을 통해 성립한 중화민국과 그 후신인 중화인민공화국이 청 제국의 유산을 계승하여 다민족 국가를 유지하는 것을 지지해주는 사상적 자원이 되어준 것이다. 다만 시대가 바뀌면서, 만주족 주도의 통합 논리가 한족 주도의 통합 논리로 변용되고, 옹정제가 주창한 '화이일가' 및 '대일통' 관념이 한족 중심의 중국이 만주족이 통치한 청제국의 판도를 계승하고 다민족국가를 유지하는 사상적 자원으로 재활용되었다는 점은 아이러니한 일이다.

Ⅵ. 맺음말

이 글에서는 역사화해 사례연구의 일환으로 과거사 문제로 인해 스스로를 '피해자'라 인식하고 있는 피지배계층에 의해 '가해자'로 지목된 통치자가 관방 주도의 일방적 역사 갈등 해소를 시도한 사례로서 청나라 옹정제의 『대의각미록』 편찬과 교육이 중국사 속의 만한 민족문제에 장기적으로 끼친 영향을 추적해보았다. 명의 멸망과 만주족의 중원 정복이라는 과거사에 대한 인식에 근거한 한인들의 저항을 해소하기 위해 간행하여 반포한 『대의각미록』은 유가적

68 이춘복, 2012, 「청대 만주본위의 민족정책과 문화충돌」, 『다문화컨텐츠연구』 12; 2013, 「청대 전기 華夷觀과 청조의 滿漢 융합」, 『다문화컨텐츠연구』 14; 2015, 「전통 화이관과 근대 민족주의의 연속성 연구」, 『중국근현대사연구』 68; 2016, 「청대 公羊學派의 대일통사상과 개혁파의 대민족주의」, 『중국근현대사연구』 71; 2016, 「청말 혁명파의 用夏變夷 논리체계와 그 적용범주 연구」, 『중앙사론』 44; 2016, 「중국 전통시대 '用夏變夷'사상의 論理와 그 전개 양상 연구」, 『중앙사론』 43 참조.

화이관과 복수론을 근거로 한 반만(反滿)의 논리를 같은 유가적 언어를 통해 논박함으로써 청조의 중국 통치를 정당화하려는 옹정제의 의도를 담고 있었다. 그것은 만주족 군주가 천명을 받았으며, 하늘이 세운 군주에게 군신(君臣)의 의리를 다하는 것이 인간이 지켜야 할 윤상(倫常)이라는 주장, 화이를 하나로 통합한 청조의 치세에서 화와 이의 구별이 무의미하다는 선언, 명말청초 역사기억의 선택적 재구성을 통해 한인들의 이민족에 대한 반감과 존명 의식이 혼합된 대청복수론을 무력화시키려는 것이었다. 옹정제는 이러한 관제 이데올로기를 전국에 유포하여 한인을 '교화'함으로써 만한 갈등을 해소하려 하였으나, 그의 시도는 장기간에 걸쳐 중국의 민족문제와 역사갈등에 그의 의도를 넘어선 다양한 영향을 끼쳤다. 반청운동의 사상적 자원이었던 화이준별의 논리와 만주족의 폭압에 대한 역사적 기억은 정부의 탄압에도 불구하고 민간에서 반청운동의 논리로 생명력을 유지하여 태평천국과 신해혁명으로 계승되었으며, 『대의각미록』은 오히려 만주족 황실의 비열함과 부도덕함을 보여주는 증거로서 반청운동을 정당화하는 논리로 이용되기도 하였다. 반면, 반청의 논리를 무력화하기 위해 옹정제가 주창한 화이일가, 화이일통의 논리는 청조의 대일통을 지지하는 한인 지식인층에게 수용되어 청말의 대민족주의론, 오족공화론, 그리고 통일다민족국가론과 계승관계를 형성하고 있으며, 이러한 사상적 흐름 속에서 『대의각미록』은 '중화민족'이 역사적으로 '한 가족[一家]'이었음을 주장하는 근거가 된다. 이 두 가지 사상적 흐름은 청말 민족주의 혁명시기에 상호 길항작용을 일으키며 청조의 멸망과 중화민국의 건설을 추동했고, 각각 '한족민족주의'와 '중화민족주의'로 변용되어 21세기까지도 생명력을 유지하고 있다.[69]

---

69 화이관과 중국 근대민족주의의 계승관계에 대해서는 이춘복, 2015, 「전통 화이관과 근대 민족주의의 연속성 연구」, 『중국근현대사연구』 68; 이춘복, 2016, 위의 논문; 2016, 「청대 公羊學派의 대

이러한 사례를 '역사 화해'의 관점에서 고찰해볼 때, 우리는 기층 사회가 아직 역사 갈등의 해소를 수용할 준비가 되어 있지 않은 단계에서 권력의 최고 위층에서 주도한 위로부터의 일방적 '화해'와 '설득'의 시도가 장기적으로 어떠한 결과를 초래하는지에 대해 고민해볼 필요가 있다. 옹정제의 사례에서 과거사에 대한 일방적인 해석을 강요하며 갈등의 봉합 내지는 화해를 추진하는 권력자가 피지배 민중에 의해 '가해자'로 기억되고 있으며 교육과 선전의 대상인 피지배 민중들이 스스로를 '피해자'로 인식하고 있는 상황에서 일어나는 수용(화해)과 저항(복수)의 양상이 그리 단순하지 않았을 것임은 충분히 예상할 수 있다. 그러나 300년이 지난 지금 '가해자'와 '피해자'의 관계가 역전되고, 당시의 '피해자'가 현재는 다른 이들에 대한 '가해자'로 지목받고 있다는 점에서 문제는 더욱 복잡해진다. 여진족에 저항한 남송의 영웅 악비가 '민족 영웅'인가에 대한 21세기 중국의 논란에서 확인할 수 있는 것처럼 장기간에 걸쳐 형성되었던 한족 중심의 민족주의 정서가 여전히 강력한 힘을 발휘하고 있는 현실에서 만주족 주도의 통합 논리였던 '화이일가' 및 '대일통' 관념이 아이러니하게도 한족을 중심으로 하는 '중화민족대가정(中華民族大家庭)'의 통합 논리를 강화하기 위한 전통 사상 자원으로 전유되고 있는 것이다.[70]

일통사상과 개혁파의 대민족주의」, 『중국근현대사연구』 71.

70 악비(岳飛)가 민족 영웅인가, 아닌가에 대한 논란은 '중화민족'의 통합성을 강조하려는 교육부의 시도와 중국 국민의 대부분을 차지하는 한족의 민족주의적 감성이 충돌한 사건이었다. 이와 관련해서는 송한용, 2011, 「'중화민족' 논하의 국민통합과 갈등 - 민족영웅 악비를 중심으로 -」, 『역사학연구』 41 참조.

참고문헌

清雍正帝 撰, 1967(民國56), 「大義覺迷錄」, 沈雲龍 主編, 『近代中國史料叢刊』 第36輯, 文海出版社 影印本.

1964, 『大清世宗憲(雍正)皇帝實錄』, 華文書局.

中國第一歷史檔案館 編, 1989, 『雍正朝漢文硃批奏摺彙編』, 江蘇古籍出版社.

上海書店出版社編, 2011, 『清代文字獄檔』, 上海書店出版社.

譚嗣同, 1998, 『仁學』(1896), 中州古籍出版社.

梁啟超, 1924, 「中國近三百年學術史」, 『飲冰室專集』 75, 上海中華書局.

思古, 1908, 「論滿洲當明末時代於中國爲敵國」, 『民報』 第20號.

韋裔, 1907, 「辨滿人非中國之臣民」, 『民報』 第14號.

精衛, 1978, 「民族的國民」(1905), 張枬, 王忍之 編: 『辛亥革命前十年間時論選集』 第二卷, 生活·讀書·新知三聯書店.

精衛, 1907, 「雜駁新民叢報(續)」, 『民報』 第11號.

胡漢民, 1978, 「述侯官嚴氏最近政見」(1905), 張枬, 王忍之 編: 『辛亥革命前十年間時論選集』 第二卷, 生活·讀書·新知三聯書店.

葛兆光, 이원석 역, 2012, 『이 중국에 거하라』, 글항아리.

미야자키 이치사다, 차혜원 역, 2001, 『옹정제』, 이산.

조너선 D. 스펜스 지음, 이준갑 역, 2004, 『반역의 책: 옹정제와 사상통제』. 이산.

蕭一山, 1986, 『清代通史』(上), 中華書局.

王汎森, 2015, 『權力的毛細管作用: 清代的思想､學術與心態(修訂版)』, 北京大學出版社.

中國近代史稿編寫組, 1974, 『簡明中國近代史知識手册』, 北京師範大學出版社.

羅志田, 1998, 『民族主義與近代中國思想』, 三民書局.

瞿同祖, 1962, 『中國法律與中國社會』, 里仁書局.

(清)雍正皇帝 編纂, 張萬鈞, 薛予生 編譯, 1999, 『大義覺迷錄』, 中國城市出版社.

王汎森, 2015, 『權力的毛細管作用: 清代的思想､學術與心態(修訂版)』, 北京大學出版社.

송한용, 2011, 「'중화민족' 논하의 국민통합과 갈등 – 민족영웅 악비를 중심으로–」, 『역사학연구』 41.

심희기, 1983, 「복수고서설」, 『법학연구』 26(1).
柳鏞泰, 2015, 「四夷藩屬을 中華領土로-民國時期 中國의 領土想像과 동아시아 인식」, 『동양사학연구』 130.
이원택, 2001, 「정약용의 복수에 대한 인식과 親 관념」, 『법제연구』 20.
이평수, 2008, 「청대 비밀결사 천지회 연구: 1761~1900년 광동의 사례를 중심으로」, 성균관대학교 박사학위논문.
______, 2014, 「청대 천지회 기원전설의 각색과 변천-인물과 이야기의 비교를 중심으로-」, 『명청사연구』 41.
이춘복, 2012, 「청대 만주본위의 민족정책과 문화충돌」, 『다문화컨텐츠연구』 12.
______, 2013, 「청대 전기 華夷觀과 청조의 滿漢 융합」, 『다문화컨텐츠연구』 14.
______, 2015, 「전통 화이관과 근대 민족주의의 연속성 연구」, 『중국근현대사연구』 68.
______, 2016, 「중국 전통시대 '用夏變夷'사상의 論理와 그 전개 양상 연구」, 『중앙사론』 43.
______, 2016, 「청대 公羊學派의 대일통사상과 개혁파의 대민족주의」, 『중국근현대사연구』 71.
______, 2016, 「청말 혁명파의 用夏變夷 논리체계와 그 적용범주 연구」, 『중앙사론』 44.
小野川秀美, 1958, 「雍正帝と大義覺迷錄」, 『東洋史研究』 16(4).
閔斗基, 1964, 「『大義覺迷錄』에 대하여」, 『진단학보』 25.
리펑페이, 2014, 「고대 중국의 '복수'관념과 그 문학적 표현」, 『민족문화연구』 65.

羅志田, 1996, 「夷夏之辨的開放與封閉」, 『中國文化』 2.
孟森, 2006, 「清初三大疑案考實」, 『明清史論著集刊(下)』, 中華書局.
史曜菖, 2010, 「棺蓋, 論未定: 清代呂留良(1629-1683)思想形象的抗拒與接受」, 國立中央大學歷史學研究所碩士論文.
邵東方, 1999年 2期, 「清世宗《大義覺迷錄》重要觀念之探討」, 『漢學研究』.
蕭敏如, 2008, 「從「滿漢」到「中西」: 1644~1861 清代《春秋》學華夷觀研究」, 國立臺灣大學文學院中國文學研究所博士論文.
楊向奎, 1984年 4期, 「論呂留良」, 『史學月刊』.
吳冠倫, 2014, 「《大義覺迷錄》的種族觀與社會記憶」, 國立中正大學歷史學研究所碩士論.
吳志鏗, 1994, 「清代前期滿洲本位政策的擬定與調整」, 『國立臺灣師範大學歷史學報』 22.

溫智, 2011年 11期, 「國恥: 一個時代話語的緣起及影響」, 『學術論壇』.

王力堅, 2016, 「清初漢文人心態的轉變及其對詩詞風氣的影響--以康熙十八年(1679)博學鴻儒科為考察中心」, 『中國文哲研究集刊』 49.

王俊義, 2001年 2期, 「雍正對曾靜, 呂留良案的「出奇料理」與呂留良研究--兼論文字獄對清代思想文化發展之影響」, 『中國社會科學院研究生院學報』.

衣長春, 2012年 1期, 「論清雍正帝的民族"大一統"觀--以《大義覺迷錄》爲中心的考察」, 『河北學刊』.

張其賢, 2009, 「「中國」概念與「華夷」之辨的歷史探討」, 國立臺灣大學社會科學院政治學系博士論文.

張丹丹, 2015, 「《大义觉迷錄》的理论与实践」, 东北师范大学博士学位论文.

张日娟, 2018, 「《大义觉迷錄》中华夷观问题之探讨」, 国立中央大学历史研究所硕士论文.

馮爾康, 1982年 5期, 「曾靜投書案與呂留良文字獄論述」, 『南開學報』.

何曉芳, 1986年 2期, 「論雍正的『大義覺迷錄』及其民族思想」, 『滿族研究』.

韓東育, 2014年 4期, 「清朝對"非漢世界"的"大中華"表達--從《大義覺迷錄》到《清帝遜位詔書》」, 『中國邊疆史地研究』.

小野川秀美, 1958, 「雍正帝と大義覺迷錄」, 『東洋史研究』 16(4).

韓東育, 仙石知子 訳, 2018, 「清朝の「非漢民族世界」における「大中華」の表現--『大義覚迷録』から『清帝遜位詔書』まで」, 『北東アジア研究』 別冊第4号.

2
일제강점기 중국인 차별의 근대담론
: 경성을 사례로

김종근
동북아역사재단 연구위원

Ⅰ. 머리말

현재 한국사회는 외국인 거주 인구가 150만 명이 넘는 다문화 사회다. 주목할 만한 점은 이들 가운데 절반 가까이가 한국계 중국인(조선족)과 중국인 그리고 화교를 모두 아우르는 중국인이라는 점이며 이들은 우리 사회 전반에서 한국인 중하층민과 경제적으로 경쟁 상태에 있다. 이러한 까닭에 한국인 중 다수는 중국인들에 대해서 부정적인 시각을 견지하고 있다. 이러한 인식이 형성됨에 있어서는 문화적 차이, 경제적 경쟁구도 등 다양한 요인을 꼽을 수 있겠지만 결정적인 영향을 미친 것은 중국인 범죄를 집중적으로 조명한 미디어의 영

* 이 글은 『한국도시지리학회지』 19(2)(2016)에 게재된 「심상지리의 관점에서 본 일제강점기 한국인의 중국인 거주지역 담론: 경성을 사례로」를 수정, 보완한 것이다.

향을 들 수 있다. 그 결과 중국인들의 거주지인 가리봉동이나 대림역 주변 등은 한국인들이 거주를 꺼리는 경향까지 나타나고 있다. 이러한 중국인과 중국인 주거 지역에 대한 혐오 현상은 90여 년 전 경성(京城)에서도 존재하고 있었으며, 이는 현재의 중국인에 대한 인식에 기원이 된다. 이 글에서는 이러한 경성의 중국인 주거지역 담론을 비판적으로 고찰하여 현재의 중국인과 중국인 거주지 담론에 대한 발전적 해체, 나아가 동북아시아 지역에서의 역사화해에 기여하고자 한다.

지리 학계에서 식민지 시기 경성의 중국인과 중국인 주거지역에 대한 연구는 많지 않은 편이다. 우선 남궁봉은 한국에 거류한 화교들의 발생원인, 이주, 분포, 성장, 경제, 문화 등에 대해 전반적으로 살핀 바 있지만, 서울을 중심으로 연구한 것은 아니다.[1] 아울러 최근 지리학계의 연구 성과들은 현재의 중국인 이주민들에 초점을 맞춘 것들이 다수다.[2] 그럼에도 불구하고 김혜민·정희선의 연구[3]에서는 영화로 대표되는 미디어가 어떻게 중국인과 중국인 거주지를 타자화시키는가를 분석한 논문도 있다. 한편 길상희(2003)의 연구는 서울 거주 중국인 화교에 대해 도시역사지리적으로 주목한 바 있다. 이 연구를 통해 개화기에서 2000년대 초반에 이르기까지 서울 화교거주지의 형성 및 변화 양상을 개괄적이나마 확인할 수 있었다.

반면 한국사학계와 중국사학계를 중심으로 한 역사학계에서는 한국 화교에 대해 21세기 들어서서 본격적으로 연구하기 시작했으며, 상당한 연구 성과를

---

1 남궁봉, 1980,「재한 화교의 문화지리학적 연구」,『지리학과 지리교육』 10.

2 이영민·이용균·이현욱, 2012,「중국 조선족의 트랜스이주와 로컬리티의 변화연구: 서울 자양동 중국음식문화거리를 사례로」,『한국도시지리학회지』 15(2); 박규택, 2013,「전이공간으로서 차이 나타운: 부산광역시 상해거리의 사례」,『한국도시지리학회지』 16(1)

3 김혜민·정희선, 2015,「가리봉동 스크린 재현 경관속 타자화된 장소성」,『한국도시지리학회지』 16(3).

이루었다. 박영석의 연구를 시작으로[4] 전우용[5], 김태웅[6], 최병도[7], 손승회[8], 오미일[9], 강진아[10], 김승욱[11], 박정현[12], 이상경[13], 전희진[14], 정병욱[15] 등의 연구를 통해 근대시기 화교문제 전반에서 1931년 배화사건, 중국인 주거지역 담론에 대한 분석까지 다양하면서도 구체적인 분석이 이루어진 상태다. 특히 오미일의 논문은 일제강점기 경성의 중국인 및 그들의 거주지에 대한 한국 언론의 담론을 체계적으로 정리하였다. 아울러 사학계에서는 여러 연구들을 통해 배화사건을 '민족주의의 과잉'의 결과로 분석하였으며, 이 결과 식민지 시기 동안 한국인들 내에서 민족주의(nationalism)의 성장이 이미 일정정도 이루어지고 있었음을 보여주고 있다. 하지만 역사 학계의 분석에서 중국인 주거지역에 대한 주제는 구체적인 사례 분석이 다수 이루어졌음에도 불구하고 타자공간 담론의 형성 원인과 내용, 그리고 그 결과까지 이어지는 일련의 구조를 파악하는 고찰에는 이르지 못하였다.

이에 필자는 식민지 조선, 특히 식민도시 경성의 '중국인 주거지역'이라는

4 박영석, 1985, 『만보산사건 연구: 일제대륙침략정책의 일환으로서의』, 아세아문화사.
5 전우용, 2003, 「한국 근대의 화교문제」, 『한국사학보』 15.
6 김태웅, 2009, 「1920·30년대 한국인 대중의 화교인식과 국내 민족주의계열 지식인의 내면세계」, 『역사교육』 112.
7 최병도, 2012, 「만보산 사건 직후 화교배척사건에 대한 일제의 대응」, 『한국사연구』 156
8 손승회, 2009, 「1931년 식민지조선의 배화폭동과 화교」, 『중국근대사연구』 41.
9 오미일, 2013, 「일제강점기 경성의 중국인거리와 마굴 이미지의 정치성」, 『동방학지』 163
10 강진아, 2013, 「조선총독부의 화교 노동자 입국 관리와 중국언론」, 『중국근현대사연구』 59; 강진아, 2014, 「경계인의 역사: 화교의 어제와 오늘」, 『로컬리티 인문학』 12
11 김승욱, 2013, 「20세기 전반 한반도에서 일제의 도항관리정책」, 『중국근현대사연구』 58; 김승욱, 2013, 「20세기 전반 한반도에서 일제의 노동시장 관리 - 중국인 노동자를 중심으로」, 『중국사연구』 85.
12 박정현, 2014, 「만주사변 이후 화교 배척과 조선 민족주의 운동」, 『중국근현대사연구』 63.
13 이상경, 2011, 「1931년의 '배화 사건'과 민족주의 담론」, 『만주연구』 11.
14 전희진, 2013, 「상상된 중국인 그리고 식민지 조선 지식인의 딜레마」, 『사회와 역사』 97.
15 정병욱, 2015, 「식민지 조선의 반중국인 폭동과 도시 하층민」, 『역사와 담론』 73.

타자공간에 대한 담론이 한국인의 '민족주의'라는 근대적 거대 담론의 형성 및 확산에 어떠한 역할을 하고 있었는가에 대해 고찰하고자 한다. 이를 위해 근대 국가에서 타자공간을 구성하여 민족 정체성을 확립하고자 한 연구를 통해 도출된 '심상지리(Imagined Geographies)'라는 개념을 이 연구의 핵심 개념으로 사용하고자 한다. 에드워드 사이드(Edward Said)는 그의 대표적인 저서『오리엔탈리즘』을 통해 서구식 근대 타자담론을 고발하였고, 특히 심상지리라는 개념의 도출을 통해 공간담론이 타자담론 형성에 결정적인 역할을 하고 있음을 밝혔으며, 지리 학계에서는 이러한 사이드의 개념을 좀 더 구체화하고 추가적인 연구들을 통해 이 분야를 확대시켜 왔다. 특히 중국인 주거지역과 관련해서는 케이 앤더슨(Kay Anderson)의 벤쿠버 차이나타운 분석이 대표적이다.[16]

한국인의 정체성 형성에 동원된 중국인 주거지역 담론을 파악하기 위해 이 글에서는 우선 타자공간 담론을 심상지리 개념으로 파악하고, 이후 경성 중국인 주거지역 담론의 내용을 살피고자 한다. 마지막으로 중국인 타자담론이 일반 조선인들에게 확대 재생산되었음을 결정적으로 보여주는 1931년 배화폭동의 내용을 살펴보고자 한다. 이와 같은 연구를 수행하기 위해 일제강점기 당시 주요 한국어 신문인『동아일보』,『조선일보』등에 실린 기사에 대한 분석을 시행하였으며, 이외 잡지류에서 중국인과 중국인 거주지 담론 관련 기사를 활용하였다.

16 Kay Anderson, 1991, *Vancouver's Chinatown: racial discourse in Canada, 1875-1980*, Montreal: McGill-Queen's University Press.

Ⅱ. 중국인 타자공간 담론의 형성 배경

세계에 대한 문호를 개방한 1876년 강화도 조약 이래 다양한 서구식 근대 발명품들이 한반도에 도래하였는데 철도나 증기선과 같은 근대 발명품 뿐만 아니라 국민국가 형성에 필수적인 민족주의(nationalism) 또한 유입되었다. 특히 근대적인 대중 미디어, 즉 신문과 잡지류의 도입은 민족주의의 형성에 결정적인 영향을 미쳤다.[17] 이러한 미디어에 민족주의 담론을 펼친 엘리트들은 서구나 일본에 직접 유학을 가거나 이들 지역으로부터 유입된 서적을 통해 민족주의를 학습하였고, 한국어 미디어를 통해 민족주의 담론을 확산시키고 있었다. 따라서 개화기와 일제강점기 한국어 미디어에 등장한 각종 민족주의와 관련된 담론은 일부 한국적인 고유한 특성이 존재한다고 하더라도 핵심적인 내용에 있어서는 그 기원이 서구와 일본에 있다고 하여도 과언이 아닐 것이다.

계몽주의 시대 이래 서구에서는 자신들의 민족 정체성을 확립시키고자 타자를 자신의 반대편에 위치시켜 하나의 짝을 이루는 이분법적 인식론을 발전시켜 왔다. 미셸 푸코(Michel Foucault)는 이와 같은 근대 국가의 특징이 정신병자나 거지, 창녀 등을 각종 담론 및 정책을 통해 사회적 타자로 구성한 점에서 나타나는 것임을 밝혔다. 이와 같은 푸코의 주장에 지적 자극을 받은 에드워드 사이드는 『오리엔탈리즘』을 통해 서구 제국주의의 대표 격인 영국과 프랑스가 어떻게 자신들의 반대편에 위치한 식민지적 '타자'를 구성하였는가를 밝혔다.[18]

17 앙드레 슈미드 저, 정여울 역, 2007, 『제국 그 사이의 한국, 1895~1919』, 휴머니스트.
18 김종근, 2010, 「식민도시 京城의 이중도시론에 대한 비판적 고찰」, 『서울학연구』 38.

〈표 1〉 제국주의적 이분법

자아(Self)	타자(Other)
남성	여성
문화	자연
능동	수동
문명	야생
진보	후퇴
백	흑
이성애	동성애
이성적	광란적
제정신의	미친
기독교	비기독교
서양	동양
민주주의	전제주의
선	악
정상	비정상
선생	학생
의사	병자

출처: Cheryl McEwan, 2009, *Postcolonialism and Development*, London: Routledge.

위 표와 같이 서구 제국주의는 침략 대상인 비서구를 열등한 존재로 구성하였고, 이를 바탕으로 열등한 비서구를 정복하는 것이 논리적으로 당연한 것이고, 나아가 문명화된 서구는 이들을 정복해 문명화시킬 의무를 가지고 있다고 강변하였다. 이를 통해 궁극적으로 식민지배가 피식민지민을 약탈하는 나쁜 행위가 아닌 오히려 피식민지민을 문명화시키는 좋은 행위로 탈바꿈시켜 자신들의 식민지 정복을 정당화시키고자 하였다.

서구 제국이 구성한 이분법은 공간 차원에서 구체성을 띠면서 나타났는데, 자신들 국가의 반대편에 비서구 국가인 타국(他國)으로 위치시킨 심상지리를 만들어내었다. 이 같은 심상지리 중 가장 대표적인 것은 '열대(熱帶)'이다.[19] 구

19 Singapore Journal of Tropical Geography 2000년 봄호(21권 1호)에서는 '열대의 구성(Constructing the tropics)' 특집으로 7편의 논문이 게재되었다. 그리고 이종찬의 연구서도 이러한 서구의 열대 구성에 대한 역사적 과정을 이해하는 데 도움을 준다(이종찬, 2009, 『열대와 서구: 에덴에서 제국으로』, 새물결).

체적으로 아시아나 아프리카에 식민지를 만든 제국주의 국가들은 자신들이 위치한 북반구 중위도의 지역과 그 기후를 '정상'으로 인식하고, 그 반대편인 '비정상'의 위치에 '열대'를 위치시켰다. 이것은 지리적이고 기후적인 반대편뿐만 아니라 문화와 도덕적인 측면에까지 이루어진 광범위한 심상지리의 구성이었다. 에드워드 사이드가 명명한 이 심상지리에 대해 지리학자 데릭 그레고리(Derek Gregory)는 다음과 같이 정의를 내리고 있다.[20] 그는 '특정 지역 내 경관과 사람, 나아가 문화와 자연 등 지역과 관련된 총체적인 내용이 그림·글·사진·첩보보고·여행기·박람회·수집된 유물 등으로 재현됨에 있어서 순진무구하게 감각기관이 받아들인 그대로의 재현이 아니라, 권력이 자아 정체성 확립, 식민지 정복 등과 같은 특수한 목적성을 가지고 특정 지역을 자신의 상상력·욕망·판타지·선입견 등을 반영시켜 재현한 것'을 심상지리로 규정하였다. 제국주의 권력은 이같은 재현을 통해서 특정 지역에 존재하는 타자는 자아와 반대되는 정체성을 지닌 존재로 구성하고자 하였고, 나아가 재현된 타자의 모습을 본질적이면서 동시에 바뀌지 않는 하나의 스테레오타입으로 규정하였다. 이를 통해 타자의 반대편에 있는 자아의 모습도 본질성을 확보할 수 있었다.[21]

주목할 점은 19세기 말 이후 서구 도시들에 차이나타운이 형성되면서 차이나타운이 제국주의 국가 내의 '타자공간'으로 구성되었다는 점이다. 이와 관련하여 케이 앤더슨은 밴쿠버의 차이나타운 분석을 통해 인종주의에 바탕을 둔 캐나다의 백인들이 어떻게 중국인 거주지를 도덕적·위생적으로 타자의 공간

---

20 Derek Gregory, 2000, "imaginative geographies", *The Dictionary of Human Geography*, Blackwell publishers, Oxford.

21 에드워드 사이드 저, 박홍규 역, 2000, 『오리엔탈리즘』, 교보문고.

으로 구성하였는가를 밝혔다.[22] 즉 제국주의를 바탕으로 한 해외진출을 통해서 타자공간 담론을 형성한 것 뿐만 아니라 본국 내의 이민족 타자 공간담론을 형성하였던 것이다.

메이지 유신 이후 서구식 근대 제국주의를 지향한 일본 또한 이러한 타자구성을 본격화하였는데, 자신을 '자아'의 위치에 두고, 인접국가인 한국과 중국을 '타자'의 위치에 두는 일본식 오리엔탈리즘을 구축해 나가기 시작했다. 그러나 일본 스스로는 완벽한 서구의 위치에 존재할 수 없었으므로, '개화 vs 미개'라는 개념의 중간인 '반개화'에 자신들을 두는 방식을 취하고 있었다. 그러나 한국과 중국을 타자화하는 방식은 서구가 아시아와 아프리카를 타자화하는 방식과 크게 다르지 않았는데, 예를 들어 일본 제국을 남성에 비유하는 반면에 중국이나 한국을 여성에 비유하고, 중국인과 한국인들이 수동적이고 야생 상태의 원주민으로 간주한 것 등은 서구의 방식과 전혀 다르지 않았다. 일본에서 차이나타운이 타자의 공간으로 자리매김한 곳에는 요코하마, 나가사키, 고베 등이 있으나 이 중 가장 유명한 곳은 도쿄 인근인 요코하마의 차이나타운이었다.[23]

이처럼 근대시기 동안 서구와 일본이 차이나타운을 타자의 공간으로 구성한 것은 자신들의 근대 민족주의적 정체성 형성과 밀접한 관련이 있었는데, 개화기 이후 한국인들이 중국을 타자화하고 중국인들의 거류지를 타자공간화하는 양상도 이와 유사한 점을 지니고 있었다. 청일전쟁에서 중국이 서구식 근대화를 시작한 일본에 패배하는 것을 목도한 개화기 한국인들은 신문이나 잡지를

22 최근에는 Chris Ealham의 바르셀로나 차이나타운을 분석한 연구물도 나온 바 있다(Chris Ealham, 2005, "An "imagined geography": ideology, urban space, and protest in the creation of Barcelona's "Chinatown", c.1835 - 1936", *International Review of Social History*, 50(3)).

23 스테판 다나카 저, 박영재·함동주 역, 2004, 『일본 동양학의 구조』, 문학과지성사.

통해 중국을 전근대 국가의 전형으로 묘사하고 더 이상 종주국이 아닌 닮지 말아야 할 대상으로 지칭하기 시작한 것이다. 더불어 개화기 이후 특히 일제강점기 동안 본격적으로 형성된 중국인 주거지역에 대해 서구와 일본에서 이미 이루어지고 있던 타자공간 담론을 한국인들도 그대로 여과 없이 받아들이기 시작했다.

식민지 조선 내에서 가장 많은 중국인이 밀집하여 거주하던 곳은 경성부였다. 1910년 당시 경성부에는 1천여 명에 불과하던 중국인의 수가 1930년에 이르면 8천여 명까지 증가하게 되자 중국인은 경성에서 흔히 볼 수 있는 존재가 되었으며, 특히 도심부의 낙후된 지역인 서소문정 등은 중국인들 밀집지구가 되면서 조선인 기자들의 주요한 르포기사 대상 지역이 되었다. 이들을 다룬 기사는 일본이 한국인들을 스테레오타입화한 모습을 거의 그대로 복사한 것처럼 부정적인 측면들을 묘사하고 있었다. 구체적으로 중국인 거주구역은 냄새나고, 무질서하고, 비사회적이고, 가난에 찌들었고, 야만적이고 비성숙하고, 폐쇄적인 특징을 지니고 있는 지역이라 조선인 기자들은 묘사하였다. 이 뿐만 아니라 중국인들은 절도·도박·뇌물·간통·음모 등의 온갖 사악한 일을 벌이는 이들로 묘사되었다. 이 점은 심상지리의 구성이 제국주의적 권력을 지닌 자들만이 구사한 방식이 아니라 근대화를 추구하던 식민지 조선인들 또한 타자의 구성을 통한 자아의 정체성 확립에 활용하고 있었음을 드러내는 부분이다.

Ⅲ. 중국인 타자공간 담론의 주요 사례

한국어 미디어를 통해 구성되고 있던 중국인 주거지역 담론이 마치 서구가 비서구를 구성한 방식이나 일제가 한국과 중국을 구성하던 방식과 유사하다는 점을 좀 더 구체적인 사례를 통해 살펴볼 필요가 있다. 경성의 중국인 주거 지역에 대한 한국어 미디어 담론에는 여러 가지가 존재하지만 다음이 가장 대표적이라 할 수 있다.

> 중국인촌(中國人村): 조선에 와 있는 외국인으로는 지나인이 제일 많은 것은 더 말할 것 없는 사실이다. (중략) 이들은 조선 사람의 주머니를 긁어가는 민족 중 하나다. (중략) 서울에 현주하는 근 오천 명이나 되는 그들은 **구석구석이 안 끼여 사는 곳이 업고** 의례히 호떡가게라도 벌여놓고 있지 그대로 있는 사람이 없다. 그러나 **서울의 지나인촌이라면 그중 많기로는 서소문정(西小門町)이요 다음에는 관수동(觀水洞)이 될 것이다. 또는 장곡천정(長谷川町) 근처의 뒷골목**일 것이다. 그들의 거리를 들어서면 건물부터, 근처의 공기부터가 **지나 냄새가 나고 대파와 마늘 냄새가 우리네의 코를 쿡 찌르는 것이나 모든 것에 과연 지나 냄새가 떠돈다.** (중략) 지나 사람들은 **아편을 담배 먹듯 한다는 말을 들어서 그러한지 그들의 얼굴을 볼 때 누릇누릇한 것이 모두 다 아편쟁이 같기도 하다.** 그중에도 서소문정 거리를 지내면 허릴업시 그들의 **번국 어느 하층 사회를 걸어가는 감**이 있다. **그들의 집에 들어가면 나올 길을 못 찾아 나올 것도 같은 생각**이 든다. 서소문정은 **아편굴**이 많기로 서울서 독특한 곳이니만치 석양때나 밤늦게 혹은 새벽녘에 헌털뱅이 입은 걸인이나 아래 위 말숙하게 휘감은 사람 특별히 얼굴이 누렇고 목허리 굽은 사람들이 왕래를 흘끔흘끔 살펴보며 우중충한 옆골목으로 들어서는 것을 보면 그것이 모두 아편쟁이에 틀림없다. **지나인의 밀매음녀**도 잇는 듯하다. 아무리 지나인의 원 풍속을 모른다 해도 핏기운 없는 얼굴에 어디로 보든지 음탕한 포스를 하고 희미한 전등빛에 우울한 표정, 유혹적 표정을 하고 있는 것을 보면 별 수 없는 매음녀다. 거리에 나서서 외입쟁이 낚시질을 하는 것도 같다. 무엇에서 무엇까지 **그들의 거리는 음침하고 우중충하고 마굴과도 같은 기분이 돌고 그들의 말소리나 음흉한 음성은 어디로 보든지 음모적 민족**이다.[24] (강조는 필자에 의함)

---

24 일기자, 1929, 「大京城의 特殊村」, 『별건곤』 29, 109~111쪽.

위 지문을 통해 확인되는 내용은 첫째, 중국인의 분포 및 중국인 주거지역의 위치, 둘째, 중국인과 중국인 주거지역의 특성이다. 이 기사는 르포기사 형태로 쓰여진 것이었는데, 특히 중국인의 분포나 중국인 주거지역의 위치 등은 정확도가 높았으며, 조선총독부에 의해 작성된 국세조사 결과를 통해 이러한 사실은 확인된다. 1925년, 1930년, 1935년의 인구자료를 확인해 본 결과 위 지문에 나타난 중국인 인구 분포의 특징, 즉 '구석구석 안 끼어 사는 곳이 없고', 서소문정, 관수동, 장곡천정 등에 중국인 거주지를 형성하고 있는 내용은 확인이 가능하다.

〈표 2〉 일제강점기 경성의 행정구역별 중국인 인구

동명(洞名)	1925년(명)	1930년(명)	1935년(명)
서소문정	668	1615	1649
태평통2정목	823	1155	953
장곡천정	651	655	606
관수동	301	434	270
수표정	31	126	129
북미창정	114	259	122
경정	132	196	110
남미창정	23	71	109
명치정2정목	73	98	89
정동	155	151	88
황금정3정목	71	94	83
종로3정목	112	113	77
황금정1정목	80	115	77
원정1정목	53	93	71
본정3정목	45	70	70
강기정	69	48	59
고시정	24	58	57
봉래정1정목	57	60	54
남대문통1정목	78	82	53
황금정4정목	88	73	51
본정4정목	46	45	51
창신동	60	71	46
효제동	52	58	45
서대문2정목	12	60	45
본정2정목	21	41	40

종로2정목	67	56	38
황금정2정목	34	65	38
견지동	13	14	38
죽첨정1정목	23	43	37

자료: 조선총독부 국세조사

〈그림 1〉 일제강점기 경성의 중국인 분포(좌: 1925년, 중: 1930년, 우: 1935년)(자료: 조선총독부 국세조사)

위의 표와 그림에서 확인할 수 있는 바와 같이 실제 중국인의 인구 분포 또한 산재성과 동시에 집중성을 나타내고 있음을 알 수 있고, 중국인 밀집 거주 구역이 확인된다. 이처럼 당시 작성된 르포기사는 사실관계가 명확한 내용을 기술하였다. 그러나 이후의 지문에서 나타나는 것처럼 기자의 감정이나 선입견, 인식 등도 함께 드러났는데, 특히 위 지문에서는 기자의 중국인과 중국인 주거지역에 대한 부정적인 인식만 강조되었다. 특히 중국인 주거지역이 '어느 번국의 하층사회'를 다니는 것과 같고 대파와 마늘 냄새로 대표되는 '지나[25] 냄새'라는 표현은 타자성을 드러내고자 한 기자의 선입견이 전형적으로 반영된 부분이라 할 수 있다. 이후의 기사 내용은 더욱 더 충격적인데 중국인들을 아

25 지나(支那)라는 용어는 영어의 China를 음차한 용어이지만, 일본이 메이지 유신 이후 서구식 근대화를 추구하면서 과거 전통적인 동아시아 질서하의 중국을 타자화시키기 위해 새롭게 만들어낸 정치적인 용어다.

편 중독자와 밀매음녀, 중국인 주거지역을 아편굴, 밀매음 소굴로 묘사한 부분이다. 이 뿐만 아니라 『조선일보』나 『동아일보』 등 한국어 신문에서 도박 소굴 및 인신매매 소굴로 묘사되기도 했다.

위 별건곤의 기사에서 언급된 '아편굴' 내용은 1929년에 작성된 것이지만, 이미 유사한 내용이 1920년대 초반부터 한국어 신문에 자주 등장하기 시작했다. 동아일보는 1923년 11월 7일, 8일 10일, 11일 네 차례에 걸쳐 「나신귀(剌身鬼, 마약중독자)가 모여드는 마굴탐방기(魔窟探訪記)」라는 특집 기사를 연재하며 서소문정, 태평통2정목 일대의 중국인 주거지역을 아편굴로 규정짓고 있었다. 특히 11월 8일자 기사에는 아래와 같이 사진까지 동원해 가며 아편굴 이미지를 강화시켰다.

〈그림 2〉 중국인 '아편굴' 기사에 실린 사진(사료: 『동아일보』, 1923년 11월 8일)

… 모루히네(Morphine, *모르핀: 아편에서 분리해 낸 마약의 일종)의 큰 집이 되는 중국과 중국 사람의 손을 거쳐서 세상에도 가이 없는 조선사람의 멸망을 재촉하는 것이 시내의 본 바닥은 서소문정과 태평통 삼정목을 점령하고 있는 중국인의 부락이다. 더욱이 중추원 뒷골목 일대의 침울한 바람이 백주에도 낮을 치는 중국인 빈민굴을 중심으로 모루히네 밀매자와 중독자 간의 죄악의 거래가 끊이지 않아 완연히 한 저자를 이루

었으니 경찰 당국에서도 이미 그 내막을 모르는 바 아니나 심심하면 한 번씩 검거를 하기도 하나 도저히 죽기를 하고 사러오는 그 사람들과 돈이라고 하면 정사라도 하라고 하는 중국인들의 무서운 힘에는 도저히 평범한 경찰력으로 어찌 하는 수 없는 모양이다. …(후략)

위 기사에서는 중국인들의 거주지가 식민지 경찰도 어찌 할 수 없는 무법천지이며, 아편 밀거래와 관련한 죄악이 끊이지 않는 곳일 뿐만 아니라, 조선사람이 마약에 중독되게 만드는 조선인의 '적'들이 모여 사는 소굴로 묘사하고 있다. 그러면 식민지 조선에서 모루히네로 대표되는 마약을 중국인들만 유통시켰을까? 오미일의 연구에 따르면[26] 실상 중국인들이 주로 아편을 수입, 유통 소비했으며, 조선총독부 또한 이에 대해 집중 단속을 하였다. 그러나 모르핀의 경우 일본에서 생산되어 경성의 일본인 약종상을 통해 주로 유통되는 구조였으며, 조선총독부는 중독자 치료에만 관심을 두고 있었다. 특히 중국인 다수는 부유하지 않은 하층민이었음을 감안한다면, 결국 위 지문은 사실관계가 제대로 확인되지 않은 내용을 바탕으로 중국인과 중국인 주거지역을 죄악시한 내용으로 볼 수 있다. 이 내용에 대해 오미일은 식민정부의 통치술로 해석하고 있으나, 이 보다는 중국인을 '타자'로 규정하여 한국인의 정체성을 확립하려 한 민족주의에 바탕을 둔 기사인 것으로 해석하는 것이 더 바람직하다.

'아편굴'과 더불어 자주 언급된 중국인 주거지역 담론에는 '도박소굴'이 있다. 1927년 8월 19일 『동아일보』에는 「중국인 주거지역 중심 삼십육계 유행」이라는 기사가 다음과 같이 실렸다.

근래에 경성 시내를 비롯하여 경기도내 각처와 근방 지방의 일확천금의 허욕을 가진

---

26 오미일, 앞의 글, 23쪽.

사람들 간에 **삼심륙계라는 중국도박이 성행**되는 중인 바 그 중에도 시내에서는 **태평통, 북미창정, 서소문정, 장곡천정 등지에 잇는 중국인의 동리가 삼십륙계의 굴혈이 되어 가지고** 중국인 칠팔명이 각각 물주로 벌려 앉아서 앞에 통수 백여 명씩을 앞에 두고 시내 시외 및 근기지방에까지 출장활동을 시켜 돈을 모아들이게 한 후 하루 십여 차례씩의 추첨을 행하여 오던 바 이것을 본정서에서 탐지하고 그 괴수를 수색하던 중 18일 아침 태평통 이정목 모 중국인의 집에 이르러서 삼십륙계 개장 중에 괴수 장무림과 그 형 장옥성 등 두 명을 검거하는 동시에 판돈 40여 원을 압수한 후 다시 그 연루자 및 수괴들을 크게 수색 중이라는데 전기의 형제는 조선에 건너온 지 사십여 년으로 그동안 **아편밀수밀매, 도박** 등으로 업을 삼던 자들이라더라.(강조는 필자에 의함)

아편밀수꾼과 아편굴로 규정지어진 중국인과 중국인 주거지역은 이후 삼십육계라는 중국도박을 일삼는 이들 및 소굴로까지 확대하여 규정되기 시작하였다. 도박을 일삼았던 경성의 중국인에 대한 기사는 동아일보에만도 1924년에 1건[27], 1925년 2건[28], 1927년 2건[29], 1928년 1건[30], 1929년 1건[31] 등이 존재한다.

아편과 도박에 이어 규정된 중국인 주거지역의 특성은 폭력 및 살인이다. 특징적인 것인 이 세 가지 특성이 함께 묶여서 나타나는 점인데 다음 기사가 그러한 점을 잘 나타낸다.

대경성의 한복판을 차지하고 있는 우중충한 서소문정 중국인 거리에서 …… 모루히네 환자끼리 도박 끝에 싸움이 벌어져 1명 즉사, 1명 빈사의 중상을 입는 참극이 벌어졌다. 현장은 서소문정 26번지 중국인 간홍의 집으로서 이날 초저녁부터 전과 1범 김

27 『동아일보』 1924. 12. 27.
28 『동아일보』 1925. 3. 13; 동아일보, 1925. 7. 8.
29 『동아일보』 1927. 8. 19; 동아일보, 1927. 12. 13.
30 『동아일보』 1928. 2. 17.
31 『동아일보』 1927. 1. 13.

성옥과 간홍이는 도박을 개장 중 서로 속임수를 쓰다가 오후 8시 반에 싸움이 벌어져 필경 시퍼런 칼을 들고 격투를 시작하여 간홍은 김성옥의 칼에 가슴 한복판을 찔려 즉사하고 …(후략)[32]

「서소문 중국인가에서 도박하다 유혈의 살인」이라는 제목으로 실린 이 기사에는 위에서 언급된 '마약', '도박'과 더불어 '폭력 및 살인'이라는 키워드가 추가되고 있다. 더불어 '대경성 한폭판을 차지하고 있는 우중충한 서소문정 중국인 거리'라는 말은 '왜 이런 악의 소굴이 시내 한복판에 있어야 하는가'라는 기자의 의도가 깔린 멘트이기도 하다.

마지막으로 조선인 여자아이들을 유괴하여 감금한다는 담론은 중국인 주거지역의 마굴 이미지를 확고하게 굳히는 담론이었다. 이 유괴소굴 담론은 1920년대와 1930년대 신문지상에 종종 등장하였는데, 그 중 한 기사를 보자.

어제 보도한 바와 같이 남운기 일파의 아녀자 밀수출 사건은 그 뒤로 범위가 점점 확대되어 작일 새벽에 서대문서에서는 무슨 단서를 얻었는지 활동을 개시하여 수대의 형사대가 서소문정과 태평정 부근에 출동하여 중국인 왕모 외 3명을 인치하여다가 지금 밀실에서 엄중히 취조하는 중인데 탐문한 바에 의하면 전기 왕모는 중국사람 중에는 거부라고 하는 자이며 다른 세 명도 상당한 재산을 가진 자들인 바 이 사람들이 흑막이 되어 전기 남운기 일파를 시켜서 이 흉악한 일을 한 것 같으며 자기네는 세상에서 모르게 교묘히 배후에서 수천 원으로 아이들을 사들이는 자금을 대어준 듯한데 취조하여 더 큰 놀랄 음모가 발각될 모양이라더라.[33]

이 기사는 중국인 부자들이 조선인 여아들을 사들여 중국으로 팔아넘긴 사

32 『동아일보』 1935. 10. 27.

33 『동아일보』 1924. 12. 27.

건에 대한 기사다. 1920년대에는 자연재해 등으로 빈궁해진 사람들이 자식들을 팔아넘기는 일이 흔하게 발생하고 있었는데, 이러한 인신매매를 통해 부를 획득하던 중국인에 대한 적개심이 드러나고 있다. 다음 기사에서는 그러한 내용이 좀 더 자세히 나타난다.

> 요사이 **음흉한 중국사람들의 마수에 걸리어 멀리 산설고 물설은 중국 땅으로 우리 조선 여자들이 많이 팔려간다 함**은 이미 보도한 바이어니와 이에 대해 모 당국자의 말을 듣건데, 그자들은 이곳에서 가장 헐값으로 1명당 최저 사십 원으로부터 일백 원 가량으로 사 가지고는 중국 내에서도 가장 여자가 귀한 광동지방으로 데려다가 세 배 이상의 이익을 남기어 팔아먹는다는데 수일 전에 시내 태평통에 거주하는 우모라는 중국사람 한 명이 주소가 일정치 못한 조선인 김모라는 자와 함께 청진동 모 대서소에서 금년 여덟 살 된 조선여자 한 명에 대한 매매 계약을 하다가 그 현장에서 서대문 형사에게 발각되어 전기 우모는 그 자리에서 종적을 감추어 도주하여 버리고 김모만 체포당하였다는데, 김모의 말을 들으면 본래 그 어린 계집아이는 부모와 함께 살았으나 생활이 몹시 곤란한 까닭에 그와 같이 중국사람에게 현금 사십 원을 받고 팔아먹은 것으로 그 아이는 태평통에 있는 전기 우모집에 데려다 두었다 함으로 즉시 형사들은 그 집으로 쫓아가 보았으나 이미 우모는 집에다 자물쇠를 채어놓고 도망하여 버렸으므로 그 자를 사방으로 염탐 중이라 한다. **서소문안과 태평통 일대에는 중국인들이 많이 거주할 뿐더러 그자들은 거의 모루히네나 아편을 먹는 자들로 여러 가지로 행동이 불미한 점이 많은 까닭**에 서대문서에서는 특히 주목을 하는 모양이라더라.(강조는 필자에 의함)[34]

이 기사에서는 '음흉한 중국사람'이 '조선 여자를 중국땅으로 팔아넘긴다'라는 점이 기사의 핵심적인 내용이다. 그러나 기사 말미에는 이 기사와는 직접적인 상관이 없는 기자의 선입견인 '중국인 주거지역=마약소굴'이라는 감상이

34 『동아일보』 1924. 9. 28.

적혀 있는데, 이는 중국인 주거지역에 대한 부정적인 기자의 시선을 그대로 드러내고 있다.

1931년 『조선일보』의 만보산사건 오보로 촉발된 '배화폭동'이 일어나기 한달 전에는 이러한 중국인 '유괴소굴'을 탈출한 한 여자아이의 기사가 조선일보에 실렸다. 이 기사에는 중국인 주거지역에 대한 적대적 감정이 그대로 드러나 있는데 자세한 내용은 다음과 같다.

中國人家地下室에 少女를三年間監禁

『서소문정중국인마굴에가처잇서 삼년간가지학대와혹벌을바더!』

罪惡에싸힌西部魔窟

『反抗만하면 칼로찔러』

新募職工을說明 罷業團十三名

◇출근직공을설복

〈그림 3〉 중국인의 여아 유괴 기사(자료: 『조선일보』 1931년 6월 6일자 기사)

> 시내 서소문정 일대의 중국인 주거지역은 흡혈귀와 밀매음 등의 소굴로 유명한 터인데 모골이 송연한 죄상이 또 나타났다. 13세의 어린 소녀를 3년 동안이나 지하실에 감금하여 놓고 사람으로서 못할 갖은 행동을 함부로 한 사실이 즉 그것이니 경기도 시흥군 북면 동작리 138번지 엄순동의 누이동생 되는 엄정희가 거금 삼 년 전인 소화 4년 봄에 출가한 후 행방불명이 되어 그 가족은 생사를 염려하고 있던 중 3,4일 전에 아연히 집을 찾아 돌아왔음으로 삼 년간의 그 경과를 가족이 묻던 차에 시내 서소문정 16번지 중국인 갈상화의 처 동씨에게 유인되어 동인의 집 지하실에 감금당한 후 갖은 폭행과 유혹 중에서 지내다가 수일 전에 어떻게 마굴을 탈출하였다고 한다.[35]

35 『조선일보』 1931. 6. 6.

이 기사에 따르면 중국인은 불쌍한 조선인 소녀를 무단으로 감금하여 착취하는 '흡혈귀'였던 것이다. 위와 같은 일련의 기사들은 모두 사실에 바탕을 둔 기사들이지만, 두 가지 문제점이 있다. 첫째, 마약밀매, 도박, 인신매매 등은 결국 식민지를 통치하던 일본 제국의 통치에 문제가 있었다는 것을 드러내는 것이다. 특히 식민지 조선의 하층민들은 끼니를 때우기 힘든 상황에 자신의 자식들까지 팔고 있었는데, 이는 결국 식민통치가 사실상 실패하고 있었음을 보여주는 것이라 할 수 있다. 당시 지식인으로 분류되던 기자들은 이러한 근본적인 이유를 그 누구보다 잘 알고 있었지만, 식민지배 치하였다는 상황으로 인해 침묵하고 있었다. 둘째, 이런 상황에서 기자로 대표되는 한국인 엘리트들에게 중국인들은 일본인들을 대신해 한국인의 타자로 규정하기 적절한 존재였다. 결국 식민지 지배에 대한 거부감 및 통치 실패에 대한 한국인들의 불만을 중국인을 악마로 규정함으로써 해소하려 하였다. 동시에 중국인 주거지역을 악의 소굴로 규정함으로써 한국인의 근대적 정체성, 즉 그와 반대되는 성격을 지닌 이들로 규정이 가능했다. 결국 이러한 이유 때문에 중국인과 관련된 주요 범죄 기사에는 단순한 사실관계의 정리뿐만이 아닌 중국인 및 그들의 주거지역을 악마와 악의 소굴로 규정하는 단어들이 함께 사용되고 있었다.

이와 같은 중국인과 중국인 주거지역에 대한 한국어 신문 및 잡지에서의 묘사를 통해 중국인에 대한 타자화는 확대 재생산되고 있었다. 특히 여자아이를 유괴해 감금했다는 기사들은 일반인들에게 중국인에 대한 제노포비아적 적개심을 확대시키고, 중국인 주거지역을 축출의 대상으로 삼게 되는 결정적인 계기가 되었으며, 이러한 감정은 실제 행위로 나타나게 되었다.

Ⅳ. 중국인 타자공간 담론의 확대 재생산

1931년 7월 3~8일 사이에 발생한 배화폭동은 만주에서 조선인들이 중국인들에 의해 살해되었다는 잘못된 정보가 한 일간지를 통해 확산되면서 인천·경성·평양 등의 조선인들이 중국인들을 대상으로 폭력 및 살인 행위를 자행한 사건이다. 이 폭동으로 100여명이 넘는 중국인들이 살해를 당하고, 500여 명이 넘는 수가 부상을 당하였고, 410만 엔 이상의 재산피해를 기록하였다.

〈표 3〉 1931년 배화폭동 당시 피해자 수 및 재산손실액

폭동 지역	폭동 일시	사망자(명)	부상자(명)	실종자(명)	재산 손실	영사관 수용 인원
평양	7월 6일 오후 7시	133	289	72	2,545,888.57	6,000
진남포	7월 6일 오후 2시	0	19	0	117,757.56	0
인천	7월 3일 오후 1시	2	22	0	653,752.32	3,600
경성	7월 3,4일 오후 10시	0	146	0	644,124.59	3,600
부산	7월 8일 오후 9시	0	2	0	14,791.41	160
원산	7월 4일 밤	5	26	19	138,525.40	2,300
신의주	7월 7일	2	42	0	48,263.22	1,200
총계		142	546	91	4,163,103.07	16,860

자료: 顧維鈞, 1978,「參與國際聯合會調査委員會中國代表處說帖」,『革命文獻』33, 中國國黨中央委員會黨史史料編纂委員會, 672~673쪽; 손승회, 2009,「1931년 식민지조선의 배화폭동과 화교」,『중국근대사연구』41, 155쪽에서 재인용

(上)中國人街에殺到한群衆(下)不安에싸인中國人

中國人村에 雲集한群衆

【西小門、太平通等地로】 騎馬隊制止로無事

昨夜仁川 中國街

〈그림 4〉 배화폭동 당시 경성 중국인 주거지역(자료:『동아일보』1931. 7. 6.)

〈그림 5〉 경성 중국영사관에 피난한 중국인(자료: 『매일신보』 1931. 7. 5.)

이 사건으로 총 984명이 유죄를 받았는데, 범죄 내용은 다음 표와 같이 시위 행진과 같이 비교적 가벼운 죄에서 살인·방화 등 중죄에 해당하는 이들까지 다양하며 가장 많은 범행은 투석·습격·침입이었다.

〈표 4〉 배화폭동으로 유죄 받은 이들의 죄목

범행	인원수(명)
시위행진	3
왕래방해, 호스 및 전선 절단	4
선동, 격문, 지휘	20
소요	43
협박, 공갈, 강요	17
투석, 파괴, 습격, 침입	460
절취, 절도, 횡령	23
방화	51
구타, 상해, 수용소 습격, 폭행	242
살해, 살인	121
합계	984

자료: 『思想月報』(정병욱, 2015, 「식민지 조선의 반중국인 폭동과 도시 하층민」, 『역사와 담론』 73, 335쪽에서 재인용)

이 중에서도 파괴·방화·폭행·살인 등 중범죄에 해당하는 것이 전체 범죄자 중 88.8%에 달했다는 것은 이 폭동의 심각성을 드러내는 부분이기도 하다.

〈표 5〉 배화폭동으로 유죄 받은 이들의 직업

직업	세부 직업 내역	인원수(명)
농업	농업, 과수재배업 등	144
수산업	어업, 어부 등	10
광업	광업, 갱부 등	55
공업	각종 직공, 석공, 미장이, 정미소 인부 등	175
상업	잡화상, 이발업, 상업, 미곡중개상, 주류상, 고용원, 점원 등	263
교통	선부, 자동차 운전 조수 등	35
공무자유업	신문기자, 의사, 습학교사, 의사견습	9
기타유업자	일용직 노동자, 소사, 급사 등	177
무업	학생, 무직자	116
합계		984

자료: 『思想月報』(정병욱, 2015, 위의 글, 329~330쪽에서 재인용)

배화폭동으로 유죄를 받은 이들의 직업을 살펴보면 잡화상·점원 등 상업 종사자가 가장 많았고, 그 다음이 일용직 노동자, 다음이 각종 직공·석공 등 공업종사자, 다음이 농업종사자였다. 주목할 점은 무직자가 적은 비율이었다는 점인데, 당시 무직자 비율이 매우 높았던 점을 감안한다면 이례적인 일이다. 이는 일상에서 중국인들과 직업상 경쟁관계에 놓인 이들이 더욱 적극적으로 배화폭동에 가담한 것을 알려준다.

이와 같은 비정상적인 폭동이 발생한 배경은 무엇이었을까? 기존의 연구에서는 크게 일제에 의한 계략,[36] 민족주의 계열 한국어 미디어의 선동,[37] 한국어 미디어를 통한 화교 멸시관의 확대[38] 그리고 일반 조선인과 중국인 간의 경제적 경쟁상태[39] 등이 주요한 원인으로 분석되어 왔다. 필자는 이러한 정치·

36 박영석, 앞의 책.

37 이상경, 앞의 글; 김태웅, 2013.

38 전우용, 앞의 글; 오미일, 앞의 글.

39 김태웅, 2009, 앞의 글; 정병욱, 앞의 글.

경제적인 요인도 극렬한 폭동의 원인 중 하나지만 가장 중요한 원인은 10여 년 넘게 중국인을 악의 축이라는 타자로 규정지어 조선인의 정체성을 찾으려 한 결과이며, 일반 조선인들이 이 담론을 받아들이게 되는 데 결정적인 역할을 한 것은 미디어로 구축된 중국인 주거지역 심상지리가 일반 조선인들에게 확대 재생산된 결과로 판단한다.

한편 이 사건 결과 경성부에 거주하던 중국인의 수는 감소하였는데, 다음 표는 그러한 경향을 수치로 나타내고 있다.

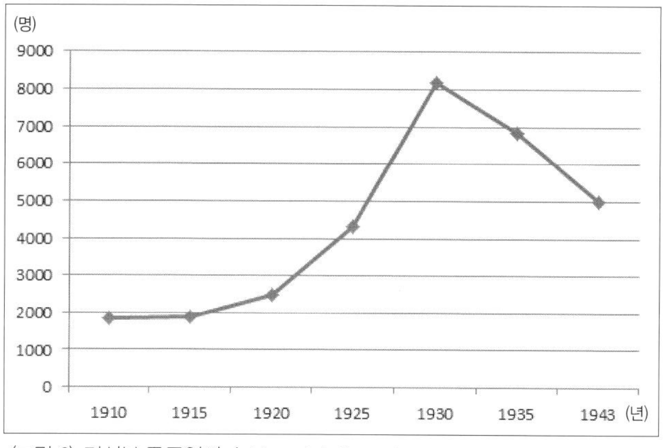

〈그림 6〉 경성부 중국인의 수(자료: 박은경, 1986)

더불어 경성부 내의 행정구역 가운데 중국인이 한 명이라도 존재한 곳은 1925년에는 160여 개 동, 1930년에는 159개 동 1935년에는 134개 동으로 파악된다. 이러한 중국인 분포지역의 축소는 1931년 배화폭동의 결과로 판단된다. 지도상으로 보면 주로 한국인 중하층민들이 다수 분포한 지역에서 축출되고, 기존의 밀집 지구로 중국인들이 응집하는 양상을 확인할 수 있다.

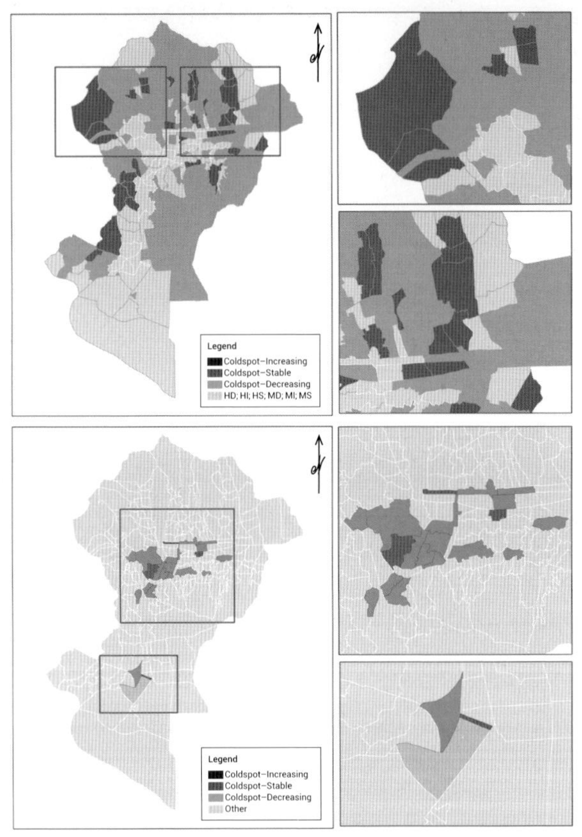

〈그림 7〉 1925~1935년 중국인 인구 분포 변화양상 (상: Coldspot, 하: Hotspot)
경성 전역에 분포하던 중국인들이 점차 'Hotspot'으로 밀집하였음을 확인할 수 있다.

아울러 1937년 중일전쟁의 시작으로 중국인 밀집지구 내 인구가 감소하자 이 지역을 재개발하자는 담론이 다음 기사와 같이 등장하고 있었다.

> 시내 서소문정에 있는 지나상점가는 그들이 수십 년간을 두고 뿌리 깊은 근거지로서 용이 일본 내지인이나 조선상인이 침입하기 어렵던 그들의 독단장으로 여기 웅거하고 있는 업자들은 대부분이 자국인들을 상대로 특수상업을 해오던 터로 그 영업상황과 주위는 불결하기 짝이 없어서 대경성의 중심지로서 이 같은 상점가가 있는 것은

> 도시 미관상으로 보아 일대 문제라고 하야 일찍부터 당국에서도 몇 차례 논의가 되어온 바 금번 사변을 계기로 하여 이곳에 거주하던 대부분의 상인들이 본국으로 돌아가 버렸고, 소수의 지나인이 현재 남아있는 현상으로 이것을 기회로 삼아 다음으로 이곳에서 경영할 사람은 내선인이든지 지나인이든지 금후는 개축을 엄명하여 상점가로서 부끄럽지 않을 시설을 하여 지금까지와는 딴판으로 명랑한 시가를 만들고자 경성부청과 소관 경찰서에서는 조사를 진행 중이라고 한다.[40]

이러한 계획이 일제강점기에 세워지는 움직임은 존재했으나, 전쟁에 돌입한 이후 조선총독부의 재정 상태가 악화되어 실행에는 옮겨지지 못하였다. 그리고 1945년 광복 이후 중국인들은 다시금 이 지역으로 돌아와서 자신들의 삶터를 유지했다. 하지만 일제강점기에 세워졌던 계획은 1970년에 들어서서 '도심의 치부'를 개선하는 '도심재개발'이라는 이름으로 실행에 옮겨지게 되었다. 중국인 주거지역이었던 서울 시청 맞은편 소공동 지역은 서울도심재개발 사업 제1호 대상지역으로 지정되어 재개발이 이루어져 중국인 주거지역은 축출되었다.

V. 맺음말

필자는 이 글을 통해 일제 치하 한국인들이 경성에 거주하던 중국인 및 그들의 거주지를 미디어 담론을 통해 타자화 및 타자공간화 시키는 양상을 확인하였다. 이와 같은 행위에 대해 필자는 식민지시기 근대화가 민족의 지상과제였던 한국인이 도덕적·위생적으로 자신들의 반대편에 위치한 타자가 절실히 필

40 『조선일보』 1937. 10. 5.

요할 때, 한반도 및 경성에 거주하던 중국인을 타자로 삼아 자신의 근대적 정체성을 확립하고자 한 모습으로 해석하였다. 특히 미디어를 통해 중국인 주거지역을 타자의 공간으로 구성한 식민지 조선 엘리트들의 심상지리(Imagined Geographies)는 제국주의 국가들에서 구성된 그것과 본질적으로 다르지 않았으며, 일상에서 중국인들의 존재를 인식하고 일자리를 두고 경쟁하던 일반 식민지민들은 의심 없이 이러한 심상지리를 자신의 것으로 체화하였다. 아울러 이러한 중국인 타자 담론은 식민지 조선에서는 담론에만 그치지 않고 직접적인 제노포비아적 폭력에까지 이르게 되었는데, 이는 근대 민족주의가 부정적으로 나타난 모습이었다. 주목할 점은 이러한 근대화 담론은 해방 이후에도 계속 유지되었고, 결국 소공동 일대의 중국인 주거지역을 재개발하는 명분으로 작동하였던 점이다.

필자는 이 글에서 중국인 타자공간 담론의 형성 원인과 내용, 그리고 그 결과까지 이어지는 일련의 구조를 심상지리라는 개념을 통해 고찰하였다. 이를 통해 파편적으로만 알려진 일제강점기 중국인과 중국인 거류지역에 대한 한국인의 인식체계를 체계적으로 파악할 수 있었다. 아울러 실증적인 공간 데이터 분석을 통한 도시지역의 지리학적 연구가 신문·잡지 기사의 담론분석을 통해 좀 더 풍부해질 수 있음을 보여주었다. 또한 현대에도 가리봉동과 같은 조선족 밀집지구나 여타 중국인 주거지역에 대해 미디어상에서 재현되는 양상이 80여 년 전의 모습과 본질적으로 다르지 않다는 점을 파악하여 다문화 사회를 지향하는 우리 사회에서 발전적으로 해체되어야 할 이민족 타자공간 담론의 역사를 분석해 낸 점도 의의라 할 수 있다. 나아가 필자는 이 글을 통해 '한국은 역사적으로 중국으로부터 침략과 피해만 받고 살아왔다'는 신화를 타파하여 동북아시아 지역이 진정한 역사화해로 나아갈 수 있는 계기를 마련하는 데 일조하고자 한다.

참고문헌

박영석, 1985, 『만보산사건 연구: 일제대륙침략정책의 일환으로서의』, 아세아문화사.

손정목, 2003, 『서울도시계획이야기』 2, 한울.

이종찬, 2009, 『열대와 서구: 에덴에서 제국으로』, 새물결.

스테판 다나카 저, 박영재·함동주 역, 2004, 『일본 동양학의 구조』, 문학과지성사(Tanaka, Stefan, *Japan's orient: rendering pasts into history*, University of California Press, Berkeley).

앙드레 슈미드 저, 정여울 역, 2007, 『제국 그 사이의 한국, 1895~1919』, 휴머니스트(Schmid, Andre, 2002, *Korea Between Empires, 1895~1919*, Columbia University Press, New York).

에드워드 사이드 저, 박홍규 역, 2000, 『오리엔탈리즘』, 교보문고(Said, Edward, 1995, *Orientalism*, Penguin books, London).

강진아, 2013, 「조선총독부의 화교 노동자 입국 관리와 중국언론」, 『중국근현대사연구』 59.

강진아, 2014, 「경계인의 역사: 화교의 어제와 오늘」, 『로컬리티 인문학』 12.

김승욱, 2013, 「20세기 전반 한반도에서 일제의 도항관리정책」, 『중국근현대사연구』 58.

김승욱, 2013, 「20세기 전반 한반도에서 일제의 노동시장 관리 – 중국인 노동자를 중심으로」, 『중국사연구』 85.

김종근, 2010, 「식민도시 京城의 이중도시론에 대한 비판적 고찰」, 『서울학연구』 38.

김태웅, 2009, 「1920·30년대 한국인 대중의 화교인식과 국내 민족주의계열 지식인의 내면세계」, 『역사교육』 112.

김혜민·정희선, 2015, 「가리봉동 스크린 재현 경관속 타자화된 장소성」, 『한국도시지리학회지』 16(3).

남궁봉, 1980, 「재한 화교의 문화지리학적 연구」, 『지리학과 지리교육』 10.

박규택, 2013, 「전이공간으로서 차이나타운: 부산광역시 상해거리의 사례」, 『한국도시지리학회지』 16(1).

박정현, 2014, 「만주사변 이후 화교 배척과 조선 민족주의 운동」, 『중국근현대사연구』 63.

손승회, 2009, 「1931년 식민지조선의 배화폭동과 화교」, 『중국근대사연구』 41.

오미일, 2013, 「일제강점기 경성의 중국인거리와 마굴 이미지의 정치성」, 『동방학지』 163.

이상경, 2011, 「1931년의 '배화 사건'과 민족주의 담론」, 『만주연구』 11.

이영민·이용균·이현욱, 2012, 「중국 조선족의 트랜스이주와 로컬리티의 변화 연구: 서울

자양동 중국음식문화거리를 사례로」, 『한국도시지리학회지』 15(2).
일기자, 1929, 「大京城의 特殊村」, 『별건곤』 29.
전우용, 2003, 「한국 근대의 화교문제」, 『한국사학보』 15.
전희진, 2013, 「상상된 중국인 그리고 식민지 조선 지식인의 딜레마」, 『사회와 역사』 97.
정병욱, 2015, 「식민지 조선의 반중국인 폭동과 도시 하층민」, 『역사와 담론』 73.
최병도, 2012, 「만보산사건 직후 화교배척사건에 대한 일제의 대응」, 『한국사연구』 156.
顧維鈞, 1978, 「參與國際聯合會調査委員會中國代表處說帖」, 『革命文獻』 33, 中國國黨中央委員會黨史史料編纂委員會.

Anderson, Kay, 1991, *Vancouver's Chinatown: racial discourse in Canada, 1875~1980, Montreal*: McGill-Queen's University Press.
Ealham, Chris, 2005, "An "imagined geography": ideology, urban space, and protest in the creation of Barcelona's "Chinatown", c.1835~1936", International Review of Social History, 50(3).
Gregory, Derek, 2000, "imaginative geographies" , The Dictionary of Human Geography, Blackwell publishers, Oxford.
McEwan, Cheryl, 2009, *Postcolonialism and Development*, London: Routledge.

高等法院檢事局思想部, 『思想月報』 1-7호, 1931. 10. 15; 1-8호, 1931. 11. 15; 1-9호, 1931. 12. 15; 1-10호, 1932. 1. 15; 1-11호, 1932. 2. 15; 1-12호, 1932. 3. 15; 2-1호, 1932. 4. 15; 2-2호, 1932. 5. 15; 2-3호, 1932. 6. 15; 2-4호, 1932. 7. 15; 2-5호, 1932. 8. 15; 2-6호, 1932. 9. 15; 2-7호, 1932. 10. 15.
『동아일보』 1924년 9월 28일, 「중국인소녀매매」, 1924년 12월 27일, 「삼십육계군」, 1924년 12월 27일, 「점차 확대되는 여아밀수출 사건」.
『동아일보』 1925년 3월 13일, 「삼십육계 시내 서소문정에서」, 1925년 7월 8일, 「덕수궁 절도범 삼십육계 괴수」.
『동아일보』 1927년 1월 13일, 「사기도박단 철저히 타진」, 1927년 8월 19일, 「중국인촌 중심 삼십육계 유행」, 1927년 12월 13일, 「직업도박단 본정서에 일망타진」.
『동아일보』 1928년 2월 17일, 「삼십육계군타진 본정서 활동으로」.
『동아일보』 1935년 10월 27일, 「서소문 중국인가에서 도박하다 유혈의 살인」.
『조선일보』 1931년 6월 6일, 「중국인가 지하실에 소녀를 3년간 감금」.
『조선일보』 1937년 10월 5일, 「서소문 지나인가 정리미화를 계획」.

찾아보기

ㅈ

ㅊ

ㅋ

ㅌ

ㅍ

ㅎ

동북아역사재단 연구총서 107

역사화해의 이정표 I
-이론적 기초를 찾아서

초판 1쇄 인쇄 2020년 4월 3일
초판 1쇄 발행 2020년 4월 10일

엮은이 이병택
펴낸이 김도형
펴낸곳 동북아역사재단

등 록 제312-2004-050호(2004년 10월 18일)
주 소 서울시 서대문구 통일로 81 NH농협생명빌딩
전 화 02-2012-6065
팩 스 02-2012-6189
홈페이지 www.nahf.or.kr
제작·인쇄 (주)도서출판 선인

ISBN 978-89-6187-534-9 94910
978-89-6187-533-2 (세트)

• 이 도서의 국립중앙도서관 출판예정도서목록(CIP)은 서지정보유통지원시스템 홈페이지 (http://seoji.nl.go.kr)와 국가자료종합목록 구축시스템(http://kolis-net.nl.go.kr)에서 이용하실 수 있습니다. (CIP제어번호 : CIP2020015536)
• 책값은 뒤표지에 있습니다. 잘못된 책은 바꾸어 드립니다.